MEIROVITZ | JACOBS

Training Visuelles Denken

Marco Meirovitz
Paul I. Jacobs

Training Visuelles Denken

Spiele und Übungen
zur Steigerung Ihrer Intelligenz

DuMont

Die Originalausgabe erschien unter dem Titel *Visual Thinking. Entertaining Activities To Increase Intelligence* bei Trillium Press, New York.
Aus dem Englischen von Hans Sommer

Gedruckt auf säurefreiem und chlorfrei gebleichtem Papier
Druck und Verarbeitung: fgb · freiburger graphische betriebe · www.fgb.de
Printed in Germany
ISBN 3-8321-7517-2

Inhalt

EINLEITUNG

Verbesserung von Denkfähigkeiten durch Spiele

Die Notwendigkeit

Unsere Fähigkeit zu denken ist heute bedeutsamer als noch vor zwanzig, zehn oder auch nur fünf Jahren. Computer, Bildschirmtelefone, automatisierter Bankverkehr und andere technologische Entwicklungen stellen uns in unserem Alltagsleben vor komplexere Herausforderungen, als das jemals zuvor der Fall war. Wir müssen unsere Denkfähigkeiten durch systematische, effiziente und kreative Methoden verbessern, um uns richtig zurechtzufinden.

Die Lösung

Das vorliegende Buch – zum Lehren des visuellen Denkens – ist Teil eines größeren internationalen Projekts, nämlich des »Fitneßtrainings für Denker«, das den Menschen hilft, ihr intellektuelles Potential auszuschöpfen.

Das von Marco Meirovitz entwickelte Fitneßtraining für Denker beschäftigt sich mit dem Lehren von Denkfähigkeiten sowohl zu Hause als auch in der Schule und ist in Australien, Frankreich, Deutschland,

Israel, Japan sowie den Vereinigten Staaten erprobt und vervollkommnet worden.

Das Fitneßtraining für Denker verwendet Spiele, Denkaufgaben und andere Tätigkeiten, die darauf ausgerichtet sind, Spaß zu machen, so daß Lernende im Alter von acht bis achtzig Jahren sie spielen, ihre Freude daran haben und ohne spezielle Vorkenntnisse von ihnen profitieren können.

Das Programm bietet eine Vielzahl von Möglichkeiten zur Entwicklung und Schulung der wichtigsten Denkfähigkeiten. Es zeigt praktische Möglichkeiten auf, diese Fähigkeiten in zahlreichen Situationen des täglichen Lebens anzuwenden. Darüber hinaus sei Ihnen empfohlen, dieses interdisziplinäre Programm bei der Unterrichtung Ihrer Schüler und in den verschiedensten beruflichen Wirkungsbereichen heranzuziehen.

Einige Menschen lernen besser mit visuellen Materialien, andere mit abstrakten und wieder andere mit verbalen Materialien usw. Das vollständige Programm bietet für jeden Lerntyp etwas.

Fitneßtraining für Denker, das erste Buch, das auf diesem Lern- und Trainingskonzept aufbaut, beschäftigt sich mit abstrakten Denkspielen. Das Buch ist mittlerweile in viele Sprachen übersetzt worden, unter anderem ins Französische, Deutsche und Spanische.

Nun liegt *Visuelles Denken* vor, das zweite Buch, zur Schulung und Verbesserung visueller Denkfähigkeiten. Es beschäftigt sich mit Logik, Strategie, Erinnerungsvermögen, Kreativität, Problemlösungen u. a. und verwendet abwechslungsreiche Materialien: Mosaike, Puzzles, Tangrams, Polyominos und Labyrinthe.

Das Ziel dieses Buchs

Dieses Buch zeigt Ihnen, wie Sie Ihr visuelles Denken verbessern können. Es beschäftigt sich mit den generellen *abstrakten* Denkfähigkeiten – deduktive Logik, induktive Logik, Strategie und Erinnerungsvermögen – in einem visuellen Kontext sowie mit den im engeren Sinn visuellen Denkfähigkeiten wie Beobachtungsvermögen, bildliche Vorstellungskraft und Vergegenwärtigung von Veränderungen in *visuellen Situationen.*

Dieses Buch erlaubt es Ihnen, eine unbegrenzte Anzahl von Spielen zu spielen, bei denen Sie den größten Teil Ihres intellektuellen Potentials beanspruchen. Sie lernen neue Techniken, um Ihre visuellen Denkfähigkeiten auf die effizienteste Art und Weise einzusetzen. Das Buch zeigt Ihnen die richtigen Denkweisen und macht deutlich, wie man Prinzipien der Spiele anwenden kann, um Probleme des Alltags zu lösen. Wenn beispielsweise Deduktive-Logik-Spiele gespielt werden (siehe 10. Kapitel), üben Sie die Fähigkeit der Deduktion durch Ausschließung und machen sie sich zur Gewohnheit. Diese Technik wird benutzt, um praktische Probleme zu lösen – von einem Arzt, der die Krankheit eines Patienten diagnostiziert, von einem Automechaniker, der den Defekt bei einem nicht funktionierenden Auto findet, von einem Fernsehtechniker, der einen Fernsehapparat repariert.

Gliederung des Buchs

Dieses Buch enthält 13 Kapitel mit Spielen und Denkaufgaben, wobei sich jedes einzelne mit einem speziellen Thema beschäftigt. Jedes Kapitel enthält:

- eine Einführung in das Thema: um was es geht und warum es wichtig ist;
- Übungen, um Sie mit dem Thema vertraut zu machen;
- Aufgaben und Spiele, die Sie allein, in einigen Fällen auch mit anderen spielen können;
- Lösungen der Aufgaben am Ende des Kapitels.

Ein Schlußkapitel lädt Sie ein, das, was Sie in einem oder mehreren Kapiteln gelernt haben, auf eine Reihe von praktischen Problemen anzuwenden.

Die Spiele und Aufgaben in jedem Kapitel sind oft in Gruppen zusammengestellt. Innerhalb der Gruppen sind sie annäherungsweise nach ihrem Schwierigkeitsgrad angeordnet, von den leichtesten bis zu den schwierigsten.

Benutzung des Buchs

Im allgemeinen können Sie jedes Kapitel für sich lesen und bearbeiten. In einigen Fällen verweisen wir Sie auf Beispiele in früheren Kapiteln, die Ihnen helfen können, sich auf die aktuellen Übungen vorzubereiten.

Fangen Sie immer mit dem ersten Spiel einer Gruppe an. Dieses Spiel wird für Sie analysiert, seine Regeln werden am gründlichsten besprochen und Musterspiele sind vorgegeben. Wenn Sie feststellen, daß das erste Spiel einer Gruppe keine echte Herausforderung für Sie ist, können Sie zu einem späteren Spiel in derselben Gruppe springen. Haben Sie den für Sie angemessenen Schwierigkeitsgrad innerhalb einer Spielegruppe gefunden, bleiben Sie bei dem betreffenden Spiel, bis Sie es gemeistert haben. Gehen Sie erst dann weiter, wenn Ihnen Regeln und Abläufe des Spiels völlig klar sind.

Wie Sie erkennen können, ist das Buch mehr ein Handbuch als eines, das man nur einmal von Anfang bis Ende durchliest. Sie können es viele Male durchgehen und jedesmal Spaß daran haben und etwas lernen. Das Buch kann allen Familienmitgliedern, Kindern wie Erwachsenen, viele fröhliche Stunden bereiten. Deshalb werden Sie bei den verschiedenartigsten Gelegenheiten auf das Buch zurückgreifen können: im Zug oder im Flugzeug, wenn Sie krank sind, wenn Freunde vorbeischauen, um neue Freundschaften zu schließen oder alte Freunde zu unterhalten, wenn Sie nach einer Beschäftigung suchen, um bei einer Zusammenkunft von Leuten, die sich nicht so gut kennen, das Eis zu brechen, und so weiter.

Einige der Übungen sind Denkaufgaben, keine Spiele. Bei einer Denkaufgabe gibt es nur einen Lösungsweg. Bei einem Spiel hingegen kann es bei jedem Spielen zu einem andersartigen Verlauf kommen, selbst bei Anwendung derselben Regeln.

Viele der Spiele können Sie ganz allein spielen, andere können von zwei oder mehr Spielern gespielt werden. Wenn Sie ein Spiel mit anderen gespielt haben, dann besprechen Sie es mit ihnen. Dadurch, daß Sie sich in den Kopf anderer Menschen hineinversetzen und erkennen, wie sie denken, können Sie Ihre eigene Denk- und Spielweise verbessern.

Benötigtes Spielmaterial

Für die meisten Übungen, Denkaufgaben und Spiele in diesem Buch benötigen Sie:

- 96 Mosaikplättchen. Jedes Plättchen ist quadratisch und hat eines dieser fünf Muster:

32 24 24 8 8

  Die Zahl gibt an, wieviele Exemplare von den fünf Mustern jeweils erforderlich sind.

- 14 Monomino-Plättchen, jedes davon quadratisch und viertel so groß wie ein Mosaikplättchen.
- 6 Domino-Plättchen, jedes davon so groß wie zwei Monomino-Plättchen.

6

- 10 Tromino-Plättchen, jedes davon so groß wie drei Monomino-Plättchen.

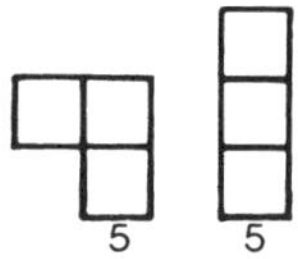

5 5

- 20 Tetraminos, jedes davon so groß wie vier Monomino-Plättchen

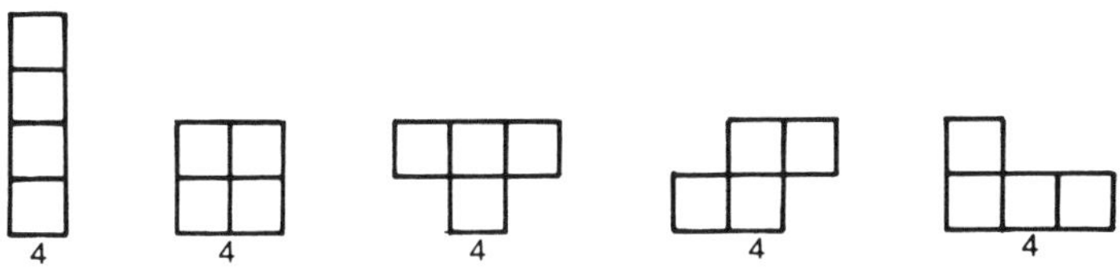

- 24 Pentominos, jedes davon so groß wie fünf Monomino-Plättchen

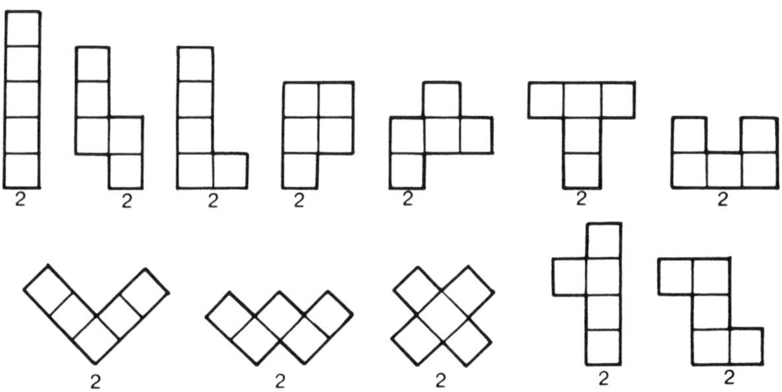

- 2 Sätze »Tangram«-Plättchen, die wie folgt aussehen:

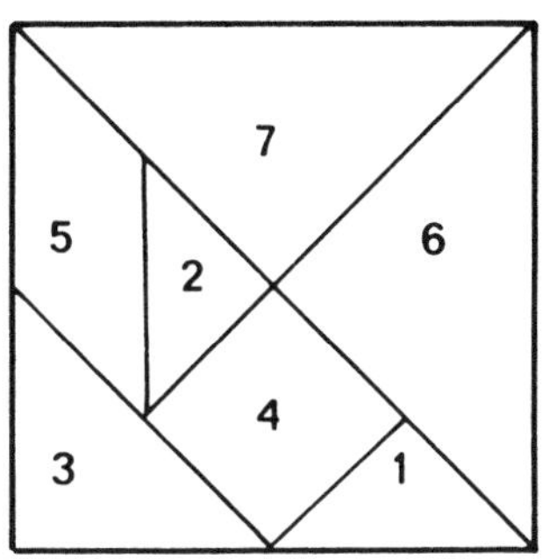

Für einige wenige Übungen können Alltagsgegenstände wie eine Schere, ein Lineal, ein Bleistift, Papier, Millimeterpapier, Streichhölzer und ein paar Münzen benötigt werden.

– Ein Brett oder »Netzgitter«, unterteilt in acht Reihen mit je acht Kästchen.

Jedes Kästchen sollte groß genug sein, um ein Mosaik-Plättchen aufzunehmen. Beschriften Sie jede von links nach rechts führende Reihe im Gitter mit A, B, C ... H und jede von unten nach oben führende Spalte mit 1, 2, 3 ... 8. Diese Ziffern und Buchstaben sind die *Koordinaten,* die wir benutzen, um einzelne Felder zu bezeichnen. In Abbildung 1 erscheint beispielsweise ein »X« im Feld B5.

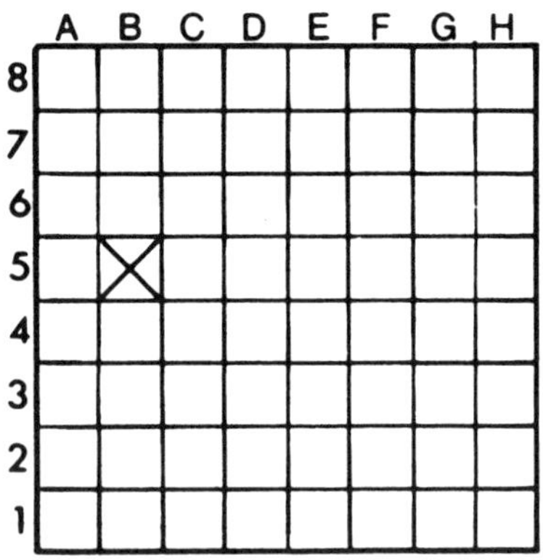

Abbildung 1

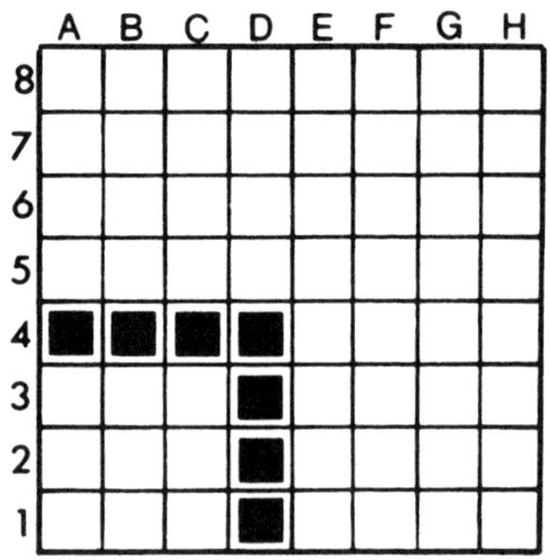

Abbildung 2

Jedes Spiel, das wir vorstellen, hat einen Abschnitt mit der Bezeichnung »Benötigtes Material«. Dieser Abschnitt sagt Ihnen, welche Gittergröße Sie für ein bestimmtes Spiel umreißen müssen. In einigen Spielen werden Sie das ganze 8 × 8-Gitter benutzen, in anderen nur einen Teil davon, beispielsweise ein 3 × 3-Gitter. Wenn Sie ein kleineres Gitter benötigen, grenzen Sie dessen Umrisse mit Plättchen ab, die Sie in dem bestimmten Spiel nicht brauchen. Abbildung 2 zeigt ein 3 × 3-Gitter, das mit schwarzen Mosaik-Plättchen abgegrenzt ist.

Wenn Sie ein Gitter abgrenzen, das kleiner als 8 × 8 ist, fangen Sie immer in der Ecke links unten an (Feld A1). Dann werden die Koordinaten der Fläche, die Sie benutzen, immer mit den Koordinaten in unserer Beschreibung und Analyse des Spiels übereinstimmen.

Einige Spiele erfordern ein »Punktgitter«. Verwenden Sie für diese Spiele ein Blatt ganz normales Millimeterpapier. Machen Sie die Punkte dort, wo sich die Linien treffen. Abbildung 3 zeigt ein Stück Millimeterpapier, das in ein 4 × 4-Punktgitter verwandelt wurde.

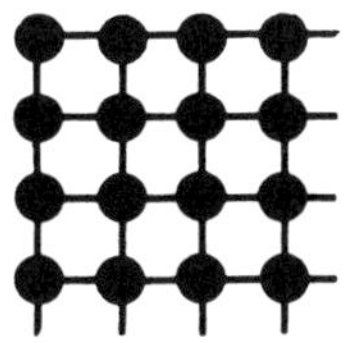

Abbildung 3

(Spielmaterialien und -elemente zum Kopieren und Ausschneiden finden Sie ab S. 255.)

1. Kapitel

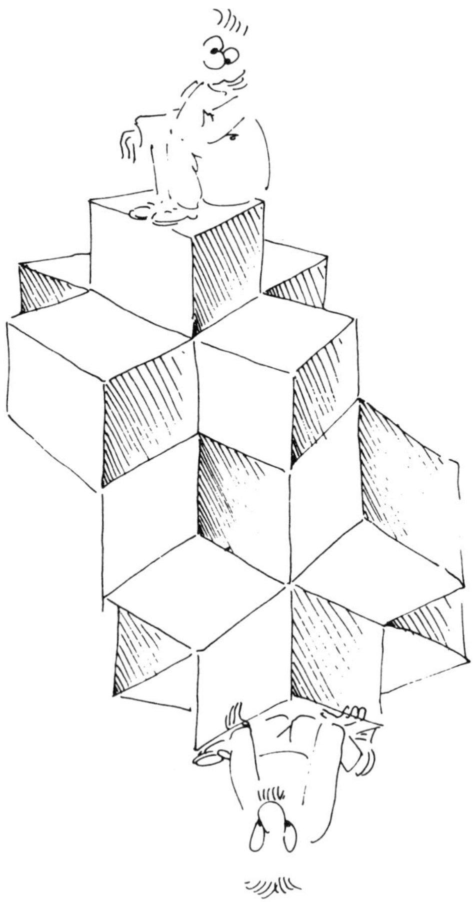

MOSAIKE

Spielen mit Mosaiken

In diesem Kapitel werden Sie anhand der Beschäftigung mit Mosaiken lernen, Muster zu entwerfen, Bilder zu skizzieren sowie Ihr Vermögen zu steigern, sich bildlich vorzustellen, wie ein Ganzes aus seinen Teilen entsteht und es selbst aus diesen Teilen zusammensetzen. Zuerst werden wir die Plättchen aus der Grundausstattung beschreiben, die Sie verwenden können, um ein Mosaik zusammenzusetzen. Dann werden wir einige Begriffe definieren und Ihnen einige Beispiele geben, um Sie mit Mosaiken vertraut zu machen. Anschließend präsentieren wir Ihnen einige Mosaikrätsel, die von Ihnen gelöst werden sollen und beschreiben verschiedene Mosaikspiele, die Sie allein oder mit anderen spielen können. Wir werden Sie wissen lassen, wie man einige neue Sätze aus Mosaikplättchen zusammensetzt und Ihnen schließlich zeigen, wie man mit Mosaiken Muster entwirft und Bilder skizziert.

Die Plättchen

Sie haben einen Satz aus folgenden Plättchen: ■ ◨ ◪
Was geschieht, wenn Sie die Plättchen viermal im Uhrzeigersinn um neunzig Grad drehen? Sehen wir uns zuerst ◪ an. Zuerst kennzeichnen wir jede Ecke mit einer Ziffer. Bei der ersten Drehung um 90 Grad in Uhrzeigerrichtung wandert die »1« von oben links nach oben rechts. Das Plättchen ist durch eine diagonale Linie, die von »2«

nach »4« läuft, geteilt und zeigt von dieser Linie bis zur Ecke »3« die schwarze Farbe.

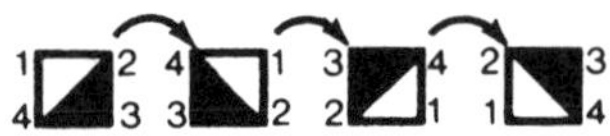

a)  bleibt in allen vier Positionen gleich.
1

b)  sieht in jeder der vier möglichen Positionen unterschiedlich aus:

2 3 4 5

c)  sieht in jeder der vier möglichen Positionen unterschiedlich aus:

6 7 8 9

d) Wenn Sie ein Feld im Netzgitter leer lassen, ergibt sich  10. Im Endeffekt stehen Ihnen somit zehn unterschiedliche Plättchen zur Verfügung.

Mosaike

Ein *Mosaik* ist eine Gruppe aus Plättchen, die so angeordnet sind, daß sie ein Bild oder Muster ergeben, indem sie an ihren Kanten miteinander verbunden sind und die Ecken übereinstimmen (siehe Abbildung 1a).

Ein Mosaik

Abbildung 1a

Kein Mosaik

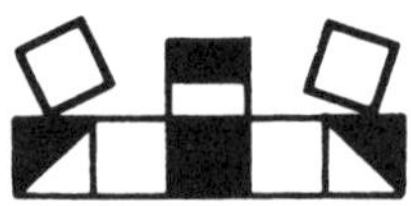

Abbildung 1b

Kein Mosaik

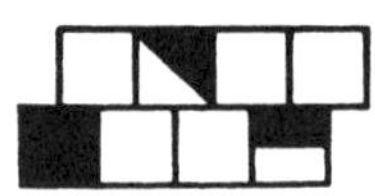

Abbildung 1c

Die Figuren in den Abbildungen 1b und 1c sind *keine* Mosaike. In Abbildung 1b sind nicht alle Kanten miteinander verbunden, in Abbildung 1c stimmen nicht alle Ecken überein.

Zuerst wollen wir uns Mosaiken aus acht Plättchen zuwenden, von denen jeweils vier waagerecht und je zwei senkrecht ausgelegt sind (Abbildung 1a). Wir werden diese Anordnung ein 4 × 2-Mosaik nennen.

Symmetrie

Es gibt zwei verschiedene Arten von Mosaiken, *symmetrische* und *unsymmetrische*.

Ein *symmetrisches* Mosaik kann in zwei spiegelbildliche Hälften geteilt werden. Das heißt, daß Sie auch dann das ganze Mosaik sehen, wenn Sie nur ein halbes vor einen Spiegel halten (Abbildung 2).

Abbildung 2

Wenn kein Spiegel zur Verfügung steht, können Sie ein symmetrisches Mosaik statt dessen so falten, daß sich die beiden Hälften exakt decken (Abbildung 3).

Abbildung 3

Ein *unsymmetrisches* Mosaik kann *nicht* in zwei spiegelbildliche Hälften geteilt werden, und wenn es zu Hälften gefaltet wird, so decken sich diese nicht.

Abbildung 4 zeigt einige Beispiele für symmetrische und unsymmetrische Mosaike. Beachten Sie, daß Sie einige symmetrische Mosaike an mehr als einer Stelle vor einen Spiegel halten beziehungsweise falten können.

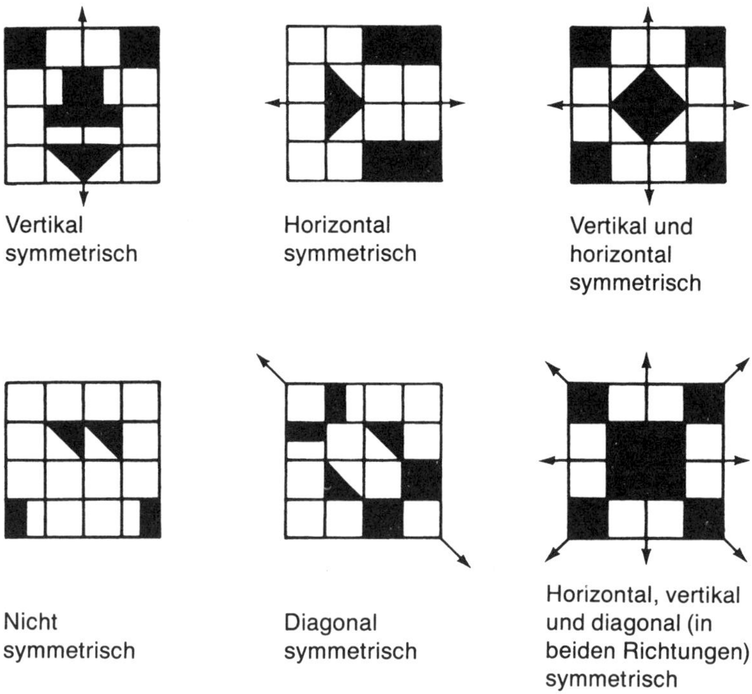

Abbildung 4

Rotation

Sie können jedes Mosaik systematisch durch eine Rotation des vollständigen Mosaikgitters verwandeln. Wir haben schon gesehen, daß man ein einzelnes Plättchen in vier verschiedene Positionen mit horizontalen und vertikalen Kanten drehen kann. Dasselbe kann man mit einem Mosaik machen (Abbildung 5):

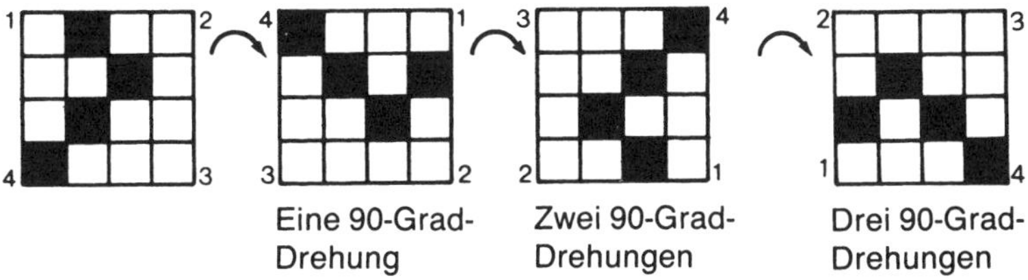

Abbildung 5

Man kann jedoch ein symmetrisches Mosaik durch Rotation nicht in ein unsymmetrisches Mosaik (oder umgekehrt) verwandeln.

Schwarz-Weiß-Umkehrung

Man kann ein Mosaik, das zwei unterschiedliche Farben aufweist, etwa schwarz und weiß, umkehren, indem man die schwarzen Flächen weiß und die weißen Flächen schwarz macht (Abbildung 6).

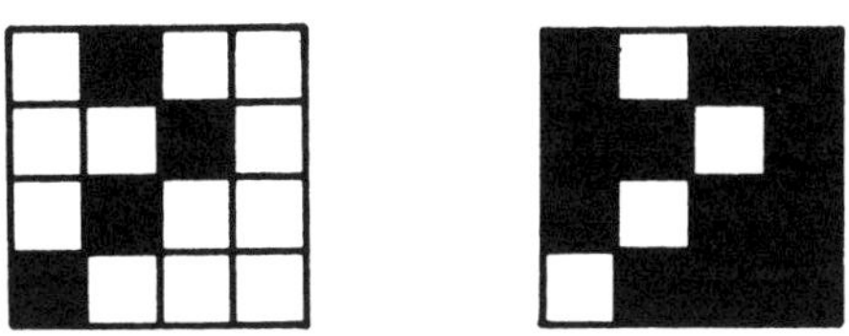

Abbildung 6

Man kann jedoch ein symmetrisches Mosaik durch Schwarz-Weiß-Umkehrung nicht in ein unsymmetrisches Mosaik (oder umgekehrt) verwandeln.

Übungen

Da Sie jetzt wissen, was wir mit *symmetrischen* und *unsymmetrischen Mosaiken,* mit *Rotation* und *Schwarz-Weiß-Umkehrung* meinen, wollen wir uns einigen Aktivitäten zuwenden, bei denen Sie diese Begriffsvorstellungen anwenden können.

Symmetrie

Setzen Sie zunächst so viele *unterschiedliche* symmetrische Mosaike zusammen, wie Sie können. Wir legen dabei fest, daß zwei Mosaike unterschiedlich sind, wenn man das eine nicht durch Rotation oder Schwarz-Weiß-Umkehrung in das andere verwandeln kann. Unter diesem Gesichtspunkt sind alle Mosaike in den Abbildungen 5 und 6 als gleich anzusehen.

Setzen Sie so viele unterschiedliche symmetrische Mosaike wie möglich zusammen, und zwar unter Verwendung von:

1. jeweils 18 □ und ■ Plättchen (Mosaikgröße 6×6);
2. jeweils 12 □, ■ und ◪ Plättchen (Mosaikgröße 6×6);
3. jeweils 9 □, ■, ◪ und ◨ Plättchen (Mosaikgröße 6×6);
4. jeweils 12 □ und ■ sowie je 20 ◪ und ◨ Plättchen (Mosaikgröße 8×8).

Überprüfen Sie, ob jedes Mosaik, das Sie zusammenstellen, *wirklich* symmetrisch ist.

a) Trennen Sie die Plättchen des Mosaiks ein kleines Stückchen voneinander, so daß zwei spiegelbildliche Hälften entstehen (Abbildungen 7a und 7b).
b) Benutzen Sie einige neue Plättchen, um das Duplikat einer dieser Mosaikhälften herzustellen.
c) Legen Sie einen Spiegel auf den Tisch und plazieren Sie das Duplikat darauf (Abbildung 7c).
d) Wenn das Duplikat und sein Spiegelbild zusammen genau wie Ihr Originalmosaik aussehen, dann ist dieses symmetrisch. Wenn sie unterschiedlich aussehen, ist dies nicht der Fall. Der Kreis zeigt an, wo sie unterschiedlich aussehen.

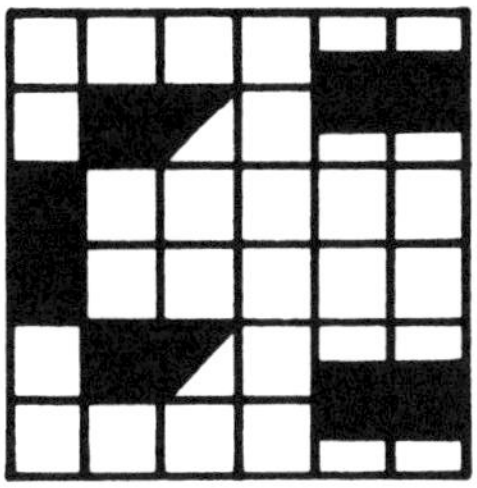

Abbildung 7a

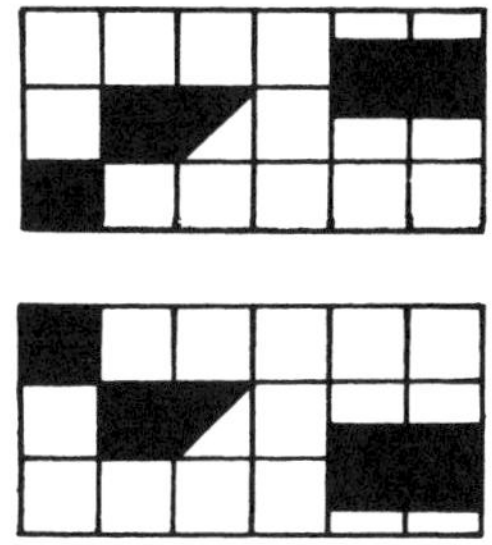

Abbildung 7b

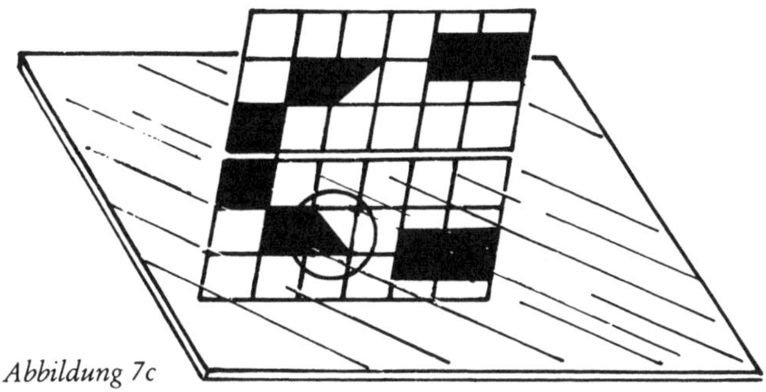

Abbildung 7c

Ein System, symmetrische Mosaike zusammenzusetzen

Hatten Sie beim Zusammensetzen eines symmetrischen Mosaiks irgendwelche Schwierigkeiten? Nachstehend folgt eine systematische Aufbaumethode. Nehmen wir an, Sie wollen ein *horizontal* symmetrisches 6 × 6-Mosaik zusammensetzen.

1. Plazieren Sie ein beliebiges Plättchen irgendwo auf einem 6 × 6-Gitter (Abbildung 8 a).
2. Stellen Sie sich vor, daß das Gitter durch einen horizontalen Spiegel in zwei gleiche Hälften geteilt wird.
3. Plazieren Sie ein zweites Plättchen in der anderen Hälfte, so daß es so aussieht, als ob das erste Plättchen im Spiegel reflektiert würde (Abbildung 8 b).
   a) Beide Plättchen werden vom Spiegel gleich weit entfernt sein, allerdings auf entgegengesetzten Seiten.

b) Ein einfarbiges Plättchen wird ebenso einfarbig reflektiert. Ein nicht einfarbiges Plättchen wird mit umgekehrten Farben reflektiert, von links nach rechts oder von oben nach unten (Abbildung 8c).

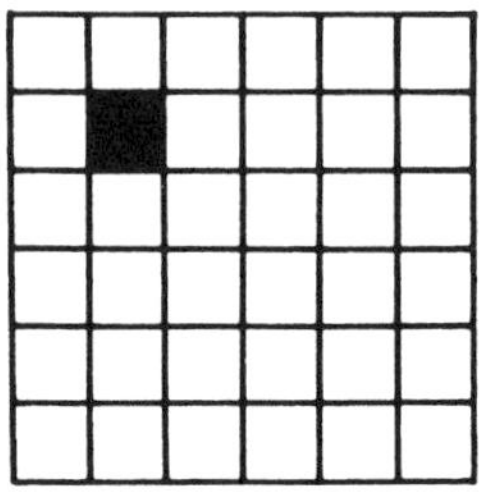

Abbildung 8a

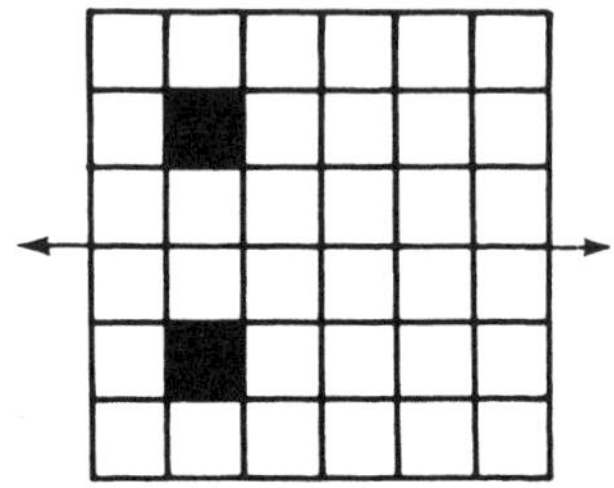

Abbildung 8b

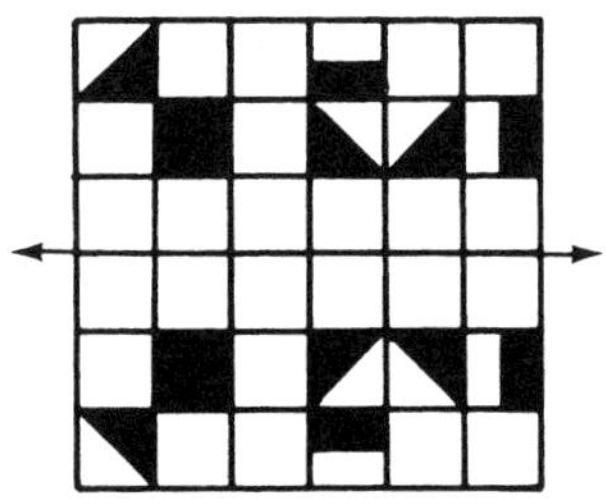

Abbildung 8c

Fahren Sie auf diese Weise fort – erst ein Plättchen plazieren, dann sein Spiegelbild –, und Sie werden ein symmetrisches Mosaik zusammensetzen.

Um im Gedächtnis zu behalten, wie man ein Plättchen »reflektiert«, können Sie folgenden »Kniff« anwenden: Stellen Sie sich das Gitter mit einem Scharnier in der Mitte vor. Klappen Sie die linke Seite wie in Abbildung 9 um.

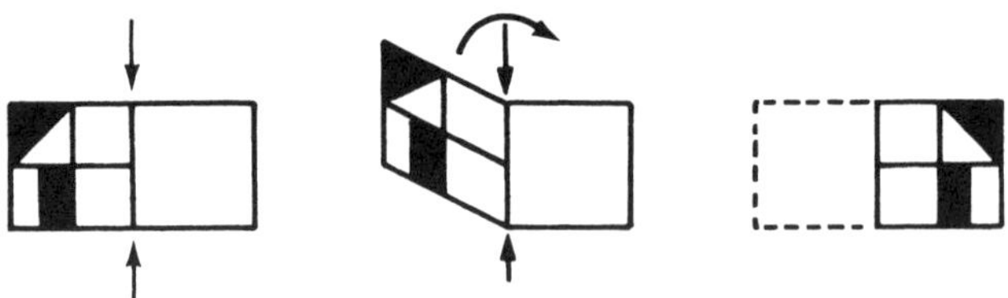

Abbildung 9

Auf dieselbe symmetrische Art und Weise können Sie auch Mosaike zusammensetzen, die folgendermaßen aussehen:

- vertikal symmetrisch (Abbildung 10a);
- diagonal symmetrisch (Abbildung 10b);
- horizontal und vertikal symmetrisch (Abbildung 10c);
- diagonal symmetrisch in beiden Richtungen (Abbildung 10d).

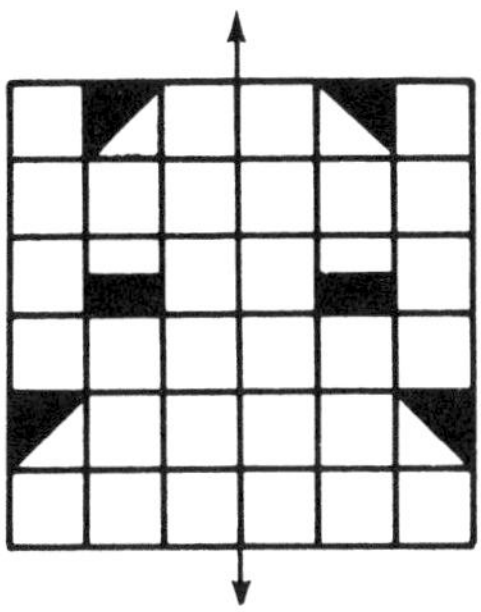

Abbildung 10a

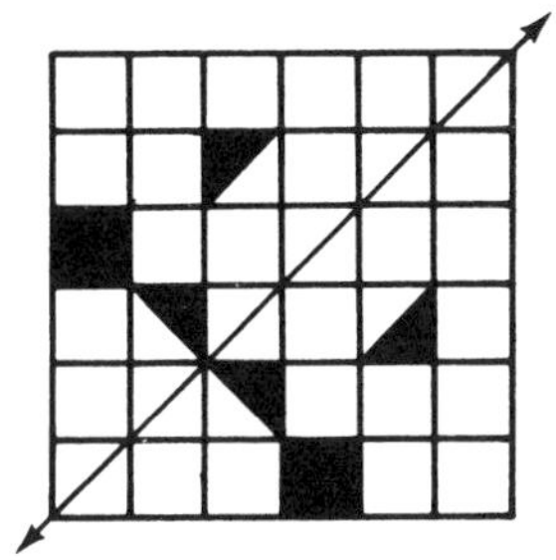

Abbildung 10b

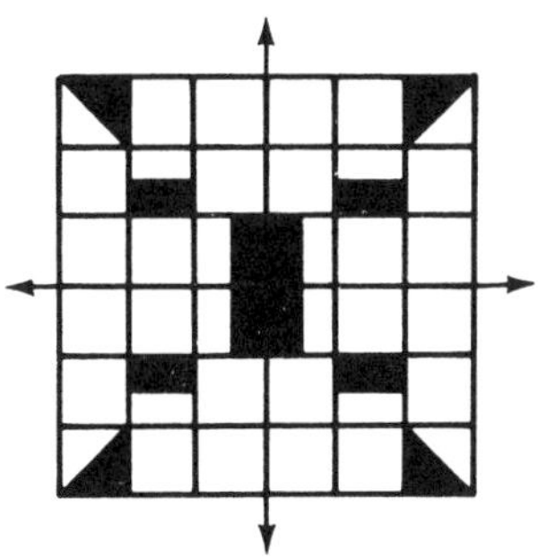

Abbildung 10c

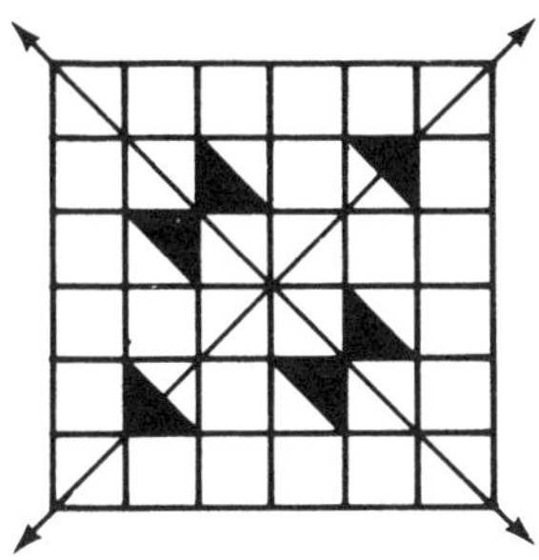

Abbildung 10d

Stellen Sie sich in den letzten beiden Fällen das Gitter so vor, als ob es durch zwei Spiegel in vier Sektionen geteilt würde. Bei diagonal symmetrischen Mosaiken werden einige Plättchen halb auf der einen Seite des Spiegels, halb auf der anderen Seite plaziert. Beachten Sie, daß ein ◪ Plättchen wie in Abbildung 11a nur quer über den Spiegel plaziert werden kann, nicht wie in Abbildung 11b.

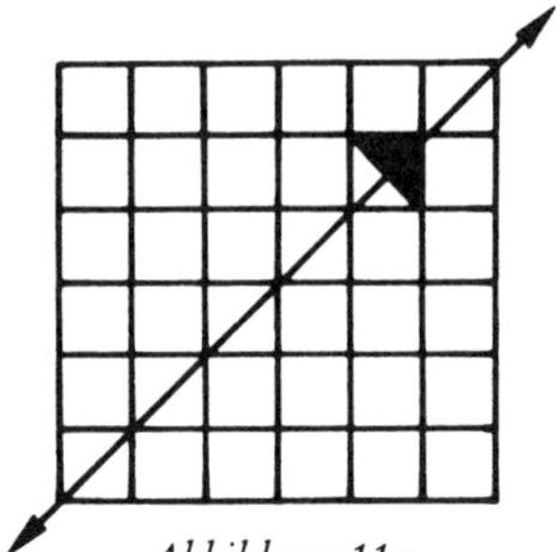

Abbildung 11a

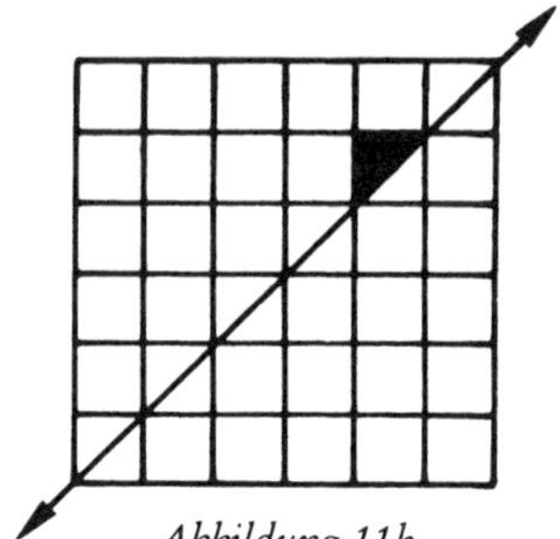

Abbildung 11b

Bis jetzt haben wir Gitter mit einer *geraden* Anzahl von Reihen und Spalten verwendet – beispielsweise 6 × 6. In diesen Fällen verlaufen die horizontalen und vertikalen Symmetrielinien längs der Kanten der Kästchen. Wenn ein Gitter jedoch eine *ungerade* Anzahl von Reihen und Spalten aufweist, zum Beispiel 3 × 3 wie in Abbildung 12, dann schneiden die horizontalen und vertikalen Symmetrielinien die Kästchen, wie es auch in allen Fällen mit diagonalen Symmetrielinien geschieht.

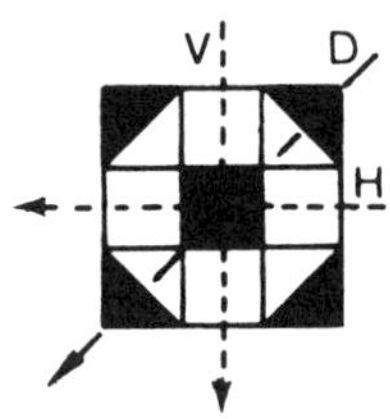

Abbildung 12

Rotation

In der nächsten Gruppe von Übungen erstellen Sie zuerst ein Mosaik und setzen dann unter Verwendung anderer Plättchen Duplikate dieses Mosaiks zusammen, die

a) einmal um 90 Grad in Uhrzeigerrichtung,
b) zweimal um 90 Grad in Uhrzeigerrichtung gedreht sind (siehe Abbildung 5).

Folgende Schritte sind hierbei zu unternehmen:

a) Plazieren Sie nach dem Zufallsprinzip Plättchen, die ein 4 × 4-Mosaik bilden.
b) Setzen Sie im nächsten Schritt mit anderen Plättchen auf einem Stück Pappe ein neues Mosaik zusammen, das zeigt, wie das erste Mosaik aussehen würde, wenn es einmal um 90 Grad in Uhrzeigerrichtung gedreht worden wäre.
c) Drehen Sie zur Überprüfung das Stück Pappe einmal um 90 Grad in *entgegengesetzter* Uhrzeigerrichtung. Wenn Sie das zweite Mosaik richtig zusammengesetzt haben, werden beide Mosaike jetzt identisch aussehen.
d) Werfen Sie die Plättchen des zweiten Mosaiks wieder durcheinander und setzen Sie jetzt auf dem Stück Pappe ein neues Mosaik zusammen, das zeigt, wie das erste Mosaik aussehen würde, wenn es zweimal um neunzig Grad in Uhrzeigerrichtung gedreht worden wäre.
e) Drehen Sie zur Überprüfung das Stück Pappe zweimal um 90 Grad in *entgegengesetzter* Uhrzeigerrichtung.
f) Wiederholen Sie die Schritte 1–6 mit einem 6 × 6-Mosaik anstelle eines 4 × 4-Mosaiks.

Folgende Methode hilft Ihnen, diese Rotationen vorzunehmen: Stellen Sie sich vor, wohin sich die erste Reihe bewegen wird (Abbildung 13).

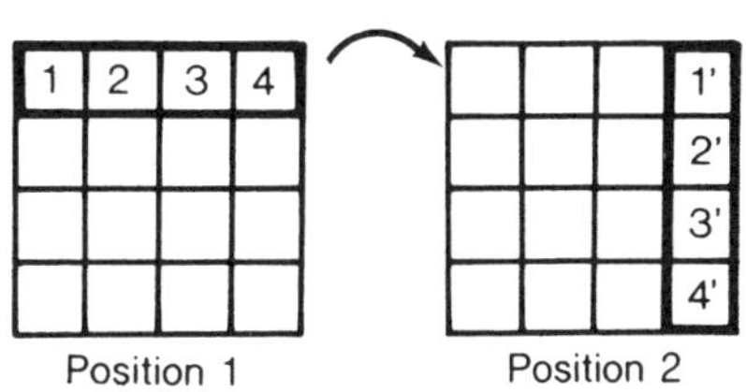

Abbildung 13

Plättchen 1 wird sich zu Position 1' bewegen, Plättchen 2 zu Position 2' usw. Ein einfarbiges Plättchen wird in seiner neuen Position gleich aussehen.

Ein  Plättchen hingegen wird so aussehen:  .

Ein  Plättchen wird so aussehen:  .

Ein  Plättchen wird so aussehen: , usw.

Die anderen drei Reihen werden sich zu Positionen bewegen, wie sie die Abbildung 14 zeigt.

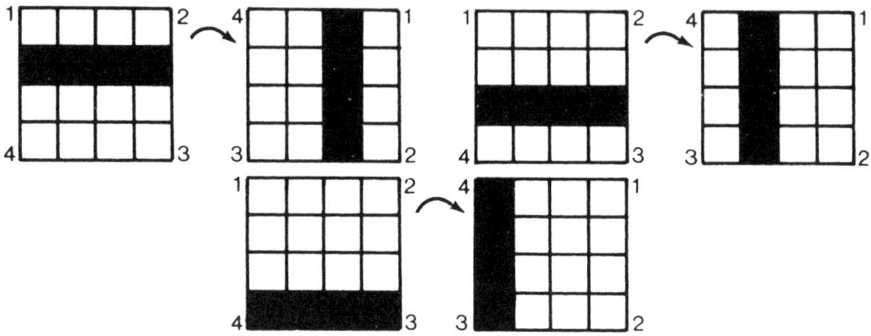

Abbildung 14

Puzzles

Nachdem Sie sich jetzt durch einige Übungen an Mosaike gewöhnt haben, finden Sie nachstehend einige Mosaik-Denkaufgaben. Alle Lösungen stehen am Ende des Kapitels.

I. Welche dieser Mosaike sind symmetrisch?

Abbildung 15

Abbildung 16

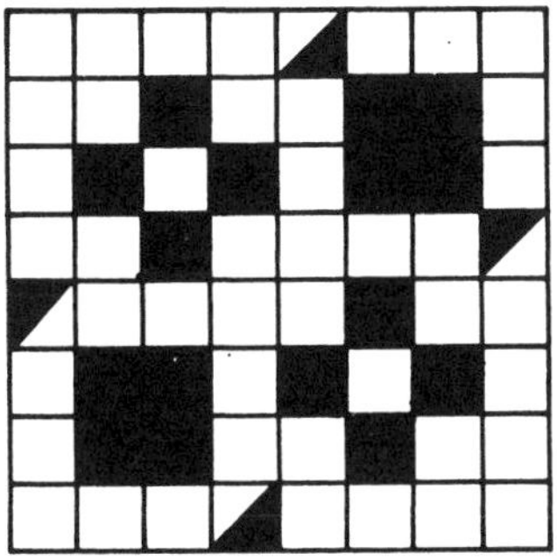

Abbildung 17

Abbildung 18

II. Wie werden diese Mosaike aussehen, wenn man sie um 90 Grad in Uhrzeigerrichtung dreht? Konstruieren Sie sie mit Ihren Plättchen, ohne das Buch zu drehen.

Abbildung 19

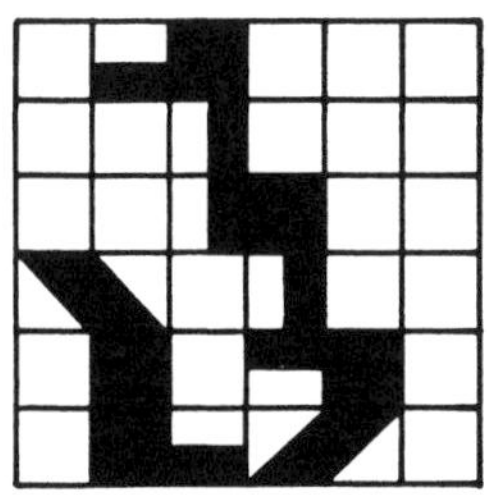

Abbildung 20

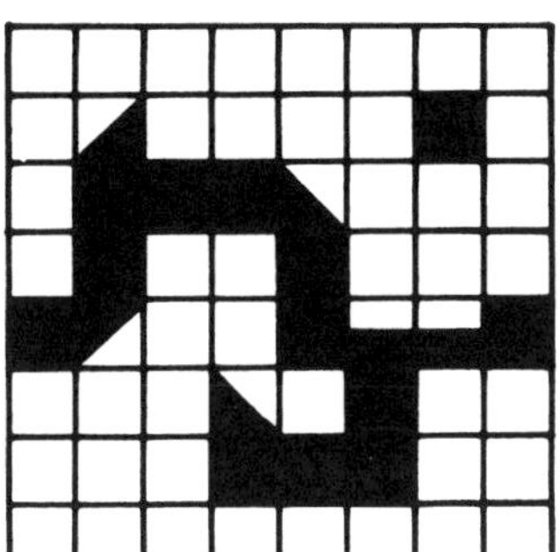

Abbildung 21

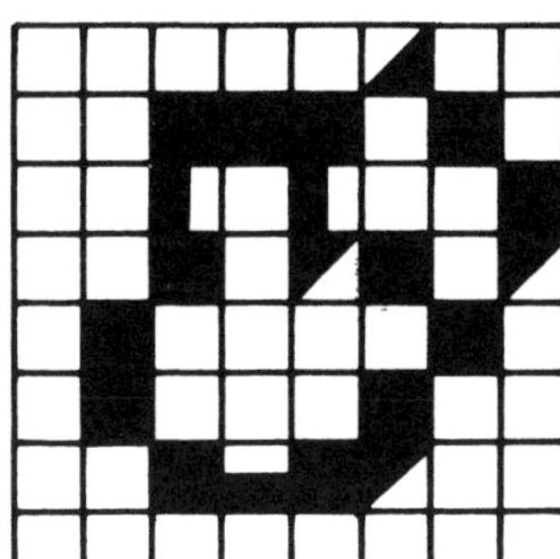

Abbildung 22

III. Wie werden die einzelnen vorstehenden Abbildungen aussehen, wenn man sie um 90 Grad in Uhrzeigerrichtung dreht *und* schwarz und weiß umkehrt? Konstruieren Sie sie mit Ihren Plättchen.

IV. Konstruieren Sie die Abbildungen 23–28 mit Ihren Plättchen.

V. Üben Sie, mit Mosaikplättchen Formen nach eigener Wahl ähnlich denen in den Abbildungen 23–28 zusammenzusetzen.

Abbildung 23

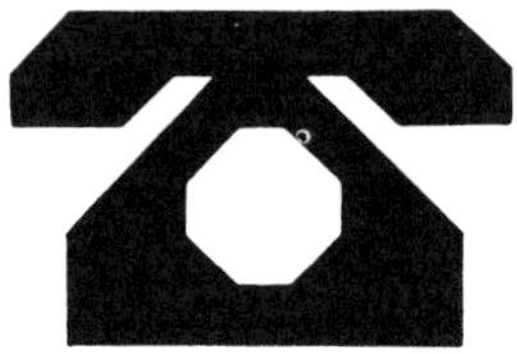

Abbildung 24

Abbildung 25

Abbildung 26

Abbildung 27

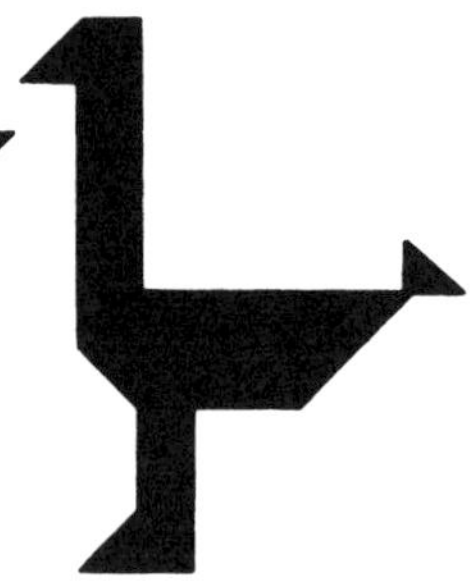

Abbildung 28

Die Methode zur Konstruktion der Figuren in den Abbildungen 23–28 ähnelt dem Zusammenlegen von Dominosteinen, nur daß man in alle vier Richtungen baut, nicht nur in einer Linie. Fangen Sie entweder von der Mitte oder von einer Ecke der Figur aus an.

Als Beispiel folgt eine systematische Methode, um die Figur in Abbildung 23 zusammenzusetzen:

Sehen Sie sich zuerst die obere linke Ecke der Abbildung an.

a) Bilden Sie ein , indem Sie ein  auslegen.

b) Bilden Sie ein , indem Sie rechts ein  hinzufügen. 

c) Fügen Sie darunter zwei Reihen je drei schwarzer Plättchen hinzu, und es entsteht

d) Fügen Sie oben rechts ein schwarzes Plättchen hinzu und stellen Sie sich darunter ein weißes Plättchen vor.

e) Fügen Sie ein  unterhalb des weißen Plättchens hinzu.

f) Nun fügen Sie ein Plättchen unter dem zuletzt von Ihnen gelegten und vier weitere schwarze Plättchen rechts davon hinzu, und es entsteht:

g) Vergleichen Sie das, was Sie jetzt haben, mit der Vorlage. Fügen Sie oben rechts ein , rechts daneben ein  und unten ein  hinzu, um die Abbildung zu komplettieren.
Denken Sie ganz allgemein daran, ein Bild in kleinere Abschnitte zu unterteilen, um es zu kopieren.

Spiele

Jetzt werden wir Ihnen einige Mosaikspiele vorstellen, die Sie mit Ihren Plättchen spielen können.

Mosaik 1

Ziel des Spiels: Als erster alle seine Plättchen loszuwerden, indem man sie auf ein Gitter plaziert, ohne dabei die Symmetrie zu zerstören.
Anzahl der Spieler: Zwei oder mehr.
Benötigtes Material: Alle 96 Mosaikplättchen; ein 6 × 6-Gitter.
Spielablauf:
Jedem Spieler werden nach dem Zufallsprinzip 10 Plättchen zugeteilt. Die verbleibenden Plättchen werden verdeckt als »Bank« auf den Tisch gelegt. Der erste Spieler legt ein Plättchen seiner Wahl auf ein beliebiges Feld des Gitters. Abwechselnd legt dann jeder Spieler, der an der Reihe ist, eins seiner Plättchen auf ein beliebiges Feld des Gitters, und zwar unter der Maßgabe, daß die horizontale und vertikale Symmetrie der bereits gelegten Plättchen nicht zerstört werden darf. Ein Spieler, der kein Plättchen plazieren kann, muß ein zusätzliches aus der Bank nehmen. Das gezogene Plättchen darf erst ausgelegt werden, wenn der Spieler das nächste Mal wieder an der Reihe ist. Der Spieler, der alle seine Plättchen als erster gelegt hat, gewinnt.

Variante: Benutzen Sie ein 8 × 8-Gitter; jeder Spieler erhält 16 Plättchen.

In Abbildung 29 kann zum Beispiel auf Feld B2 nur ein ◩ gelegt werden (um die horizontale Symmetrie zu bewahren), auf E5 nur ein ◪ (um die vertikale Symmetrie zu bewahren) oder auf C5 nur ein ⬒ (um die vertikale Symmetrie zu bewahren).

Auch im nächsten Spiel versucht jeder Spieler, alle seine Plättchen als erster loszuwerden. Die Spieler müssen erkennen, wie ein Mosaik zusammengesetzt wurde und anhand einiger Regeln ein Duplikat konstruieren.

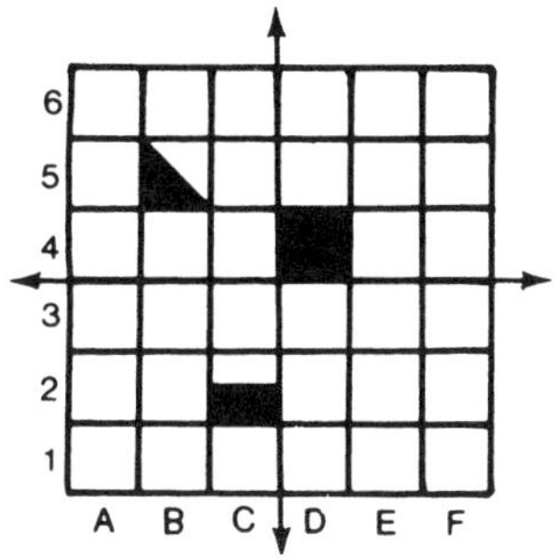

Abbildung 29

Mosaik 2

Ziel des Spiels: Beim Zusammensetzen eines Mosaikduplikats seine Steine loszuwerden.
Anzahl der Spieler: Zwei oder mehr.
Benötigtes Material: Alle 96 Mosaikplättchen; ein 5 × 5-Gitter.
Spielablauf:
Ein Spieler konstruiert als Vorlage ein 5 × 5-Mosaik, das für alle Spieler sichtbar bleibt. An jeder Kante, an der zwei Plättchen zusammentreffen, müssen zwei schwarze oder zwei weiße Flächen eine gemeinsame Grenze aufweisen.

Jeder Spieler erhält fünf Plättchen, die die anderen Spieler nicht einsehen dürfen. Die Spieler sind abwechselnd an der Reihe und legen jeweils eins ihrer Plättchen auf den Tisch. Jedes Plättchen, das nach dem ersten gelegt wird, muß a) dazu beitragen, ein exaktes Duplikat der Vorlage zu konstruieren, und b) eine gemeinsame Grenze mit einem bereits ausgelegten Plättchen aufweisen.

Der Spieler, der das erste Plättchen legt, muß angeben, an welcher Stelle es der Vorlage entspricht. Ein Spieler, der kein Plättchen auslegen kann, setzt in dieser Runde aus. Der Spieler, der alle seine Plättchen als erster los wird, ist Sieger. Wenn kein Spieler mehr ein Plättchen plazieren kann, gewinnt derjenige mit den *wenigsten* verbliebenen Plättchen.

Variante 1: Statt eines 5 × 5-Gitters wird ein 8 × 8-Gitter als Vorlage konstruiert; jeder Spieler erhält nicht fünf, sondern zehn Plättchen.
Variante 2: Das erste Plättchen, das ausgelegt wird, muß das Plättchen im Mittelpunkt des Mosaik sein. Jedes später gelegte Plättchen muß eine gemeinsame Grenze mit dem gerade gelegten aufweisen und einem Spiralmuster folgen, in Uhrzeigerrichtung oder in umgekehrter Uhrzeigerrichtung (Abbildung 30).

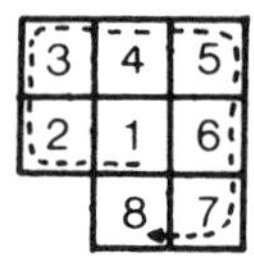

Abbildung 30: Beispiel einer Spirale in Uhrzeigerrichtung

Gehen wir ein Spiel zusammen durch. Abbildung 31a zeigt die Vorlage sowie die Plättchen, die die Spieler A und B am Anfang erhalten haben.

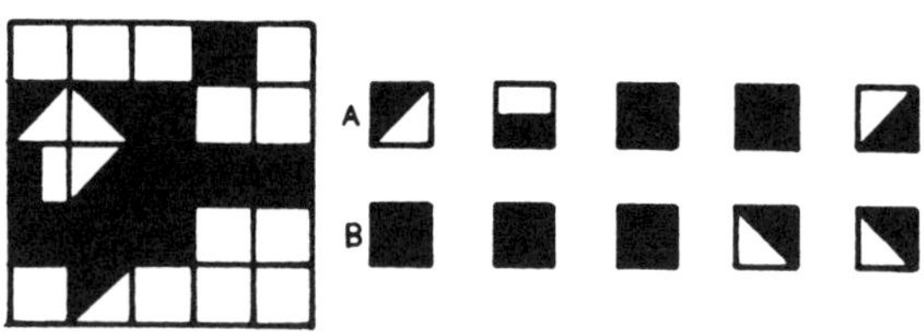

Abbildung 31a

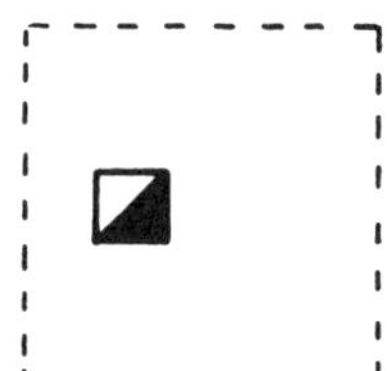

Abbildung 31b

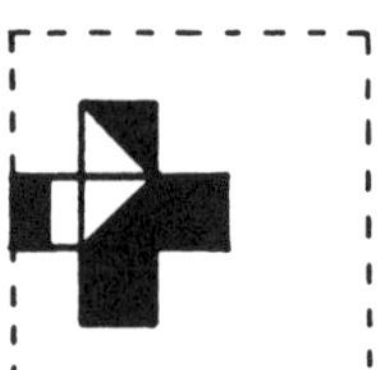

Abbildung 31c

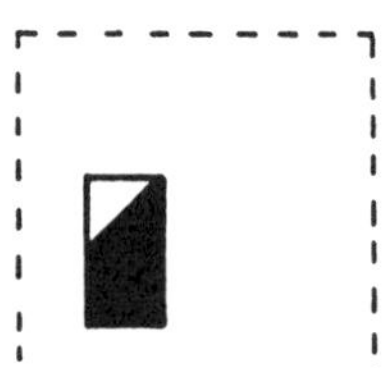

Abbildung 31d

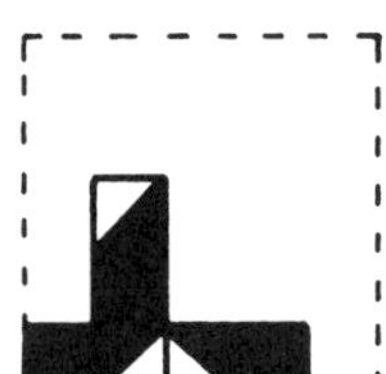

Abbildung 31e

Spieler A beginnt mit einem Plättchen in der Position, die Abbildung 31b zeigt. Spieler A hat diese Wahl getroffen, weil alle seine anderen Plättchen in späteren Zügen an das gerade plazierte angelegt werden könnten (Abbildung 31c).

Spieler B legt dann ein Plättchen, wie es Abbildung 31d zeigt. Er hofft, seine anderen Plättchen in späteren Zügen so legen zu können, wie es Abbildung 31e zeigt.

Beide Spieler denken also voraus, wenn Sie ein Plättchen zum Plazieren auswählen. Sie versuchen, sich Möglichkeiten zu schaffen, um ihre anderen Plättchen in späteren Zügen plazieren zu können. Ganz allgemein ist die Strategie wie beim Dominospiel: Behalte einige von jeder Sorte, werde die los, von denen du die meisten hast.

Muster und Bilder mit Mosaiken

Sie können das, was Sie über Mosaike gelernt haben, anwenden, um Muster zu entwerfen und Bilder zu »legen«. Sehen wir einmal, wie das vor sich geht.

Entwerfen von Mustern

Bereiten Sie sich darauf vor, daß Sie das, was Sie bereits über Symmetrie, Rotation und Schwarz-Weiß-Umkehrung wissen, jetzt nutzen, um Muster zu entwerfen.

1. Sehen Sie sich das Muster in Abbildung 32 an:

Abbildung 32

Können Sie aufgrund Ihrer Kenntnisse über Mosaike mehrere unterschiedliche Konstruktionswege erkennen? Es folgen einige Möglichkeiten:

- aus nur einem Bauteil oder -element
- wie diesem: 
- oder diesem: 
- beziehungsweise zusammengesetzt diesem: 
- aus nur einem Bauteil in zwei gedrehten Positionen
- wie diesem: 
- oder diesem: 

2. Wie ist das Muster in Abbildung 33 entstanden?

Abbildung 33

Sie könnten ausgehen von

- einem Grundbauteil in zwei Positionen: 
- einem Element in einer Position:  oder 

3. Abbildung 34 zeigt, wie Sie mit einem quadratischen Plättchen eine Illusion der Tiefe hervorrufen können.

Abbildung 34

4. Sie können auch Mosaike mit kurviger Linienführung konstruieren. Das Muster in Abbildung 35 wurde mit einem einzigen Bauteil mit kurvigen Linien und einer Schwarz-Weiß-Umkehrung davon erstellt.

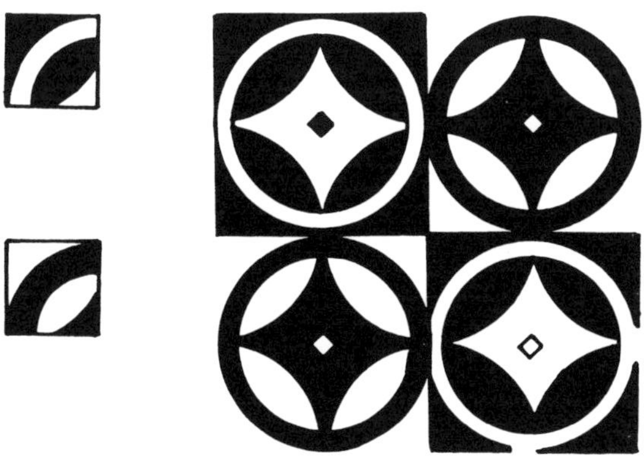

Abbildung 35

Sehen wir einmal, wie Sie auf verschiedene Weisen komplizierte Muster konstruieren können, *ohne* komplizierte Bauteile zu benutzen.

5. Beginnen Sie mit einem 4 × 4-Mosaik (Abbildung 36 a), drehen Sie es in alle vier Positionen und fügen Sie diese dann zusammen, um ein 8 × 8-Mosaik zu bilden (Abbildung 36 b).

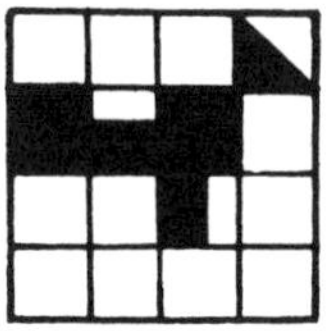

Abbildung 36 a

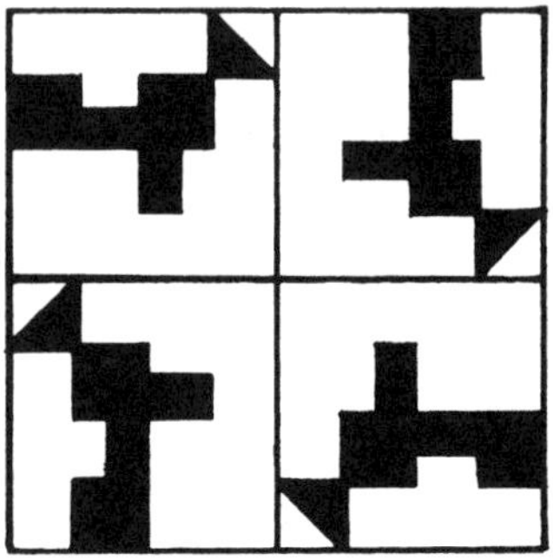

Abbildung 36 b

Abbildung 36 c

6. Konstruieren Sie eine Schwarz-Weiß-Umkehrung dieses Mosaiks (Abbildung 36 c) und benutzen Sie beide Versionen zusammen, um größere Muster zu erstellen.

Zeichnen von Bildern

Sie können die vier Grundplättchen (in zehn Positionen) als Bauteile benutzen, um Bilder von Figuren und Objekten wie beispielsweise einem Fußballspieler (Abbildung 37 a), einem Hund (Abbildung 37 b) und einem Auto (Abbildung 37 c) zu »zeichnen«.

Abbildung 37 a

Abbildung 37 b

Abbildung 37 c

1. »Zeichnen« Sie unter Verwendung von Mosaikplättchen das Bild eines Telefons.
2. »Zeichnen« Sie unter Verwendung von Mosaikplättchen das Bild eines Schiffs.

Lösungen

Seite 26/27

Abbildung 15: diagonal symmetrisch
Abbildung 16: horizontal symmetrisch
Abbildung 17: diagonal symmetrisch
Abbildung 18: unsymmetrisch

Seite 28 (Abbildungen 23–28):

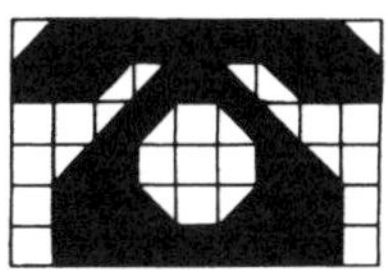
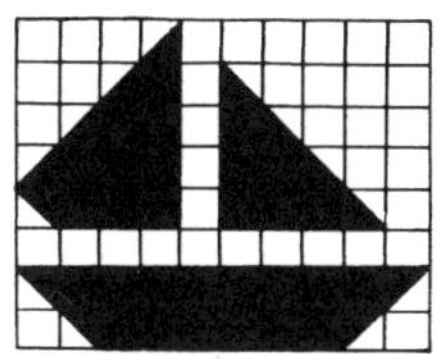
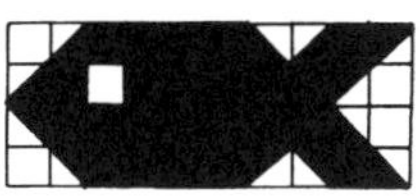
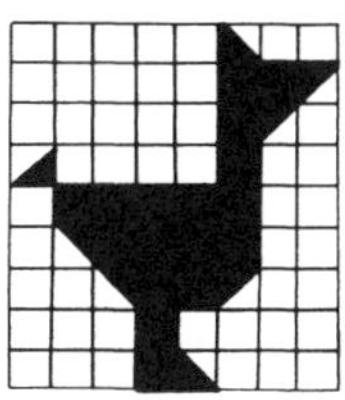
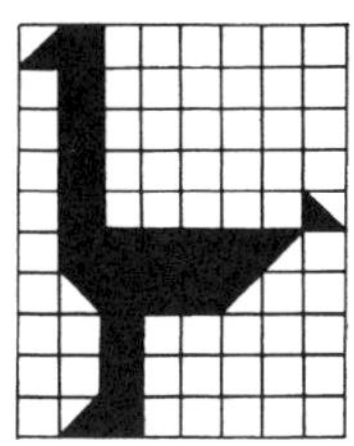

Seite 36 (Abbildungen 37a–c):

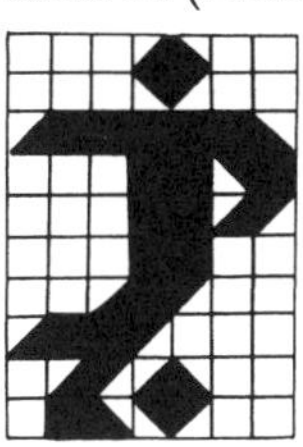
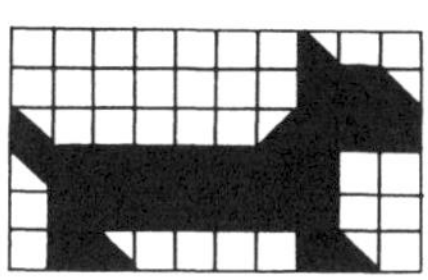

2. Kapitel

SPIELEN MIT PUZZLES

Als Kind haben Sie vielleicht schon einmal mit Puzzlespielen gearbeitet. Man hat Ihnen unterschiedlich geformte Teilchen mit komplizierten Markierungen gegeben, die von einem zerschnittenen Bild stammten, das Sie wieder zusammensetzen sollten. Manchmal hat man Ihnen gezeigt, wie das fertige Puzzle aussehen sollte. Wenn das nicht der Fall war (oder wenn Sie den Deckel der Schachtel verlegt hatten), dann fiel Ihnen das Zusammensetzen des Puzzles vermutlich viel schwerer.

Die Grundidee eines Puzzles besteht darin, verschiedene Informationssplitter zu einem Bild zusammenzufügen. Eine Detektivgeschichte ist ebenfalls eine Art Puzzle, in dem einige Informationssplitter verbaler Natur sind, zum Beispiel Zeugenaussagen (»Ich spielte mit ein paar Freunden Karten, als ich einen Schuß hörte«; »ich sah einen großen Mann aus dem Haus laufen«). Andere Informationssplitter sind visueller Natur (Fußspuren in der Nähe des Tatorts, ein zerbrochenes Fenster) oder mehr abstrakter Natur (die Suche nach dem Motiv, die Frage nach den Möglichkeiten, die Tat zu begehen).

Ein Puzzle ist wie eine Detektivgeschichte, in der die Informationssplitter ausschließlich *visuell* übermittelt werden. Zum Beispiel:

- eine rote Linie auf einem Puzzleteilchen setzt sich auf einem anderen Teilchen fort;
- ein Schuh auf einem Teilchen muß zu einem Bein auf einem anderen Teilchen passen;
- Teile eines Baums, eines Tischs, eines Hauses usw. müssen zu den entsprechenden anderen Teilen auf anderen Teilchen passen.

Die visuellen Fähigkeiten, die Sie durch das Spielen mit Puzzles verbessern, können jedoch, wie wir noch sehen werden, auch in einem weiter gespannten Bereich von Situationen mit verbalen, visuellen und mehr abstrakten Informationssplittern hilfreich sein.

In diesem Kapitel werden wir Ihnen zunächst Erfahrungen beim Zusammensetzen eines zerschnittenen Bilds vermitteln und dann zum Zusammenfügen eines zerschnittenen Musters übergehen, ohne Ihnen das Bild vorzugeben. Anschließend zeigen wir Ihnen, wie Sie Ihre eigenen Puzzles herstellen und mit ihnen spielen können. Schließlich machen wir Sie noch mit einigen weiteren Puzzleübungen bekannt.

Wir beginnen mit einem Spiel, das Sie allein oder mit anderen spielen können.

Spiele

Puzzle 1

Ziel des Spiels: Zusammensetzen der Teilchen eines zerschnittenen Bilds.
Anzahl der Spieler: Einer oder mehrere.
Benötigtes Material: Zeitung oder Zeitschrift, Schere, Lineal, Bleistift.
Spielablauf:

I. Für einen Spieler:
   a) Suchen Sie sich eine Fotografie aus einer Zeitung oder Zeitschrift. Eine komplexe Situation (mehrere Leute, Häuser, Autos, eine Straßenszene) oder die Karikatur einer Person bietet eine größere Herausforderung als das einfache Foto eines Gesichts.
   b) Drehen Sie das Foto auf die Rückseite und unterteilen Sie es mit geraden Linien in acht ungefähr gleich große vertikale Streifen.
   c) Numerieren Sie diese Streifen von links nach rechts mit den Ziffern 1–8 und schneiden Sie sie dann auseinander.
   d) Mischen Sie die Streifen und drehen Sie sie mit der Vorderseite nach oben.
   e) Setzen Sie die Teile wieder zu der Originalfotografie zusammen (Abbildung 1).

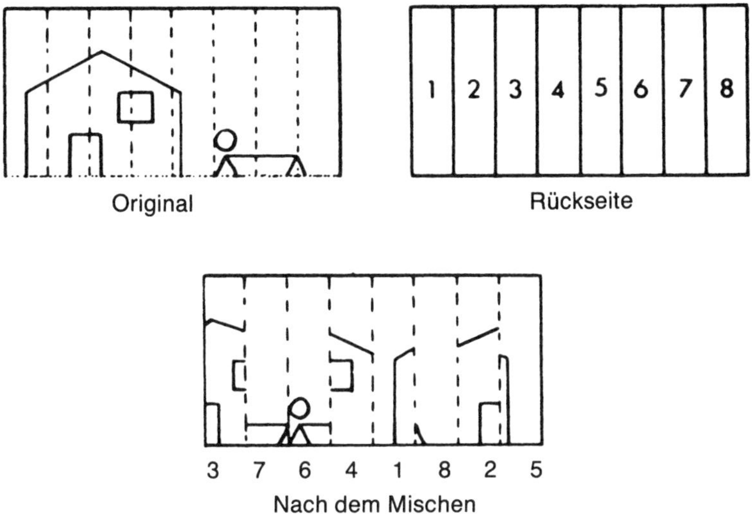

Abbildung 1

Die Ziffern erfüllen einen dreifachen Zweck:

- Wenn Sie nicht weiterkommen, können Sie einen schnellen Blick auf die Ziffer auf der Rückseite werfen;
- wenn Sie das Puzzle wieder zusammengesetzt haben, sich aber nicht sicher sind, ob alles richtig ist, können Sie die Ziffern zur Überprüfung heranziehen;
- die Ziffern helfen Ihnen weiterhin bei der Feststellung, ob einer der Streifen versehentlich mit der falschen Seite nach oben liegt.

II. Für mehr als einen Spieler:
Jeder Spieler wählt eine andere Fotografie aus, numeriert und zerschneidet sie und gibt die Streifen an den Spieler zu seiner Rechten weiter. Ein heimlicher Blick auf die Ziffern ist nicht erlaubt. Der erste, der seine Fotografie wieder richtig zusammengesetzt hat, gewinnt.

Variante 1: Zerschneiden Sie die Fotografie in 10 bis 20 vertikale oder horizontale Streifen (Sie selbst legen die Anzahl fest). Numerieren Sie sie von links nach rechts beziehungsweise von oben nach unten.

Variante 2: Unterteilen Sie die Fotografie in 4 vertikale Streifen. Anschließend unterteilen Sie jeden dieser Streifen nochmals in 4 horizontale Teilstücke. Numerieren Sie die Teilstücke in den einzelnen Reihen jeweils von links nach rechts (Abbildung 2).

1	2	3	4
5	6	7	8
9	10	11	12
13	14	15	16

Abbildung 2

Variante 3: Machen Sie nur diagonale Schnitte. Fertigen Sie 8 oder mehr Teilstücke an.
Variante 4: Machen Sie diagonale, vertikale und horizontale Schnitte zur Herstellung von 6 oder mehr unregelmäßig geformten Teilstücken, deren Kanten nicht parallel verlaufen. Jedes Teil sollte anders aussehen als die anderen.
Variante 5: Machen Sie nur kurvige Schnitte zur Herstellung von 6 oder mehr Teilstücken.

Wenn Sie dieses Spiel mit seinen Varianten spielen, sollten Sie sich darauf konzentrieren, wie sich das Bild von Teilstück zu Teilstück fortsetzt. Konzentrieren Sie sich nicht auf die Formen der Teilstücke selbst. Wenn beispielsweise, wie in Abbildung 3, ein Teil des Hauses fehlt, dann halten Sie Ausschau nach jenen Teilstücken, die zu dem Haus gehören.

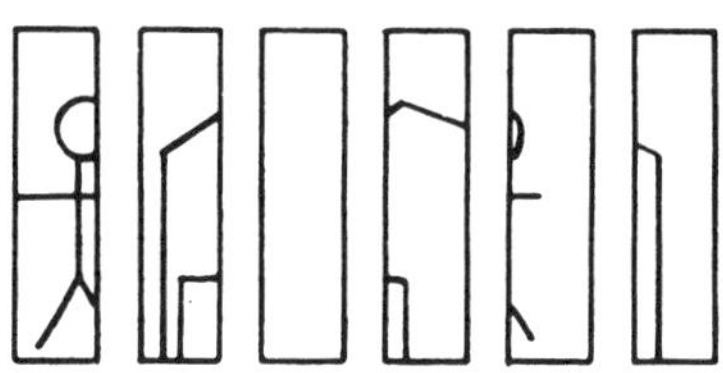

Abbildung 3
Welches Teilstück setzt das Haus fort?

Halten Sie in der Regel Ausschau nach Situationen, wo ein Objekt teilweise auf einem und teilweise auf einem anderen Teilstück enthalten ist:

- ein Kopf in zwei Teilstücken ist nützlich, wenn diese beiden Teilstücke zusammengefügt werden;
- ein vollständiger Kopf erfüllt diesen Zweck nicht, könnte aber nützlich sein, wenn dieses Teilstück mit einem anderen, das Hals und Schultern enthält, zusammenpaßt.

Sollten Sie von Variante zu Variante Fortschritte machen, dann fügen Sie immer mehr Teilstücke zueinander.

Wenn Sie Zugang zu einem Fotokopierapparat haben, können Sie vor dem Zerschneiden der Fotografie eine Kopie machen und das Spiel auf zweierlei Art spielen:

- Sie dürfen die Fotokopie betrachten, während Sie die Teilstücke zusammenfügen;
- Sie dürfen die Kopie nicht betrachten.

Im vorliegenden Puzzle mußten Sie ein »Bild« wieder zusammenfügen, indem Sie darauf achteten, welche Markierungen jedes Teilstück enthielt. Im nächsten Spiel müssen Sie ein auseinandergeschnittenes Quadrat wieder zusammenfügen, indem Sie auf die *Formen* der Teilstücke achten.

Puzzle 2

Ziel des Spiels: Zusammensetzen der Teilchen eines auseinandergeschnittenen Quadrats.
Anzahl der Spieler: Einer oder mehrere.
Benötigtes Material: Papier, Bleistift, Schere.
Spielablauf:

I. Für einen Spieler:
   a) Zerschneiden Sie ein quadratisches, etwa fünfzehn Zentimeter großes Stück Papier (oder größer) in 6 rechteckige Teilstücke (Abbildung 4);
   b) mischen Sie die Teilstücke;
   c) setzen Sie das Originalquadrat wieder zusammen.

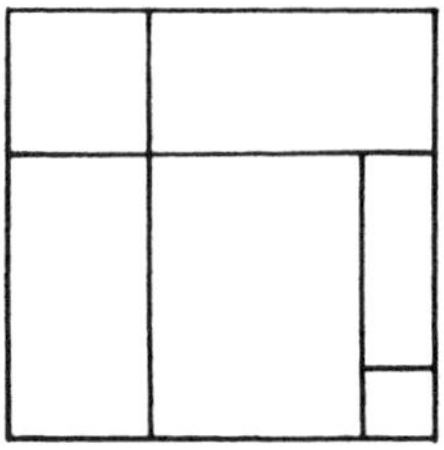

Abbildung 4

II. Für mehr als einen Spieler:
Jeder Spieler zerschneidet ein anderes Quadrat und gibt die Teilstücke an den Spieler zu seiner Rechten weiter. Der erste, der das Quadrat wieder zusammengesetzt hat, gewinnt.

Variante 1: Zerschneiden Sie das Quadrat in 8–12 Rechtecke.
Variante 2: Zerschneiden Sie das Quadrat in 4–7 Dreiecke (Abbildung 5).
Variante 3: Zerschneiden Sie das Quadrat in eine Mischung aus 6 oder mehr Rechtecken und Dreiecken (Abbildung 6).
Variante 4: Zerschneiden Sie das Quadrat in eine Mischung aus 6 oder mehr unregelmäßigen Formen (Abbildung 7).

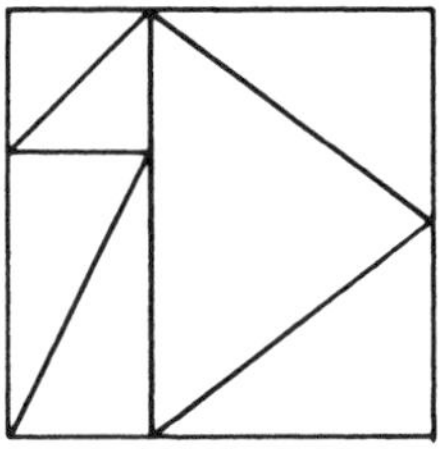

Abbildung 5

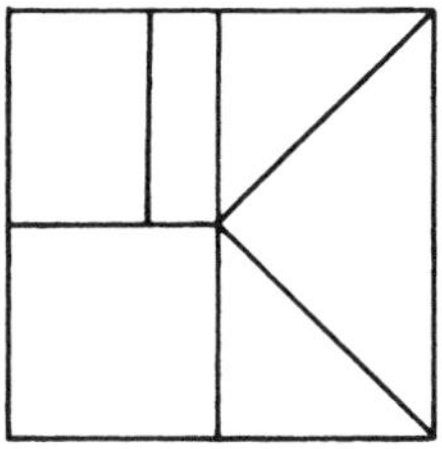

Abbildung 6

Abbildung 7

Bedenken Sie, daß das Zusammenlegen des Puzzles um so schwieriger wird, je regelmäßiger und ähnlicher Sie die Teilstücke schneiden. Dann nämlich sehen viele Teilchen so aus, als würden sie zusammenpassen, fügen sich aber im fertigen Puzzle doch nicht wirklich zusammen. Abbildung 8 zeigt ein Beispiel:

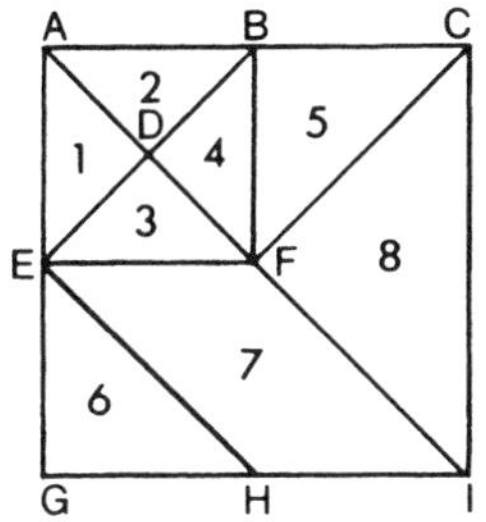

Abbildung 8

Das Segment HI von Teilchen 7 paßt zu EG von Teilchen 6, AE von Teilchen 1, BC von Teilchen 5 usw.; und das Segment EH von Teilchen 6 paßt zu FI von Teilchen 7, FI von Teilchen 8, CF von Teilchen 5, AD von Teilchen 1 plus DF von Teilchen 3 usw.

Das Spielen mit diesen Teilchen gibt Ihnen ein gutes Training beim Zusammenlegen von Puzzlestücken, indem Sie sich auf die Formen konzentrieren. Zuvor hatten wir Sie aufgefordert, sich auf die Bilder der schon zusammengefügten Teilstücke zu konzentrieren und die Formen der Teilchen zu ignorieren. Jetzt müssen Sie gleichzeitig sowohl auf die Formen als auch auf die Bilder achten.

Puzzle 3

1. Kleben Sie ein Bild aus einer Zeitung oder Zeitschrift auf ein Stück Pappe. Zerschneiden Sie die Pappe in unregelmäßige Teilstücke (wie beispielsweise in Abbildung 7).
2. Mischen Sie die Teilstücke.
3. Fügen Sie das Bild wieder zusammen.

3. Kapitel

VON PUZZLES ZU TANGRAMS

Das Tangram-Spiel kommt aus China und ist einige Jahrhunderte alt. Die sieben Tangramteile fügen sich zu einem Quadrat zusammen. Die Grundidee des Tangrams ist es, alle sieben Teilstücke zu benutzen, um damit geometrische Figuren und Bilder zu konstruieren.

Auch bei Puzzles fügt man Teile zusammen, um geometrische Formen und Bilder zu konstruieren. Aber es gibt drei wesentliche Unterschiede zwischen Tangrams und Puzzles:

1. Tangrams verwenden immer denselben Satz Teile. Diese Teile sind in Abbildung 1 zu sehen. Wir haben die Teile numeriert, um sie leichter bezeichnen zu können.

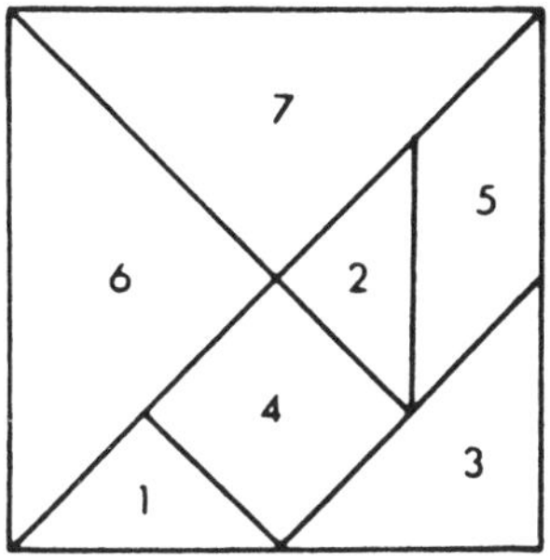

Abbildung 1

2. Tangramteile weisen keinerlei Markierungen oder Farben auf, nur die Form jedes Einzelteils spielt eine Rolle. Um diese Unterschiede zwischen Tangrams und Puzzles unmittelbar erleben zu können, sollten Sie folgendes tun:

- Nehmen Sie ein Puzzle, drehen Sie alle Teilchen um und versuchen Sie, das Puzzle zusammenzusetzen. Sie werden merken, was es heißt, wenn bei der Lösung einer Puzzleaufgabe nur die *Form* der Teilstücke von Bedeutung ist.
- Schneiden Sie ein Bild in den Formen Ihres Tangram-Satzes aus. Mischen Sie die Teile und versuchen Sie, die Aufgabe zu lösen. Sie werden merken, wie einfach es ist. Später werden Sie feststellen, daß die Tangram-Teile *ohne* Bilder nicht so einfach zusammenzufügen sind.

3. Fast jedes Tangram-Teil kann mit jedem anderen verbunden werden.

Übungen

Quadrate aus zwei Sorten von Teilen

A. 1. Zerschneiden Sie ein quadratisches 4 × 4-Gitter in 8 Teile (wie in Abbildung 2). Diese 8 Teile ergeben zwei unterschiedliche Sätze mit je 4 Teilen (Dreiecke und Trapeze, , 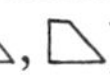).

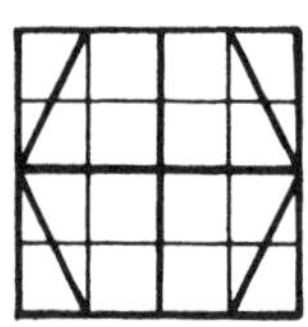

Abbildung 2

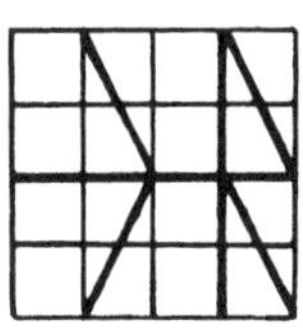

Abbildung 3a

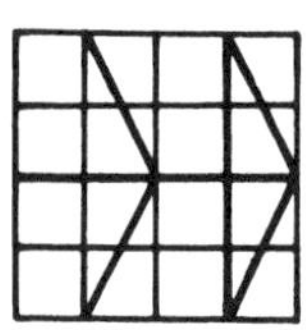

Abbildung 3b

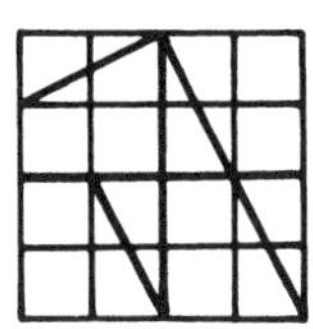

Abbildung 3c

2. Mischen Sie diese 8 Teile.
3. Stellen Sie fest, auf wie viele unterschiedliche Weisen Sie die Teile wieder zu einem Quadrat zusammenfügen können. Abbildung 3 zeigt drei Möglichkeiten.

B. 1. Fertigen Sie einen weiteren Satz aus 8 Teilen, mit denselben Formen wie zuvor, aber aus andersfarbigem Papier.
2. Mischen Sie die beiden Sätze, so daß Sie 16 Teile haben.
3. Konstruieren Sie zweifarbige Quadrate aus 8 dieser 16 Teile. Abbildung 4 zeigt einige Möglichkeiten.

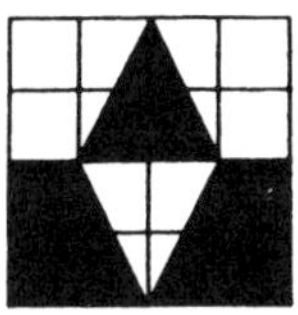

Abbildung 4a

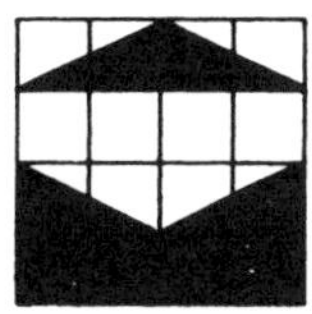

Abbildung 4b

Sie haben festgestellt, was Sie alles mit nur zwei unterschiedlichen Formen machen können. Nun wollen wir mit den sieben Tangram-Teilen spielen.

Die Tangram-Teile

Ihr Tangram-Satz (vgl. Abbildung 1) besteht aus 7 Teilen: 2 große Dreiecke (6, 7), 1 mittelgroßes Dreieck (3), 2 kleine Dreiecke (1, 2), 1 Quadrat (4) und 1 Parallelogramm (5). Wie Sie sehen werden, können Sie mit diesen Teilen viele wunderschöne Bilder und Formen schaffen. Aber zuerst müssen Sie mit den einzelnen Teilen vertraut werden und lernen, wie sie zusammenpassen.

Das kleine Dreieck ist das Grundelement des Tangram-Satzes. Mit ihm können Sie Duplikate aller anderen Teile des Tangram-Satzes schaffen:

- Durch das Zusammenlegen der 2 kleinen Dreiecke bilden Sie das Quadrat, das mittelgroße Dreieck und das Parallelogramm (Abbildung 5a).

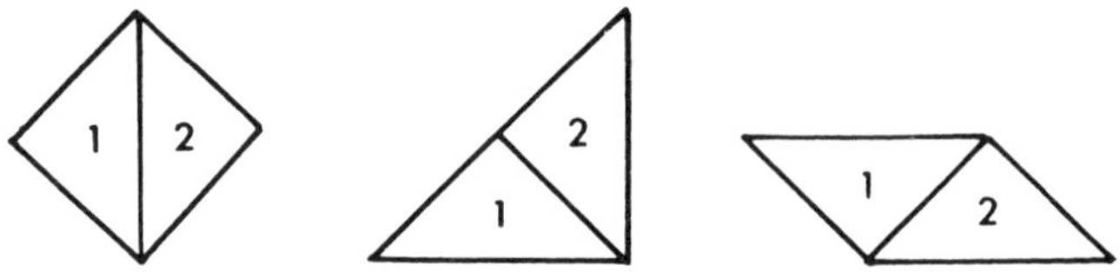

Abbildung 5 a

- Und durch das Zusammenlegen der zwei kleinen Dreiecke mit dem Quadrat, dem mittelgroßen Dreieck oder dem Parallelogramm können Sie das große Dreieck bilden (Abbildung 5 b).

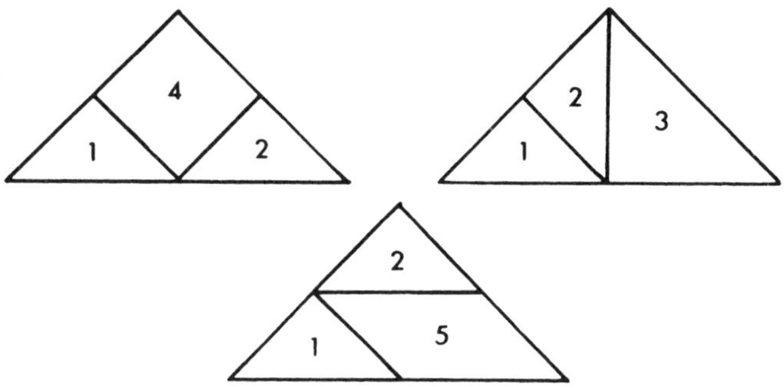

Abbildung 5 b

Das Konstruieren von Quadraten mit Tangram-Teilen

Bilden Sie ein Quadrat aus 2 oder mehr Tangram-Teilen. Tun Sie dies auf unterschiedliche Weisen, bevor Sie weiterlesen.

Haben Sie es geschafft, ein Quadrat aus 2, 3, 4, 5 und 7 Tangram-Teilen zu konstruieren? Sehen wir jetzt einmal, wie dies gemacht wird.

1. Die einfachste Methode ist, zwei identische Dreiecke zusammenzulegen.
   - Abbildung 5 a zeigt, wie 2 kleine Dreiecke ein Quadrat bilden. Wir können auch die beiden großen Dreiecke hierzu verwenden (Abbildung 6).

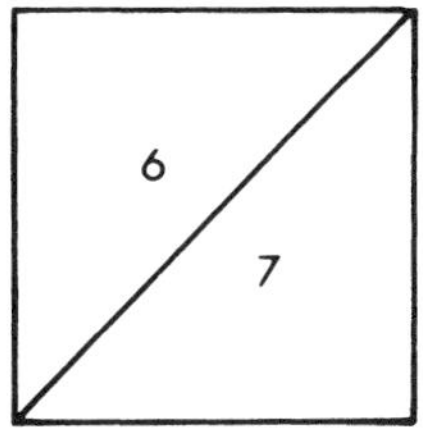

Abbildung 6

2. Wir können keine zwei mittelgroßen Dreiecke benutzen, weil uns nur eines zur Verfügung steht. Aber warten Sie: Wir können aus 2 kleinen Dreiecken ein weiteres mittelgroßes bilden und die beiden dann zusammenlegen (Abbildung 7). Auf diese Weise verwenden wir *drei* Tangram-Teile.

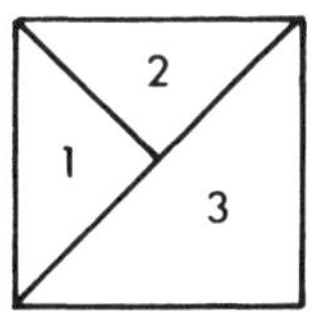

Abbildung 7

3. Wir können auch 4 Teile kombinieren, um ein Quadrat zu bilden, z.B. indem wir 1 großes Dreieck mit einem Satz aus 3 anderen Teilen zusammenfügen, die wie in Abbildung 5b große Dreiecke bilden (Abbildung 8).

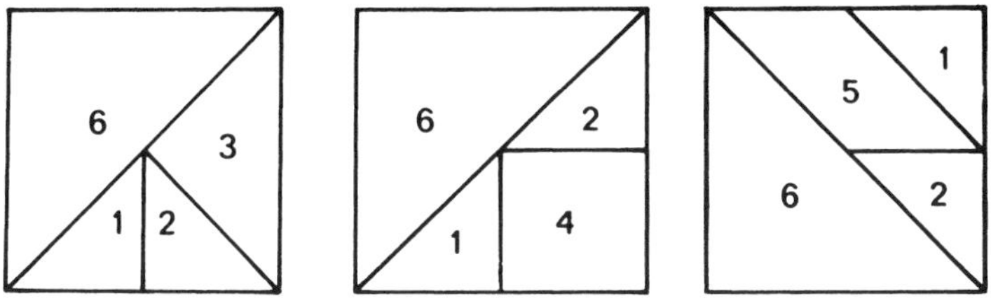

Abbildung 8

4. Konstruieren Sie nun Quadrate aus 5 und aus 7 Tangram-Teilen.

Das Konstruieren von Rechtecken mit Tangram-Teilen

Sehen wir einmal, wie man Rechtecke mit Tangram-Teilen konstruieren kann. Bilden Sie Rechtecke:

1. aus den beiden kleinen Dreiecken und dem mittelgroßen Dreieck (Abbildung 9a);

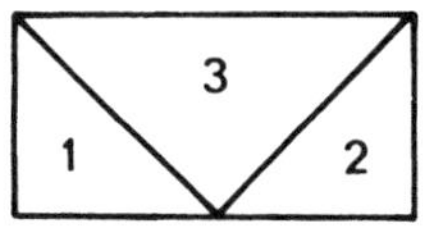

Abbildung 9a

2. aus den beiden kleinen Dreiecken und dem Quadrat (Abbildung 9b);

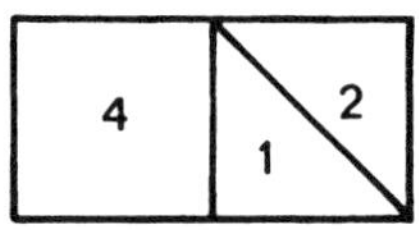

Abbildung 9b

3. verlängern Sie das Rechteck in Abbildung 9a, ohne die Breite zu verändern, indem Sie
   a) an dem einen oder dem anderen Ende das Quadrat hinzufügen (Abbildung 10) oder indem Sie

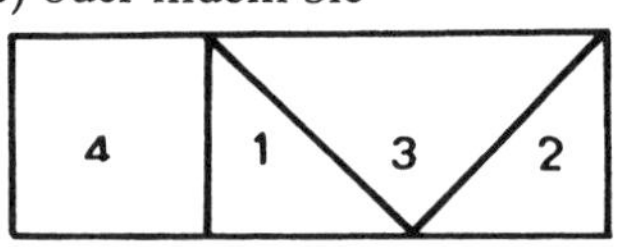

Abbildung 10

   b) zwischen dem mittelgroßen Dreieck und einem der beiden kleinen Dreiecke das Parallelogramm einfügen. Möglicherweise müssen Sie hierzu das Parallelogramm umdrehen (Abbildung 11).

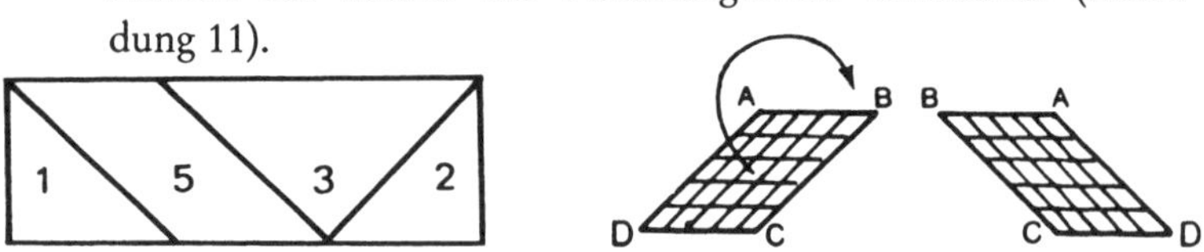

Abbildung 11

Nachdem Sie jetzt wissen, wie man Quadrate und Rechtecke auf viele unterschiedliche Weisen konstruiert, wollen wir uns verschiedene Figuren ansehen, die wir mit ihnen bilden können.

Das Konstruieren von Tangram-Bildern aus einfachen geometrischen Formen

1. Bilden Sie ein Quadrat aus den beiden großen Dreiecken und ein weiteres von derselben Größe aus den anderen 5 Teilen. Sie könnten die beiden Quadrate Seite an Seite legen, um ein Rechteck zu bilden, sollten aber versuchen, interessantere Wege zu finden, um sie zu kombinieren (Abbildung 12).

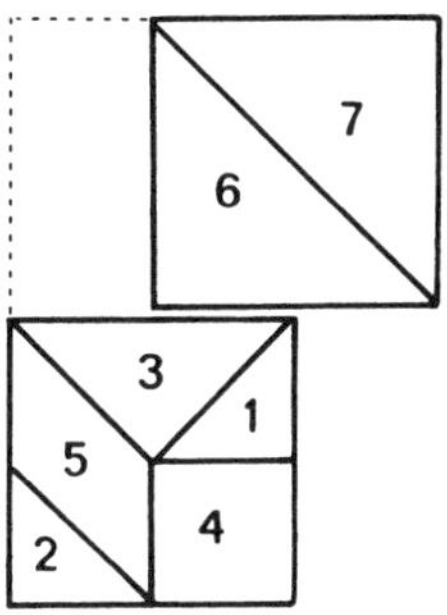

Abbildung 12

   Benutzen Sie die 14 Teile zweier Tangram-Sätze und bilden Sie Kombinationen aus:
   a) Quadraten und Parallelogrammen,
   b) Quadraten, Dreiecken und Parallelogrammen,
   c) Quadraten, Dreiecken, Parallelogrammen und Rechtecken.
2. Denken Sie daran, daß zwei identische Dreiecke kombiniert werden können, um sowohl ein Parallelogramm als auch ein Quadrat zu bilden (Abbildung 13).

Abbildung 13

Nachbilden von Tangram-Figuren

Nachdem Sie nun einige Erfahrung beim Arbeiten mit Quadraten, Rechtecken, Dreiecken und Parallelogrammen haben, wollen wir uns dem Nachbilden von Figuren zuwenden. Nehmen wir an, Ihnen wird die Silhouette einer Figur vorgegeben, die aus allen 7 Tangram-Teilen gebildet wurde. Können Sie rekonstruieren, wie dies gemacht wurde? Abbildung 14 präsentiert fünf Tangram-Figuren, an denen Sie sich versuchen können. Die Seite jedes Teils muß nicht exakt mit der Seite eines anderen Teils eine Linie bilden. Bei der ersten und dritten Figur in Abbildung 14 werden Sie merken, daß sich einige Teile nur an einem Punkt berühren.

Abbildung 14

Gehen wir die erste Figur, das Boot, gemeinsam durch. Es sieht so aus, als ob es aus drei Grundelementen besteht – einem linken Segel, einem rechten Segel und dem Boden.

- Das linke Segel ist einfach ein Dreieck (aber wir wissen noch nicht, um welches Dreieck es sich handelt, beziehungsweise ob es nicht aus kleineren Teilen zusammengesetzt wurde).
- Das rechte Segel ist ebenfalls eine Dreieckform, aber auch hier stellen sich dieselben Fragen wie bei dem linken Segel.
- Der Boden sieht aus wie ein langes Rechteck, nur daß die Enden nicht rechtwinklig sind.

Versuchen wir zunächst, den Boden zu konstruieren:

1. Konstruieren Sie so, wie Sie es schon vorhin (Abbildung 11) getan haben, ein langes Rechteck.
2. Sehen Sie, ob Sie es in der Weise modifizieren können, daß es aussieht wie der Bodenteil des Boots. Der Schlüssel zum Erfolg besteht darin, statt des mittelgroßen Dreiecks ein Quadrat zu verwenden (Abbildung 15a).

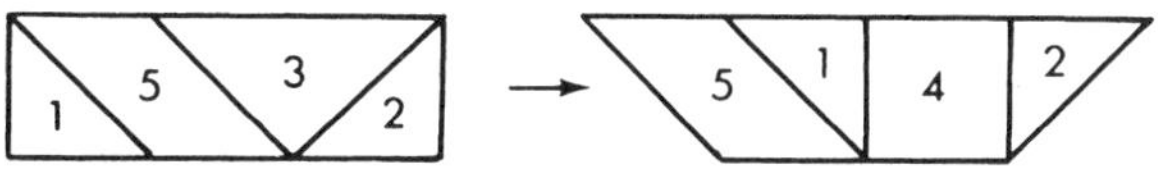

Abbildung 15 a

Legen Sie an beiden Seiten des Quadrats ein kleines Dreieck an, um die Grundform des Bootsbodens zu bekommen (Abbildung 15b).

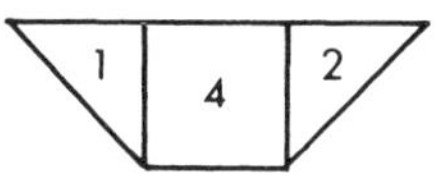

Abbildung 15 b

Fügen Sie dann an der einen oder anderen Seite das Parallelogramm hinzu, um den Bootsboden zu verlängern (Abbildung 15c).

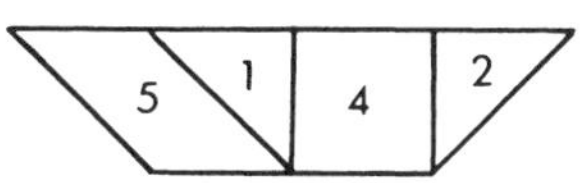

Abbildung 15 c

3. Bilden Sie durch die Kombination der beiden großen Dreiecke den Mittelteil (Abbildung 15d).

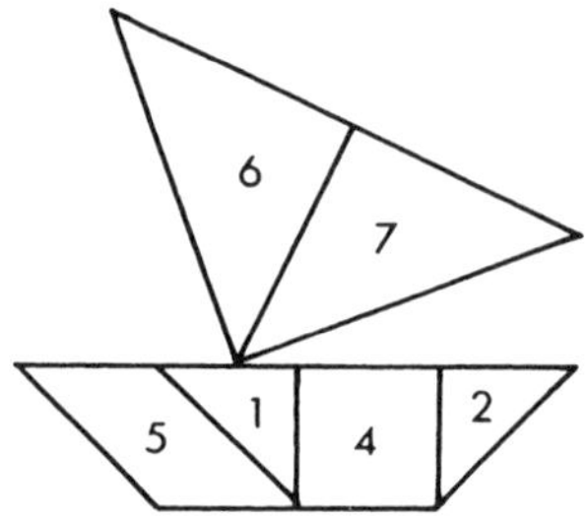

Abbildung 15d

4. Fügen Sie das noch verbleibende mittelgroße Dreieck als oberen Teil hinzu (Abbildung 15e).

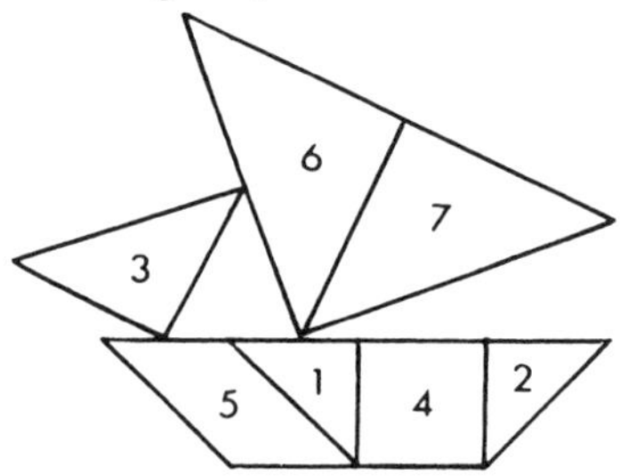

Abbildung 15e

Die Lösungen für die anderen vier Figuren finden Sie am Ende des Kapitels.

Einige Tangram-Aufgaben, die gelöst werden sollen

1. Es gibt einige Formen (wie die in den Abbildungen 16a und 16b gezeigten), die auf zwei unterschiedliche Weisen gebildet werden können, unter Verwendung von entweder drei oder vier Tangram-Teilen.

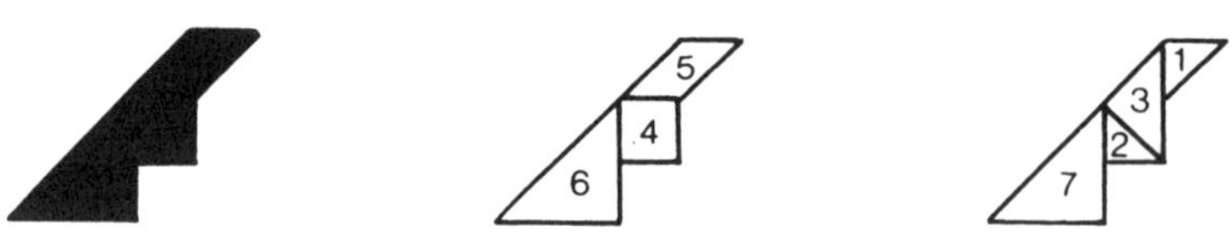

Abbildung 16a

Konstruieren Sie jede der folgenden Figuren auf zwei Weisen, indem Sie zuerst drei der sieben Tangram-Teile und dann die anderen vier verwenden (Lösung auf S. 61).

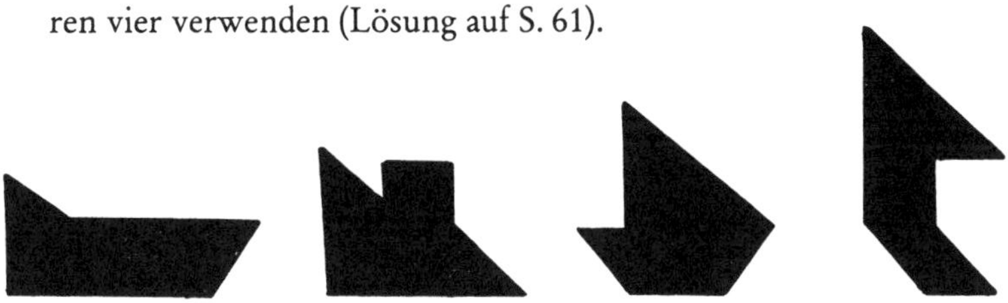

Abbildung 16b

2. Darüber hinaus gibt es einige Figuren, die Sie unter Verwendung aller sieben Tangram-Teile auf zwei *fast* identische Weisen konstruieren können. Die Person in Abbildung 17a hat einen Fuß, die Person in Abbildung 17b jedoch nicht. Erkennen Sie, wie dies gemacht wurde? Konstruieren Sie die Abbildungen 17a und 17b (Lösung S. 61).

Abbildung 17a

Abbildung 17b

Nachdem Sie an einigen dieser von uns vorgegebenen Tangram-Aufgaben gearbeitet haben, wird sicher der Wunsch in Ihnen aufkommen, eigene Figuren zu entwerfen. Wir haben Ihnen bislang nur einige wenige gezeigt:

- einen Buchstaben, wo Sie ein ganzes Alphabet konstruieren können;
- eine Zahl, wo Sie alle zehn Ziffern konstruieren können;
- eine Person, ein Boot, wo sie Tausende von lebenden und toten Objekten entwerfen können.

Andere Tangram-Sätze

Wenn Sie das Gefühl haben, daß sich vorübergehend Ihre Kreativität und Vorstellungskraft bei diesen Tangram-Teilen erschöpft haben, dann zeigt Ihnen Abbildung 18 einen anderen Satz, den Sie selbst basteln können, dazu einige Figuren, die sich damit bilden lassen. Tangram-Sätze können Sie auch aus den in den Abbildungen 4, 5, 6 und 8 auf den Seiten 44 und 45 gezeigten Puzzles machen.

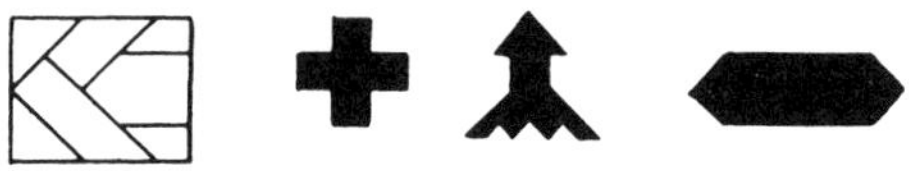

Abbildung 18

Spiele

Natürlich werden Sie den Wunsch haben, die Tangrams in Spielen zu verwenden, die Sie mit Ihren Freunden spielen können. Wir beginnen mit einem Spiel, bei dem Sie Ihre neu erworbenen Fähigkeiten beim Nachbilden von Vorlagen nutzen können.

Tangram 1

Ziel des Spiels: Nachbildung einer Figur mit Tangram-Teilen anhand einer vorgegebenen Silhouette.
Anzahl der Spieler: Zwei oder mehr.
Benötigtes Material: Ein Satz Tangram-Teile für jeden Spieler; Bleistifte und Papier.
Spielablauf:
Jeder Spieler wählt vier Tangram-Teile aus und konstruiert verdeckt eine Figur, zeichnet deren Silhouette und gibt seine Vorlage an den Spieler zu seiner Linken weiter; anschließend rekonstruiert er die Figur, die er als Vorlage von dem Spieler zu seiner Rechten erhalten hat. Der Spieler, der als erster seine Figur neu gebildet hat, gewinnt.

Variante 1: Konstruieren Sie Figuren mit fünf Teilen beziehungsweise mit allen sieben Teilen des Tangram-Spiels.
Variante 2: Die einzelnen Spieler konstruieren Figuren aus einer beliebigen Zahl von Elementen und geben nicht bekannt, wie viele Teile bei der Konstruktion der Figur verwendet wurden.

In diesem Spiel können, anders als bei den Mosaiken, die Teile nur an einzelnen Punkten miteinander verbunden sein; sie müssen sich nicht auch an den Ecken berühren.

Wenn Sie anfangen, eine Figur zu konstruieren, die der Vorlage eines anderen entspricht, benutzen Sie dieselbe Annäherungsmethode, die wir beim Nachbilden des Bootes angewandt haben:

- zerlegen Sie die Figur im Geiste in ihre Teile;
- konstruieren Sie die ungefähre Form eines jeden Teils;
- stellen Sie fest, was Sie hinzufügen, ändern oder wegnehmen müssen, um eine exakte Nachbildung des Originals herzustellen;
- denken Sie daran, daß bestimmte Teile (beispielsweise Dreiecke und Quadrate) auf unterschiedliche Weisen gebildet werden können. Wenn Ihre Methode, einen Ausschnitt nachzubilden, Teile verbraucht, die Sie unbedingt für ein anderes Teilstück der Figur benötigen, dann versuchen Sie es besser auf einem anderen Weg.

Als nächstes stellen wir Ihnen ein Spiel vor, bei dem Sie Ihr Wissen über die Größen und Formen der Tangram-Teile nutzen müssen, um sie auf einer begrenzten Fläche unterbringen zu können.

Tangram 2

Ziel des Spiels: Plazierung des letzten Tangram-Teils.
Anzahl der Spieler: Zwei.
Benötigtes Material: Ein Satz Tangram-Teile; ein 3 × 3-Gitter.
Spielablauf:
Die Spieler sind abwechselnd am Zug. Bei jedem Zug plaziert der Spieler ein Teil innerhalb der Begrenzung des Felds. Dieses Teil darf ein bereits gelegtes berühren, aber nicht überlappen. Die Grenze darf nicht berührt werden. Ein gelegtes Teil kann nicht mehr bewegt

werden. Der Spieler, der als erster kein Teil mehr plazieren kann, verliert.

Variante: Ein gelegtes Teil darf *kein* anderes berühren.

Abbildung 19 zeigt ein Musterspiel:

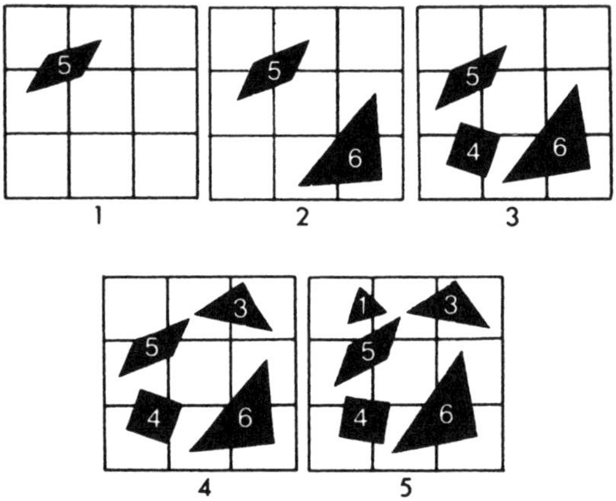

Abbildung 19

Beim dritten Zug legt Spieler A das Quadrat so aus, daß nur noch Platz für zwei weitere Teile bleibt. Beim vierten Zug plaziert Spieler B eines davon. Beim fünften Zug legt Spieler A das andere aus und gewinnt.

Lösungen

Seite 51 (4); 54 (Abbildung 14):

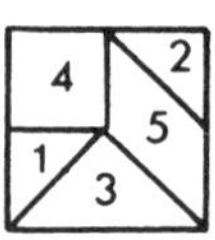

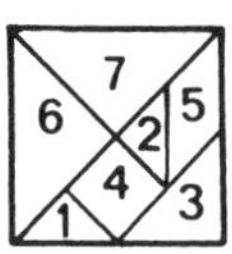

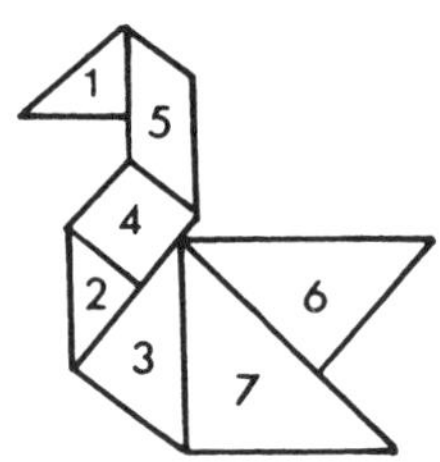

Seite 54 (Abbildung 14):

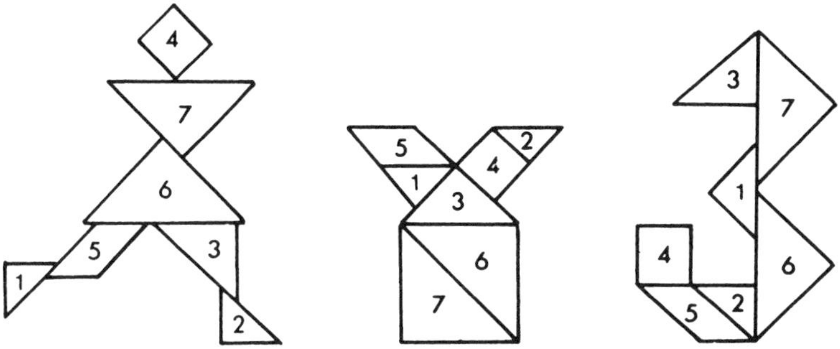

Seite 57 (Abbildung 16b):

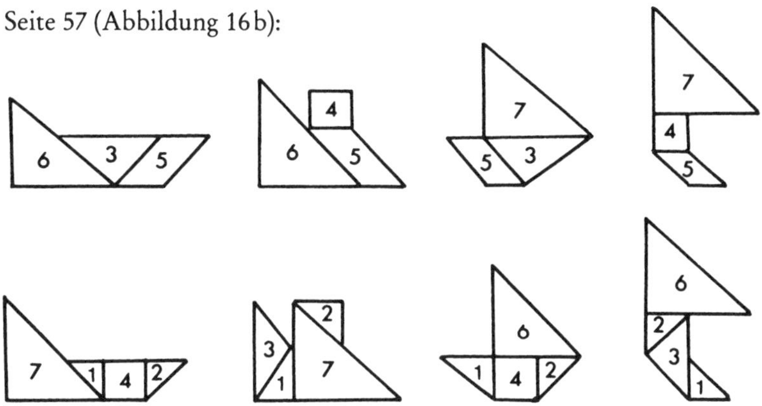

Seite 57 (Abbildungen 17a und 17b):

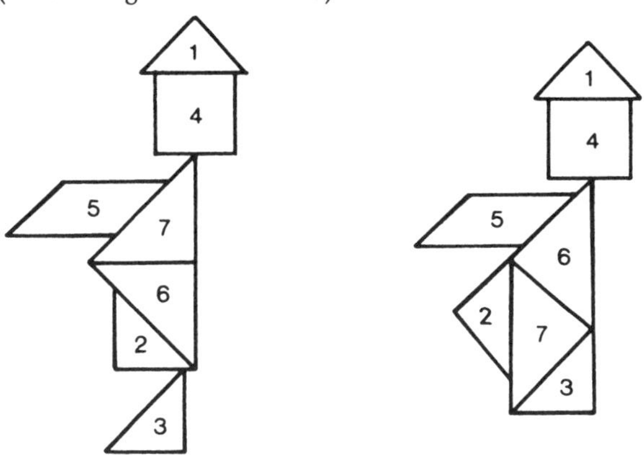

4. Kapitel

POLYOMINOS

Ein Polyomino ist, wie auch ein Mosaik, eine Gruppe von Quadraten, die an den Kanten so miteinander verbunden sind, daß die Ecken übereinstimmen. Jedoch unterscheidet sich ein Polyomino in zwei wesentlichen Punkten von einem Mosaik:

- alle Quadrate eines Polyominos haben dieselbe Farbe;
- die Quadrate in einem Polyomino-Satz sind auf alle möglichen Weisen miteinander verbunden, nicht nur in Anordnungen, die Rechtecke bilden.

In diesem Kapitel erkunden wir, welche unterschiedlichen Polyominos es gibt und wie wir sie zusammenlegen können, um neue Formen zu bilden. Wir können das, was wir beim Spielen mit Polyominos lernen, auf viele Probleme der Anordnung von Gegenständen anwenden: die Aufstellung der Möbel in einem Zimmer, das Zurechtlegen von Objekten auf einem Schreibtisch, das effiziente Packen eines Koffers oder ein zweckmäßiges Einlagern von Nahrungsmitteln in einem Speiseschrank.

Wir beginnen mit der Betrachtung, auf wie viele unterschiedliche Weisen quadratische Plättchen miteinander verbunden werden können, um Polyominos zu bilden. Zwei Formen gelten dann nicht als »unterschiedlich«, wenn sich die eine durch eine Rotation und/oder ein Umdrehen aus einer anderen Form ergibt. Die Figur in Abbildung 1a verwandelt sich beispielsweise durch Rotation in diejenige von Abbildung 1b oder durch Umdrehen in jene von Abbildung 1c.

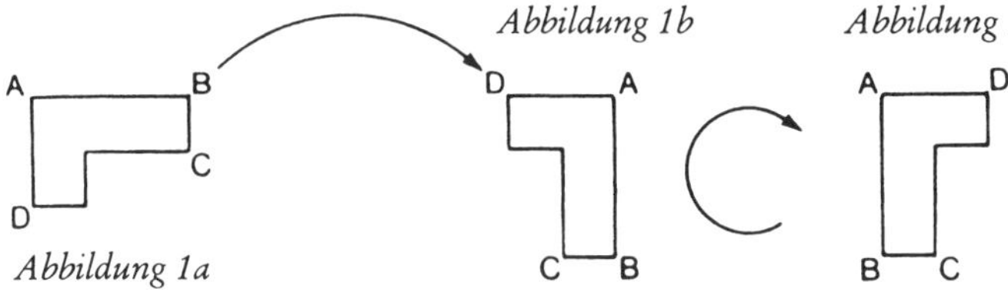

Abbildung 1a *Abbildung 1b* *Abbildung 1c*

Wir unterscheiden und bestimmen die Polyominos wie folgt:

- Ein einzelnes Plättchen ist ein *Monomino* (*mono* = eins), jedes Mosaikplättchen ist folglich für sich genommen ein Monomino.
- Zwei Plättchen bilden ein *Domino* (*do* = zwei). Jedes Domino kann nur auf eine Weise zusammengelegt werden. Die Anordnung der Dominos in Abbildung 2a unterscheidet sich nicht von derjenigen in Abbildung 2b.

Abbildung 2

- Drei Plättchen bilden ein *Tromino* (*tro* = drei). Ein Tromino kann auf zwei unterschiedliche Weisen zusammengelegt werden, als gerades oder als rechtwinkliges Tromino (Abbildungen 3a und 3b).

Abbildung 3

- Vier Plättchen bilden ein *Tetramino* (*tetra* = vier). Ein Tetramino kann auf fünf unterschiedliche Weisen zusammengelegt werden. Diese Weisen bekommen Bezeichnungen und Ziffern (Abbildung 4).

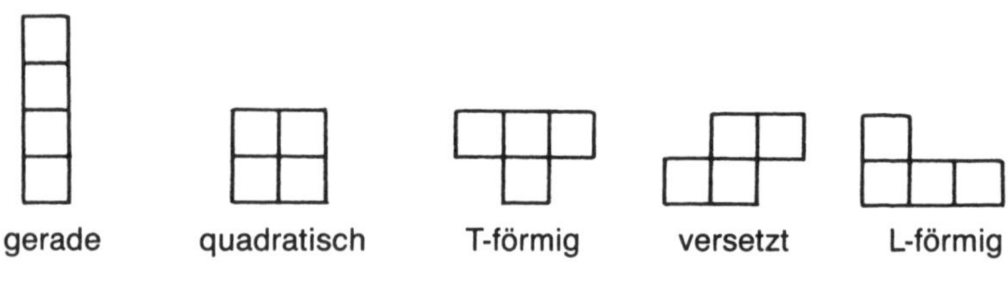

Abbildung 4

- Fünf Plättchen bilden ein *Pentomino* (*pento* = fünf). Abbildung 5 zeigt die zwölf verschiedenen Formen von Pentominos. Wir geben ihnen die Namen der Buchstaben, denen sie ähneln, so daß wir sie bezeichnen können und Sie in der Lage sind, sie im Gedächtnis zu behalten.

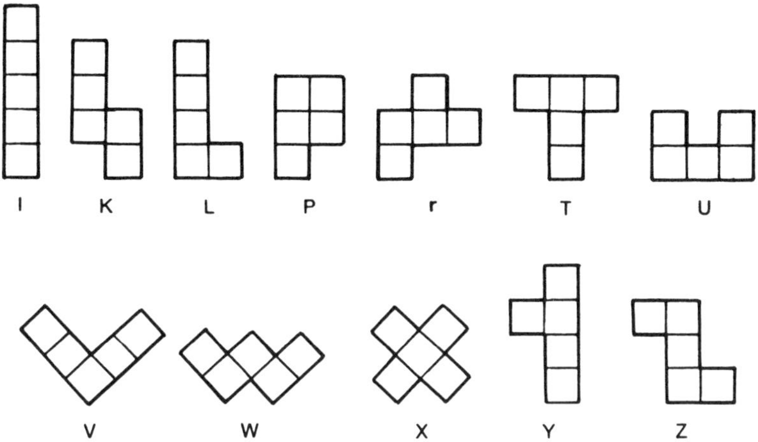

Abbildung 5

Übungen

Die folgenden Übungen haben den Zweck, Sie mit den verschiedenen Polyomino-Arten vertraut zu machen und Ihnen zu zeigen, wie sie zusammenpassen.

Achtung: Einige Aufgaben sind möglicherweise überhaupt nicht zu lösen, aber Sie können bei dem Versuch trotzdem etwas lernen. Wenn Sie merken, daß Sie irgendwo festhängen, sollten Sie einfach weiterlesen, um festzustellen, ob Sie vielleicht an einer der unlösbaren Aufgaben arbeiten. Die Lösungen zu diesen Übungen erscheinen erst am Ende des Kapitels.

1. Füllen Sie anhand der folgenden Regeln jedes der Gitter in Abbildung 6 mit Dominos aus:

- jedes Domino belegt genau zwei Gitterkästchen;
- kein Domino überlappt ein anderes;
- kein Domino ragt über das Gitter hinaus.

Statt echte Dominos zu verwenden, zeichnen Sie sie dort ein, wo Sie meinen, daß sie hingehören.

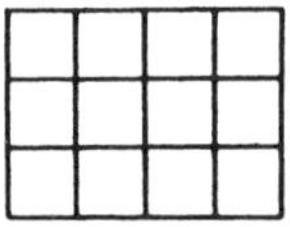

Abbildung 6a

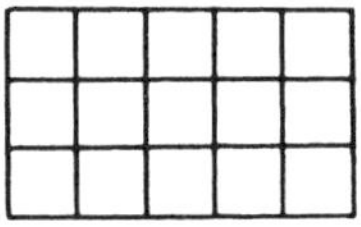

Abbildung 6b

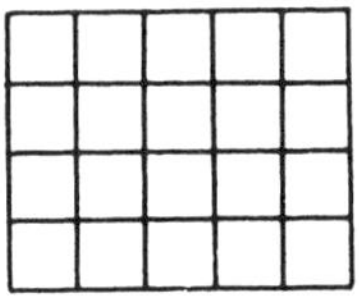

Abbildung 6c

Das Gitter in Abbildung 6b kann unter diesen Bedingungen nicht ausgefüllt werden. Die Begründung: Jedes Domino belegt zwei Kästchen. Ein Gitter mit einer ungeraden Zahl von Kästchen wie das 3 × 5-Rechteck in Abbildung 6b (fünfzehn Kästchen) kann niemals vollständig mit Dominos ausgefüllt werden; ein Kästchen wird immer frei bleiben.

2. Das Gitter in Abbildung 7a enthält vierzehn Kästchen, eine gerade Anzahl. Füllen Sie es mit Dominos aus.

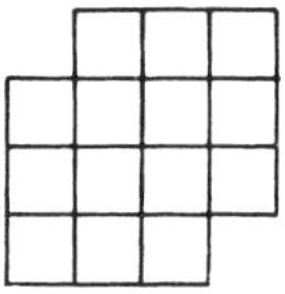

Abbildung 7a

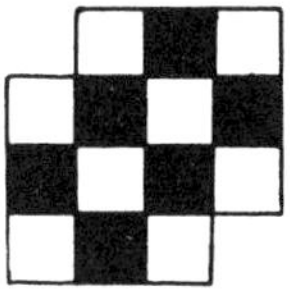

Abbildung 7b

Wie Sie insgeheim vielleicht schon geargwöhnt haben, ist die Aufgabe unlösbar, und zwar aus folgendem Grund: Stellen Sie sich diese Figur wie ein Schachbrett vor, das heißt, zwei Farben wechseln sich von Feld zu Feld ab (Abbildung 7b). Sie haben acht weiße und sechs schwarze Kästchen auszulegen. Jedes Domino, das Sie legen, muß ein schwarzes und ein weißes Kästchen bedecken. Nachdem Sie sechs Dominos gelegt haben, bleiben zwei weiße Kästchen übrig. Da ein Domino ein schwarzes und ein weißes Kästchen belegen muß, können Sie die beiden Kästchen nicht mit einem Domino ausfüllen.

3. Füllen Sie ein 4 × 4-Gitter unter Verwendung von 5 geraden Trominos und 1 Monomino aus.

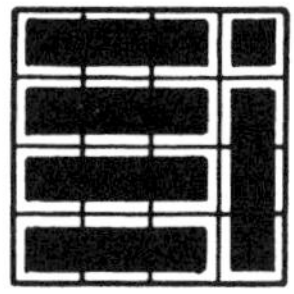

Abbildung 8

Da ein 4 × 4-Gitter 16 Kästchen hat, können 15 davon mit 5 Trominos und das sechzehnte mit einem Monomino belegt werden. Haben Sie erkannt, wie? Sie können es nur schaffen, wenn Sie das Monomino in eine Ecke des Gitters plazieren (Abbildung 8). Sehen wir einmal, warum das so ist.

Die Abbildungen 9 a–c zeigen die einzigen drei möglichen Stellen für das Monomino in einem 4 × 4-Gitter. Aus Gründen der Symmetrie sind alle anderen Stellen äquivalent, was durch die gepunkteten Kästchen gezeigt wird.

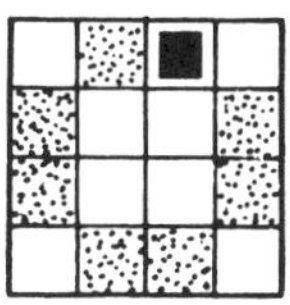

Abbildung 9a

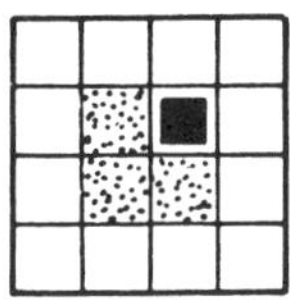

Abbildung 9b

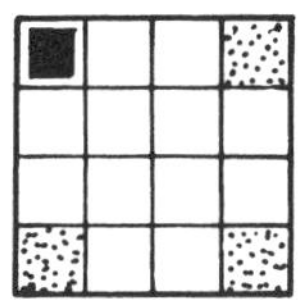

Abbildung 9c

Nehmen wir an, wir plazieren das Monomino wie in Abbildung 9 a. Wie könnten dann die fünf Tromino-Teile plaziert werden?

Abbildung 10a

Abbildung 10b

Abbildung 10c

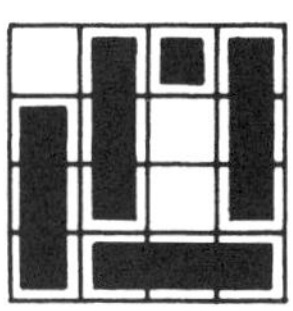

Abbildung 10d

Betrachten Sie das mit »1« gekennzeichnete Feld in Abbildung 10 a. Es kann ausschließlich von dem gezeigten Tromino belegt werden. Danach kann das mit »2« gekennzeichnete Feld nur mit dem Tromino wie in Abbildung 10 b belegt werden, und das mit »3« gekennzeichnete Feld nur mit dem in Abbildung 10 c gezeigten. Ein viertes Tromino kann jetzt nur noch wie in Abbildung 10d gezeigt ausgelegt werden. Dadurch bleiben aber drei isolierte Felder übrig, die nicht durch das übrig gebliebene Tromino belegt werden können.

Nehmen wir an, wir plazieren das Monomino wie in Abbildung 9b. Wie könnten dann die fünf Tromino-Teile plaziert werden?

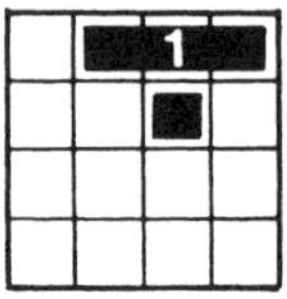

Abbildung 11a

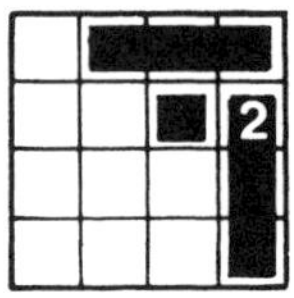

Abbildung 11b

Abbildung 11c

Abbildung 11d

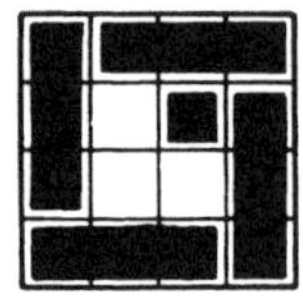

Abbildung 11e

Das mit »1« markierte Feld könnte durch ein Tromino wie in Abbildung 11a oder in Abbildung 12a belegt werden. Wir wollen uns beide Möglichkeiten ansehen.

A. Wenn es wie in Abbildung 11a belegt wird, kann das mit »2« gekennzeichnete Feld nur durch das in Abbildung 11b gezeigte Tromino belegt werden, und das mit »3« gekennzeichnete Feld nur durch ein Tromino wie in Abbildung 11c. Ein viertes Tromino kann dann entweder wie in Abbildung 11d oder wie in Abbildung 11e gezeigt plaziert werden. In beiden Fällen bleiben drei isolierte Felder übrig, die nicht durch ein Tromino belegt werden können.

Abbildung 12a

Abbildung 12b

Abbildung 12c

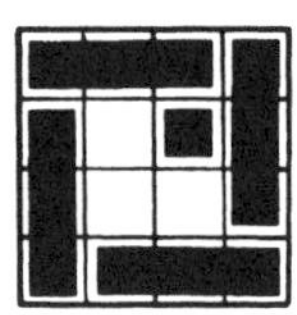

Abbildung 12d

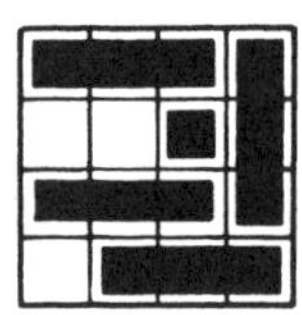

Abbildung 12e

B. Wenn das mit »1« markierte Feld hingegen durch das Tromino wie in Abbildung 12a belegt wird, dann kann das mit »2« gekennzeichnete Feld nur durch das in Abbildung 12b gezeigte Tromino und das mit »3« gekennzeichnete Feld nur durch das Tromino wie in Abbildung 12c belegt werden. Für ein viertes Tromino bleiben nun entweder die in Abbildung 12d oder die in Abbildung 12e dargestellten Möglichkeiten. Abermals bleiben drei isolierte Felder übrig, die durch das fünfte Tromino nicht belegt werden können.

4. Füllen Sie ein 4×4-Gitter unter Verwendung von 5 *rechtwinkligen* Trominos und 1 Monomino aus. Sie können das schaffen, gleichgültig wo Sie das Monomino plazieren.

5. Füllen Sie ein 4×4-Gitter aus, unter jeweils ausschließlicher Verwendung von:
- 4 geraden Tetraminos (Nr. 1),
- 4 quadratischen Tetraminos (Nr. 2),
- 4 T-förmigen Tetraminos (Nr. 3),
- 4 versetzten Tetraminos (Nr. 4),
- 4 L-förmigen Tetraminos (Nr. 5).

Haben Sie festgestellt, daß Sie nicht mit allen ein Quadrat bilden können? Es geht mit allen (Abbildungen 13a–d), nur nicht mit den versetzten (Nr. 4). Abbildung 13e zeigt Ihnen die einzige Möglichkeit, mit der ein versetztes Tetramino plaziert werden kann, so daß es ein Eckfeld belegt (abgesehen von den entsprechenden symmetrischen Varianten). Wenn solch ein Tetramino gelegt ist, kann Feld »1« nur noch wie in Abbildung 13f durch ein versetztes Tetramino belegt werden, wodurch das mit »2« gekennzeichnete Feld isoliert übrig bleibt.

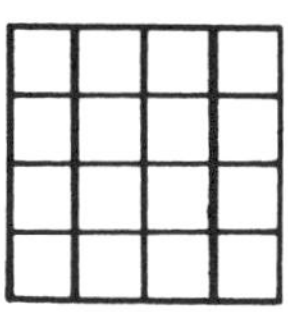

Abbildung 13a

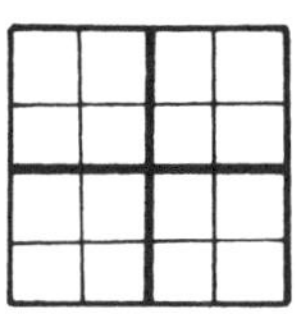

Abbildung 13b

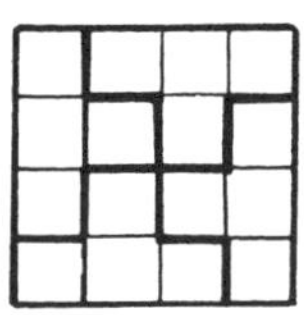

Abbildung 13c

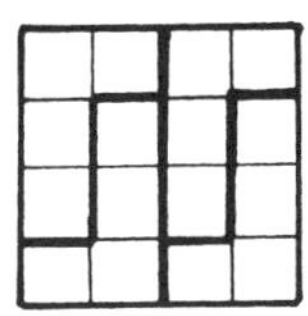

Abbildung 13d

Abbildung 13e

Abbildung 13f

6. Finden Sie sämtliche unterschiedlichen Weisen, auf die jedes der fünf Tetraminos auf dem Gitter plaziert werden kann, so daß seine Ecken mit den Gitterkästchen abschließen.

Das gerade Tetramino (Nr. 1) kann in zwei unterschiedlichen Ausrichtungen, horizontal und vertikal, auf dem Gitter plaziert werden (Abbildung 14).

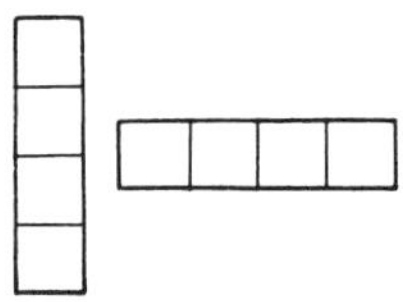

Abbildung 14

Das quadratische Tetramino (Nr. 2) kann nur in einer Ausrichtung auf dem Gitter plaziert werden (Abbildung 15). Es sieht immer gleich aus.

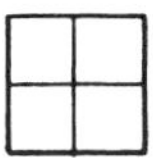

Abbildung 15

Das T-förmige Tetramino (Nr. 3) kann auf einem Gitter in vier unterschiedliche Ausrichtungen gedreht werden (Abbildung 16).

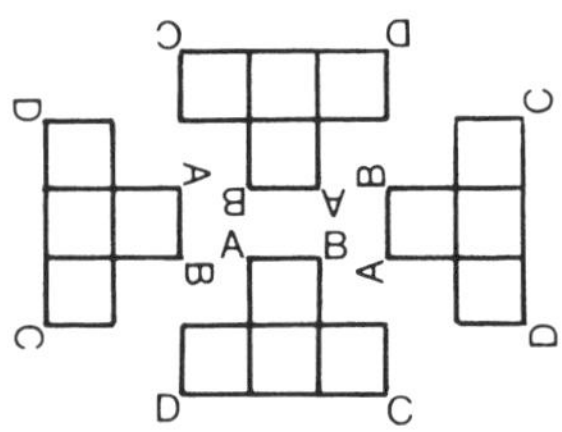

Abbildung 16

Das versetzte Tetramino (Nr. 4) kann auf dem Gitter nur in zwei unterschiedliche Positionen gedreht werden. Da es jedoch nicht symmetrisch ist, können Sie es umdrehen und erhalten so zwei weitere Positionen (Abbildung 17).

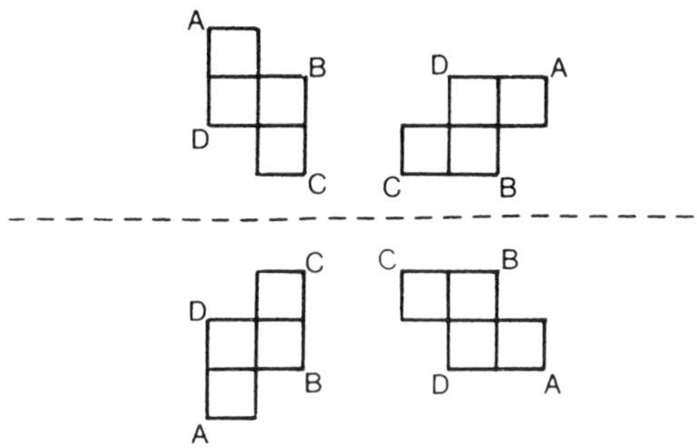

Abbildung 17

Das L-förmige Tetramino (Nr. 5) ist ebenfalls unsymmetrisch. Sie können es in vier unterschiedliche Positionen drehen, es dann umdrehen und durch Rotation weitere Positionen erhalten (Abbildung 18).

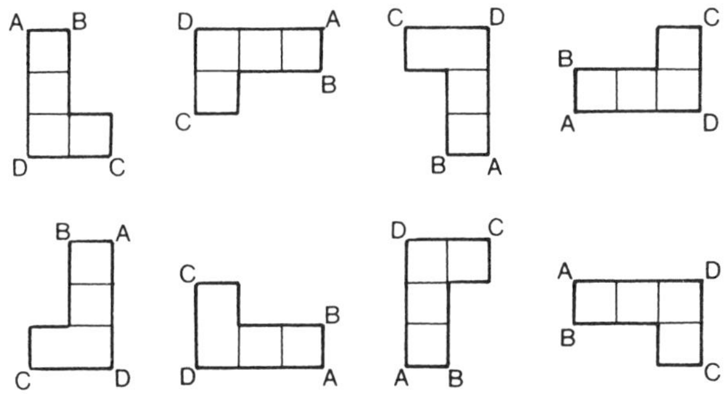

Abbildung 18

7. Ein Pentomino und ein Tetramino enthalten zusammen neun Quadrate. Finden Sie drei Verbindungsweisen, um ein 3 × 3-Gitter zu bilden (Lösungen auf S. 80).

8. Zwei Pentomino-Teile enthalten zusammen zehn Felder. Verbinden Sie zwei Pentomino-Teile so, daß Sie ein 3 × 4-Gitter mit zwei freien Feldern bilden, und zwar auf so viele unterschiedliche Weisen, wie es Ihnen möglich ist. Machen Sie von jedem Ergebnis eine Skizze, so daß Sie später darauf zurückkommen können. Abbildung 19 zeigt einige der unterschiedlichen Formen, die Sie erhalten haben könnten.

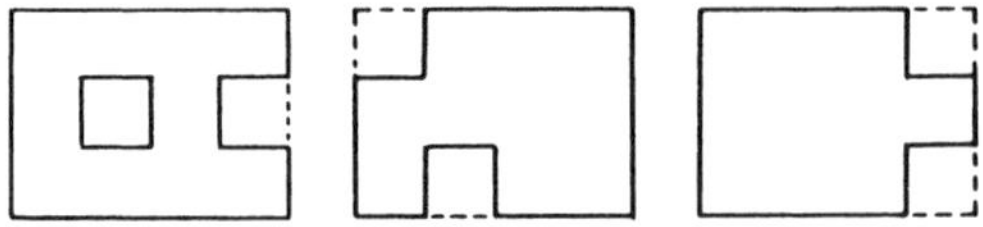

Abbildung 19

Nehmen Sie sich Ihre Skizzen vor. Haben Sie unsere drei Beispiele herausbekommen? Haben Sie darüber hinaus einige erhalten, die wir nicht abgebildet haben? Insgesamt sind fünfzehn unterschiedliche Lösungen möglich. Zwei dieser fünfzehn können Sie auf unterschiedliche Weisen konstruieren, wie in den Abbildungen 20a und 20b zu sehen ist.

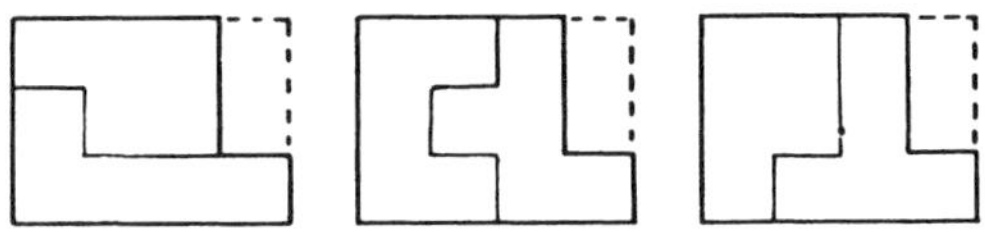

Abbildung 20a

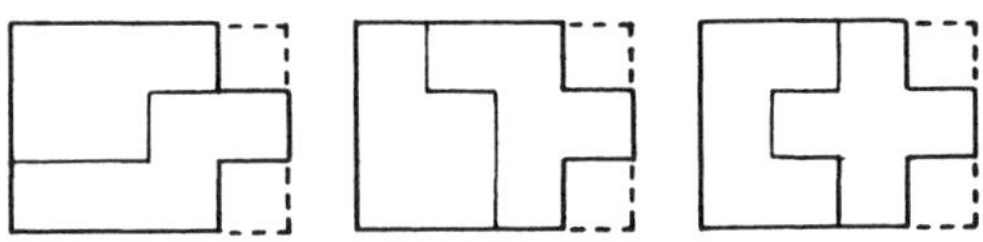

Abbildung 20b

Behalten Sie diese Kombinationen im Gedächtnis. Nachher werden wir uns an Denkaufgaben mit Pentomino-Teilen begeben. Wenn Sie eine Lücke sehen, die so geformt ist wie die in Abbildung 20, werden Sie sich darauf besinnen und die möglichen Kombinationen rekonstruieren können.

9. Drei Pentomino-Teile ergeben zusammen 15 Felder. Verbinden Sie sie so, daß ein 3 × 5-Gitter entsteht.

Führen Sie diese Montage auf fünf unterschiedliche Weisen durch. Nachstehend folgt eine generelle Annäherungsmethode: Konstruieren Sie zuerst ein 3 × 4-Gitter mit zwei freien Feldern und fügen Sie dann das dritte Pentamino-Teil hinzu.

Dies wird nicht bei jedem 3 × 4-Gitter mit zwei freien Feldern funktionieren. Abbildung 21 zeigt Ihnen diejenigen, bei denen es möglich ist.

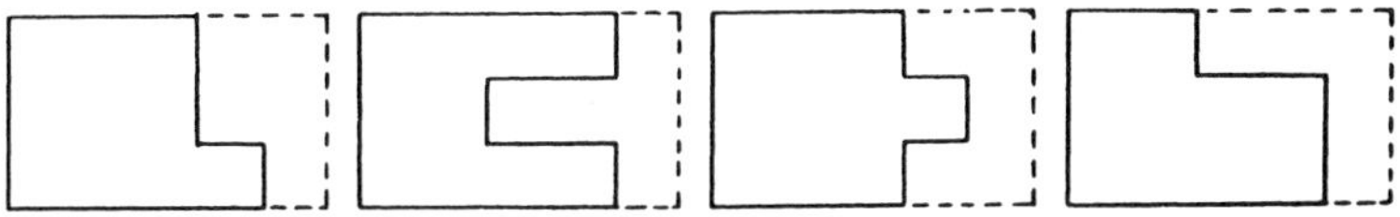

Abbildung 21

10. Fügen Sie sechs Pentomino-Teile zusammen, so daß sie ein 5 × 6-Gitter bilden. Erkennen Sie eine diesbezügliche generelle Annäherungsmethode?

Konstruieren Sie zwei 3 × 5-Gitter aus unterschiedlichen Teilen und fügen Sie sie dann wie in Abbildung 22 zusammen.

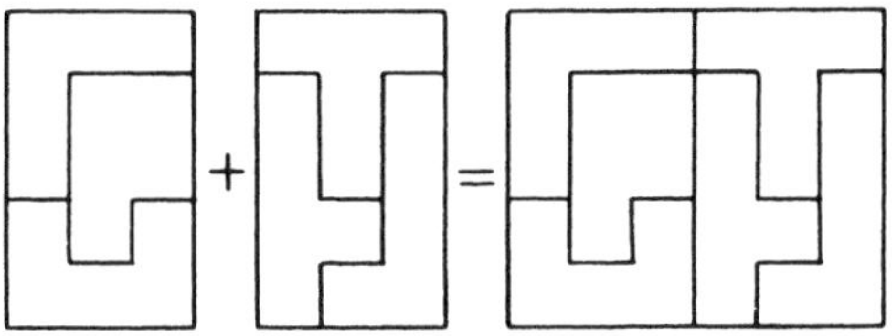

Abbildung 22

Aufgaben

1. Plazieren Sie alle 12 Pentomino-Teile (vgl. S. 65) auf ein 8 × 8-Gitter. Ein 8 × 8-Gitter enthält 64 Felder. Da 12 Pentominos nur 60 Felder (12 × 5 = 60) belegen, werden irgendwo auf dem Gitter vier Felder frei bleiben.

2. Lösen Sie dieselbe Aufgabe unter der Maßgabe, daß die freien Felder in den Ecken sein müssen (Lösung auf S. 80).

3. Variieren Sie die Aufgabe mit den Maßgaben, daß die freien Felder um a) ein Feld, b) zwei Felder sowie c) drei Felder diagonal in Richtung Zentrum verschoben werden müssen. Abbildung 23 zeigt die Lösung zu 3 a (die Lösungen zu 3 b und 3 c finden Sie auf S. 80).

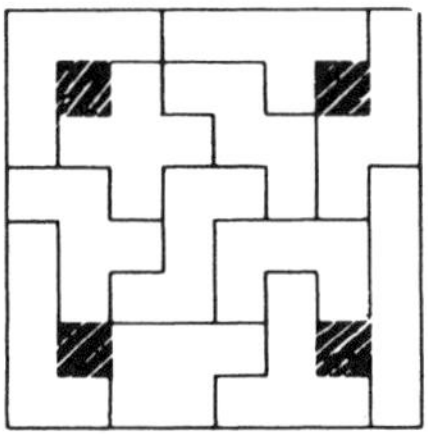

Abbildung 23

4. Plazieren Sie alle Teile so auf ein 4 × 15-Gitter, daß *keine* Teile übrigbleiben.

Spiele

Nachdem Sie sich nun mit den Polyomino-Teilen vertraut gemacht haben, stellen wir Ihnen einige Spiele vor, die Sie mit ihnen spielen können. Im ersten Spiel plazieren die Spieler abwechselnd Tromino-Teile innerhalb eines begrenzten Raums. Der Spieler, der als letzter ein Teil legen kann, gewinnt.

Polyomino 1

Ziel des Spiels: Plazierung des letzten Tromino-Teils auf einem 5 × 5-Gitter.
Anzahl der Spieler: Zwei oder mehr.
Benötigtes Material: 4 gerade und 4 rechtwinklige Tromino-Teile; ein 5 × 5-Gitter.
Spielablauf:
Jeder Spieler, der an der Reihe ist, legt ein beliebiges Tromino-Teil, so daß es genau 3 Gitterfelder bedeckt und dabei kein bereits ausgelegtes Teil überlappt. Ein Teil, das auf dem Gitter liegt, kann nicht mehr bewegt werden. Der Spieler, der als erster nicht mehr in der Lage ist, ein Teil zu plazieren, verliert.

Abbildung 24 zeigt das Beispiel eines Spiels zwischen zwei Partnern.

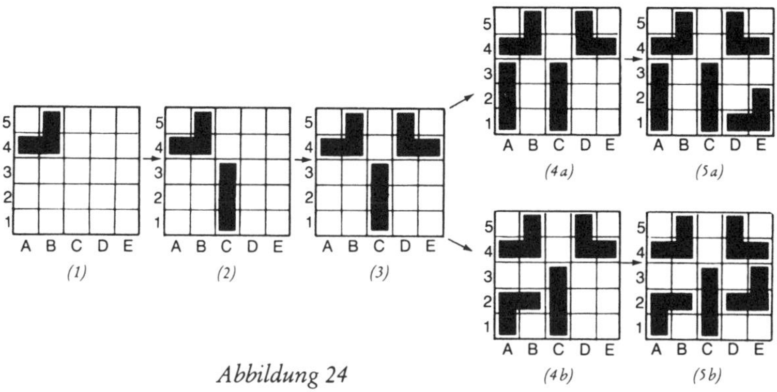

Abbildung 24

Spieler A beginnt mit Zug 1. Von den 25 Feldern bei Spielbeginn sind noch 22 frei. Aber eines davon, A5, kann nicht mit einem Tromino belegt werden. Es stehen also noch 21 Felder zur Verfügung, und ein Maximum von 7 (21 : 3 = 7) Trominos kann jetzt noch plaziert werden.

Spieler B macht Zug 2. Jetzt stehen noch 18 Felder zur Verfügung, maximal können noch 6 Trominos plaziert werden.

Spieler A erwidert mit Zug 3. Drei weitere Felder – C4, C5 und E5 – sind damit blockiert, so daß noch 12 Felder zur Verfügung stehen. Ein Maximum von 4 Trominos kann noch plaziert werden.

Wenn Spieler B den Zug 4a macht, werden noch 9 Felder verfügbar sein. Spieler A kann gewinnen, indem er mit Zug 5a entgegnet. Danach werden noch 6 Felder verfügbar sein, die Platz für genau 2 weitere Trominos lassen – für das von Spieler B und für ein weiteres von Spieler A.

Wenn Spieler B hingegen den Zug 4b wählt, werden drei weitere Felder blockiert (A3, B1 und B3), so daß nur noch 6 verfügbar sind. Spieler A kann gewinnen, indem er 5b zieht. Dadurch werden 3 weitere Felder blockiert (D1, D3 und E1), und es stehen keine Felder mehr zur Verfügung.

Variante: Benutzen Sie statt eines 5 × 5-Gitters ein 7×7-Gitter.

Polyomino 2

Ziel des Spiels: Plazierung des letzten Tetramino-Teils auf ein 8 × 8-Gitter.
Anzahl der Spieler: Zwei oder mehr.
Benötigtes Material: Ein 8 × 8-Gitter; Bleistift.
Spielablauf:
Jeder Spieler, der an der Reihe ist, zeichnet ein Tetramino-Teil in das Gitter ein, so daß es genau 4 Gitterfelder bedeckt und kein bereits vorhandenes Teil überlappt. Ein Teil, das schon ins Gitter eingezeichnet wurde, kann nicht mehr verändert werden. Ein Spieler, der nicht mehr in der Lage ist, ein Teil zu plazieren, verliert.

Variante 1: Verwenden Sie anstelle von geraden Tetraminos den Satz mit den 12 Pentominos. Jeder Spieler kann bei seinem Zug ein beliebiges Pentomino plazieren. Wählen Sie ein 8 × 8-Gitter.
Variante 2: Die Spieler einigen sich vor Spielbeginn darüber, welche Arten von Polyominos und welche Gittergröße verwendet werden soll.

Abbildung 25 zeigt die Schlußstellung eines Spiels zwischen zwei Spielern.

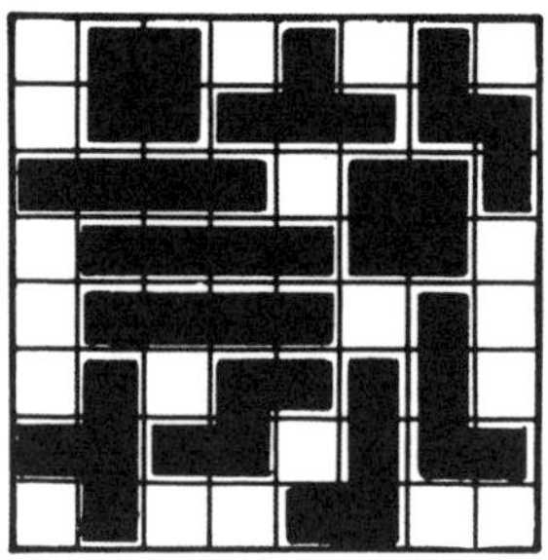

Abbildung 25

Polyomino 3

Ziel des Spiels: Für Spieler A: Alle Domino-Teile so schnell wie möglich vom Gitter zu entfernen. Für Spieler B: Spieler A zu zwingen, so viele Monominos wie möglich einzusetzen.

Anzahl der Spieler: Zwei.
Benötigtes Material: Ein Satz mit 7 Dominos und 12 Monominos; ein 4 × 4-Gitter.
Spielablauf:

1. Spieler B plaziert alle sieben Domino-Teile auf das Gitter, so daß jedes 2 Felder belegt und kein anderes Teil überlappt.
2. Spieler A wählt ein von einem Domino belegtes Feld aus und greift es an.
3. Spieler B muß dann
   a) entweder das Domino auf dem Gitter in eine andere Position bringen, ohne dabei ein schon liegendes Domino zu überlappen und ohne das angegriffene Feld zu belegen, oder
   b) das Domino-Teil entfernen.
4. Spieler A legt anschließend ein Monomino auf das angegriffene Feld.

Das Spiel setzt sich fort, indem Spieler A Felder angreift und Spieler B die Dominos versetzt, bis alle Dominos vom Gitter entfernt sind.

Die Monominos auf dem Gitter werden gezählt. Spieler B bekommt für jedes von Spieler A eingesetzte Monomino einen Punkt. Anschließend wechseln Spieler A und B die Rollen. Der Spieler mit den meisten Punkten gewinnt.

Variante: Spieler A benutzt 12 Monominos, Spieler B 5 beliebige Trominos.

Abbildung 26 zeigt die Anfangszüge eines Polyomino 3-Spiels:

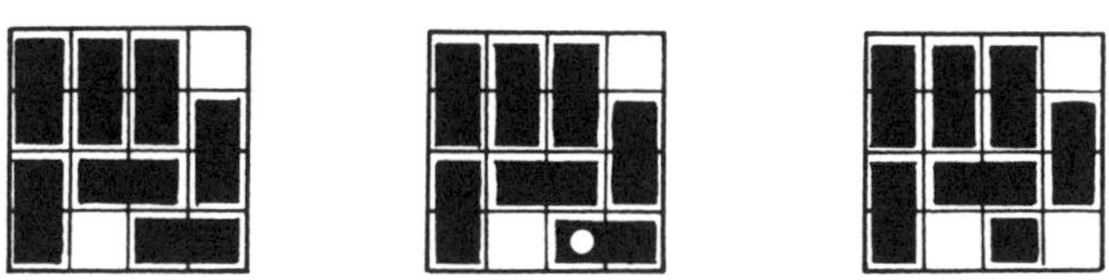

Anfangsstellung — Angegriffenes Feld — Domino entfernt und durch Monomino ersetzt

Abbildung 26

Polyomino 4

Ziel des Spiels: Für Spieler A: Alle Tetramino-Teile so schnell wie möglich vom Gitter zu entfernen. Für Spieler B: Spieler A zu zwingen, so viele Monominos wie möglich einzusetzen.

Anzahl der Spieler: Zwei.

Benötigtes Material: Ein Satz von Tetramino-Teilen (1 von jeder Form) und 10 Monominos; ein 5 × 5-Gitter.

Spielablauf:

1. Spieler B plaziert alle 5 Tetramino-Teile auf das Gitter, so daß jedes 4 Felder belegt und kein anderes Teil überlappt.
2. Spieler A wählt ein von einem Tetramino belegtes Feld aus und greift es an.
3. Spieler B muß dann
   a) entweder das Tetramino auf dem Gitter in eine andere Position bringen, ohne dabei ein schon liegendes Tetramino zu überlappen und ohne das angegriffene Feld zu belegen, oder
   b) das Tetramino-Teil entfernen.
4. Spieler A legt anschließend ein Monomino auf das angegriffene Feld.

Das Spiel setzt sich fort, indem Spieler A Felder angreift und Spieler B die Tetraminos versetzt, bis alle Tetraminos vom Gitter entfernt sind.

Die Monominos auf dem Gitter werden gezählt. Spieler B bekommt einen Punkt für jedes von Spieler A eingesetzte Monomino. Dann wechseln Spieler A und B die Rollen. Der Spieler mit den meisten Punkten gewinnt.

Variante: Wählen Sie ein 8 × 8-Gitter. Spieler A benutzt so viele Monominos wie erforderlich, Spieler B einen Satz Pentominos.

Abbildung 27 zeigt ein Polyomino-4-Musterspiel.

1. B plaziert Tetraminos

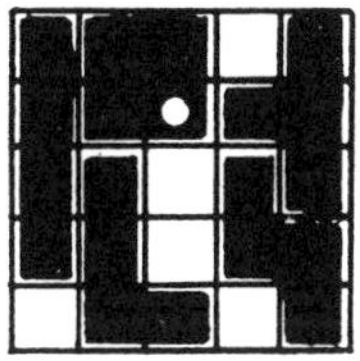

2. A greift an (Kreis)

3. B entfernt das quadratische Tetramino und A plaziert ein Monomino

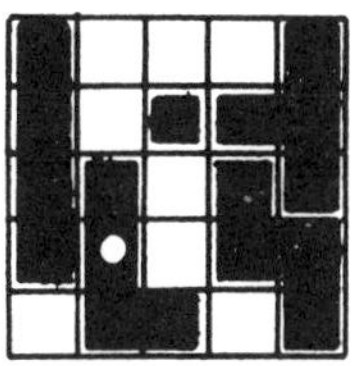

4. A greift an

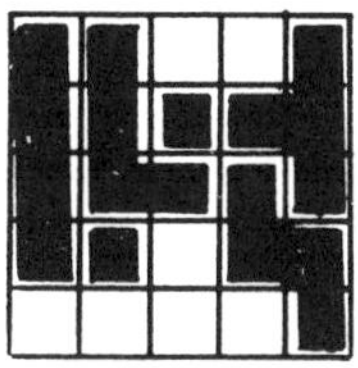

5. B versetzt das L-förmige Tetramino und A plaziert ein Monomino

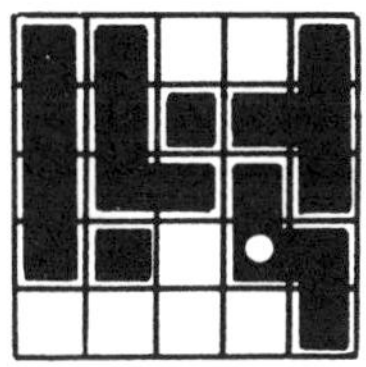

6. A greift an

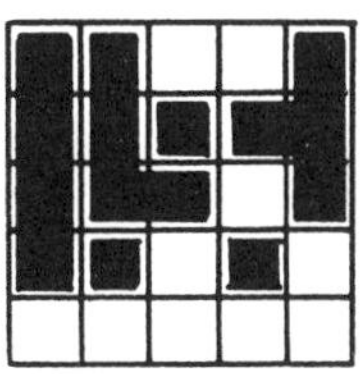

7. B entfernt das versetzte Tetramino, A plaziert ein Monomino

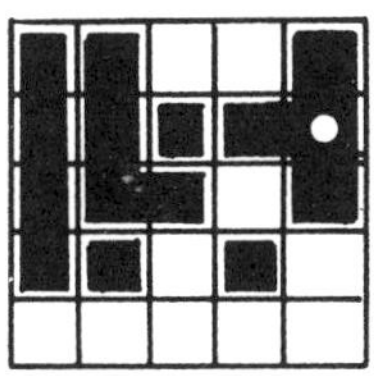

8. A greift an

9. B versetzt das T-förmige Tetramino, A plaziert ein Monomino (usw.)

Abbildung 27

Lösungen

Seite 69 (4):

(Andere Lösungen sind möglich)

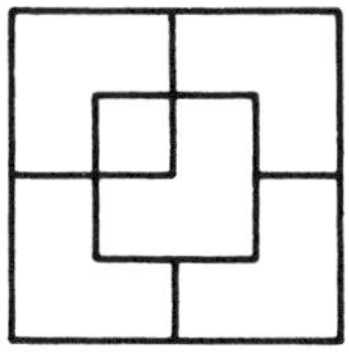

Seite 71 (7):

Seite 73 (2–3):

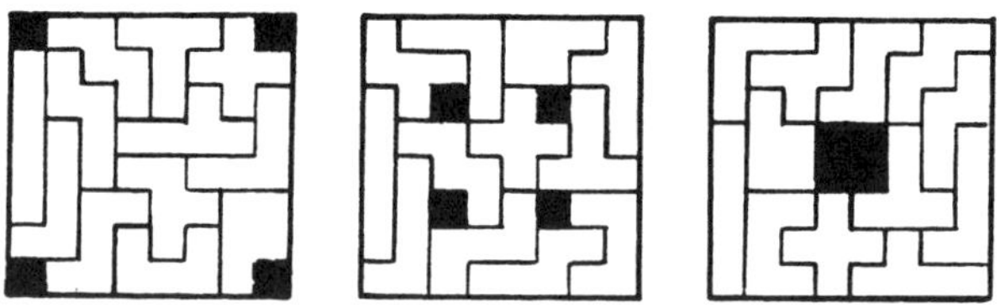

(2) (3 b) (3 c)

Seite 74 (4):

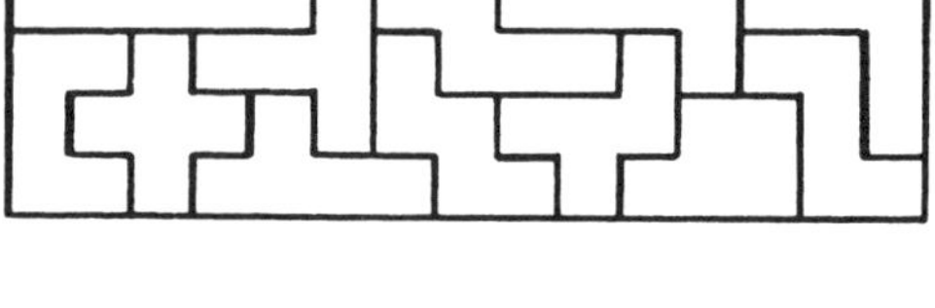

5. Kapitel

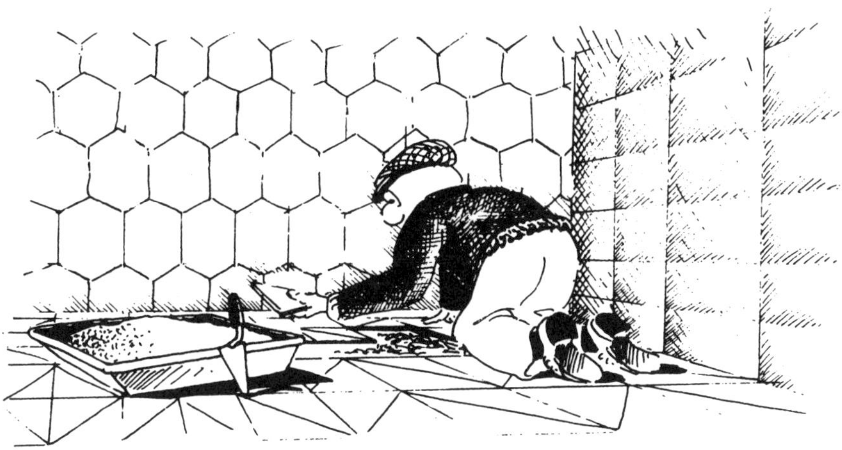

FLÄCHENFÜLLUNG

Im Mosaik-Kapitel haben wir quadratische Plättchen zusammengelegt, um Muster und Bilder zu formen. Im Puzzle-, Tangram- und Polyomino-Kapitel haben wir einen Satz von unterschiedlichen Formen zusammengelegt, um andere Muster und Bilder zu formen. In diesem Kapitel nun wiederholen wir diese Aufgabe, indem wir mit *identischen* Formen eine Fläche zu füllen versuchen. Wir nennen dies *»regelmäßige Flächenfüllung«*.

Im Einführungskapitel haben Sie ein einfaches Flächenfüllungsproblem kennengelernt: wie man die Fläche eines Parallelogramms mit Dreiecken ausfüllt. Diese Art von Problemen läßt sich unmittelbar auf praktische Situationen anwenden, wo man viele Objekte von gleicher Größe auf möglichst kleinem Raum unterbringen will:

- beim Ausschneiden von identischen Teilen aus einem großen Materialstück mit minimalem Verschnitt;
- beim stoffsparenden Kleiderzuschnitt;
- bei materialsparender industrieller Blechverarbeitung;
- bei der Grundrißplanung eines neues Parkplatzes;
- bei der effizienten Anordnung des Warenangebots in einem Ladenregal;
- beim Unterbringen von Konservenbüchsen im Küchenschrank.

Flächenfüllung läßt sich weniger direkt auch auf andere Situationen anwenden, wo man Objekte *unterschiedlicher* Größe auf möglichst kleinem Raum unterbringen will:

- beim Packen eines Koffers;
- beim Verstauen von Koffern im Kofferraum des Autos;
- beim Aufstellen der Möbel in einer Wohnung oder in einem Haus.

Zuerst wollen wir einige Begriffe erklären, die im Zusammenhang mit der Flächenfüllung benutzt werden. Dann zeigen wir Ihnen einige einfache Figuren, die flächenfüllend sind und geben Ihnen bei anderen

Figuren, die wir vorstellen, Gelegenheit zum praktischen Üben sowie zum Erfinden eigener Flächenfüllungen; schließlich weisen wir Sie noch auf Möglichkeiten hin, die Idee der Flächenfüllung in verschiedenen Alltagssituationen anzuwenden.

Einige Definitionen

Abbildung 1 zeigt eine Methode, um einfache Figuren zu klassifizieren, die für uns bei der Flächenfüllung nützlich ist.

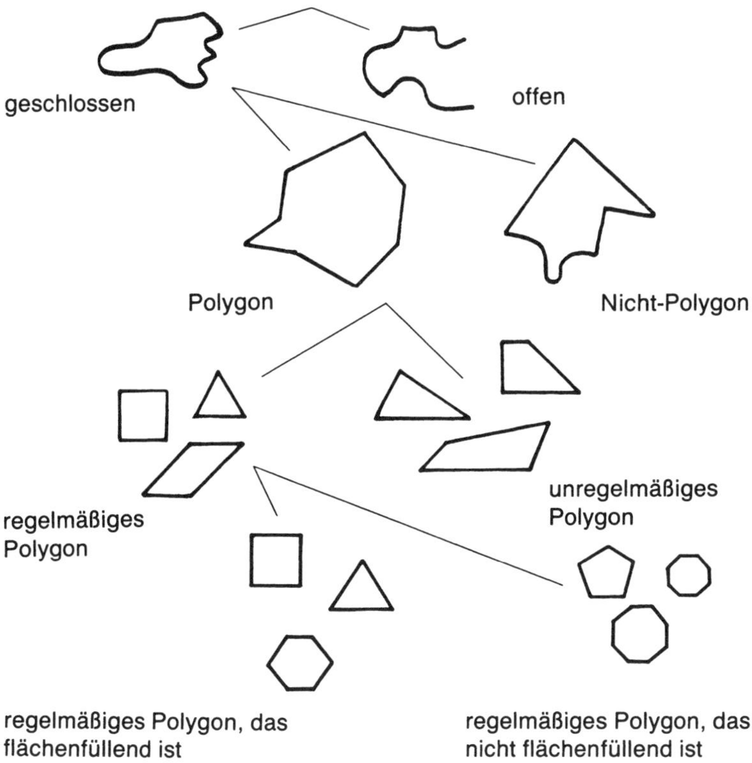

Abbildung 1

- Eine *geschlossene Figur* ist eine Figur, die Sie vollständig nachziehen können, und zwar von jedem beliebigen Punkt aus.
- Eine *offene Figur* weist eine Lücke auf und gestattet Ihnen das beliebige Nachziehen nicht.
- Eine geschlossene Figur, die nur aus geraden Linien besteht, ist ein *Polygon.*
- Eine geschlossene Figur mit einer oder mehreren kurvigen Linien ist *kein* Polygon.
- Ein Polygon, dessen Seiten alle gleich lang sind, ist ein *regelmäßiges* Polygon. Der Begriff »Quadrat« ist die spezielle Bezeichnung für ein regelmäßiges Polygon mit vier Seiten.

Regelmäßige Flächenfüllung bedeutet das vielmalige Wiederholen derselben Figur, um eine Fläche auszufüllen, die sich unendlich fortsetzt, und zwar
- ohne daß Lücken zwischen den Figuren entstehen und
- ohne daß sich die Figuren überlappen.

Abbildung 2 a zeigt, daß ein Quadrat in diesem Sinne flächenfüllend ist: Es kann sich, ohne Lücken zu lassen oder sich zu überlappen, wiederholen und dabei eine Fläche ausfüllen, die sich unendlich fortsetzt.

Eine Figur, die flächenfüllend ist, kann eine Fläche mit festgelegten Grenzen sowohl ausfüllen als auch nicht ausfüllen.

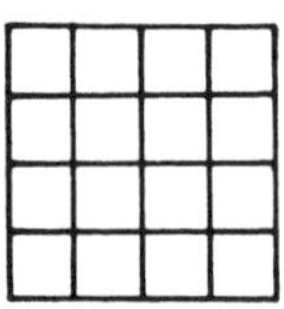

Abbildung 2 a

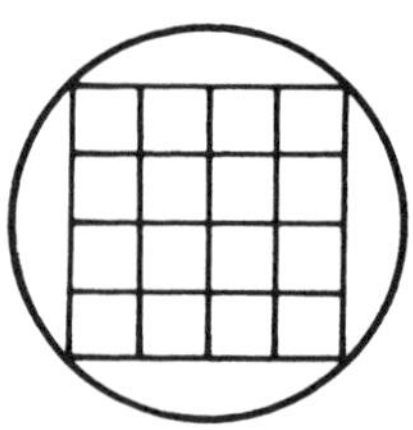

Abbildung 2 b

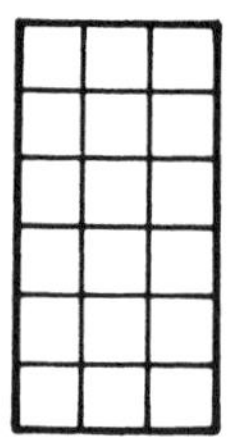

Abbildung 2 c

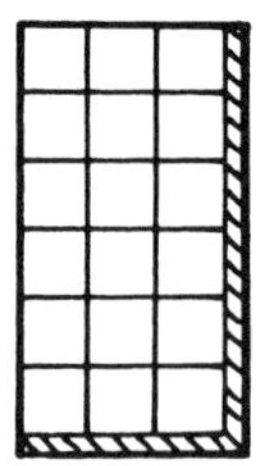

Abbildung 2 d

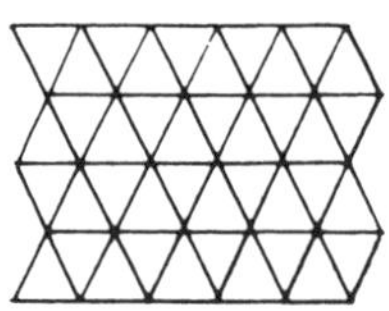

Abbildung 2 e

- Abbildung 2b zeigt, daß ein Quadrat eine kreisförmige Fläche nicht ohne Lücken ausfüllen kann.
- Ein Quadrat kann in der Lage sein (Abbildung 2c) oder kann nicht in der Lage sein (Abbildung 2d), eine rechteckige Fläche ohne Lücken auszufüllen; dies ist abhängig von den Größen des Quadrats und der rechteckigen Fläche.
- Ein Dreieck kann eine Fläche ausfüllen, die sich unendlich fortsetzt (Abbildung 2e). Es kann auch eine rechteckige Fläche ausfüllen, doch ist dies ebenfalls abhängig von den Größen des Dreiecks und der rechteckigen Fläche.

Welche Figuren sind flächenfüllend?

Einige geschlossene Figuren sind flächenfüllend, andere sind es nicht. Nur drei Arten von regelmäßigen Polygonen sind flächenfüllend: 1. Dreiecke; 2. Quadrate; 3. Sechsecke.

Abbildung 3 zeigt, wie bei jeder Figur die Flächenfüllung aussieht.

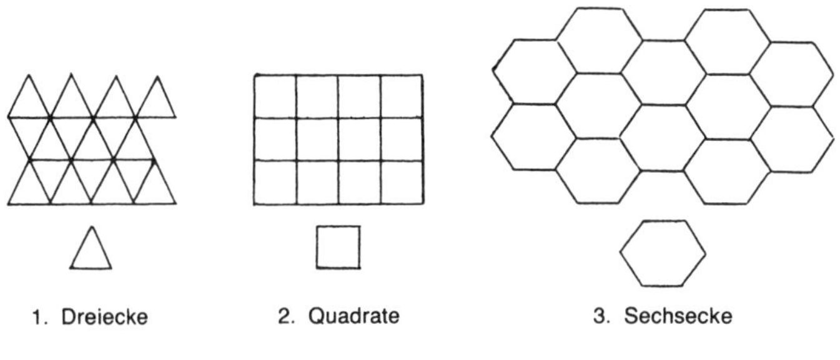

Abbildung 3

Keines der übrigen Polygone ist flächenfüllend. Abbildung 4 zeigt, daß weder ein regelmäßiges Pentagon (fünfseitige Figur) noch ein Septagon (siebenseitige Figur) oder ein Oktogon (achtseitige Figur) flächenfüllend ist.

Abbildung 4

Überraschenderweise sind jedoch viele *unregelmäßige* Polygone und *Nicht-Polygone* (Formen mit kurvigen Linien) flächenfüllend. Tatsächlich kommen bei einigen dieser unregelmäßigen Formen die interessantesten Ergebnisse heraus.

Sie können *jedes* Dreieck und jedes vierseitige Polygon flächenfüllend wiederholen, gleichgültig, ob es regelmäßig ist oder nicht. Dies geht folgendermaßen:

In Abbildung 5a beginnen wir mit einem unregelmäßigen Dreieck (die Seiten sind nicht alle gleich). Die Eckpunkte des Dreiecks werden mit A, B und C gekennzeichnet.

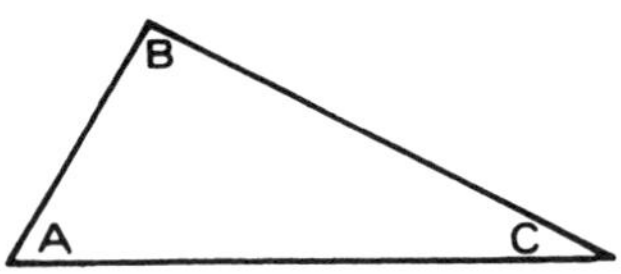

Abbildung 5a

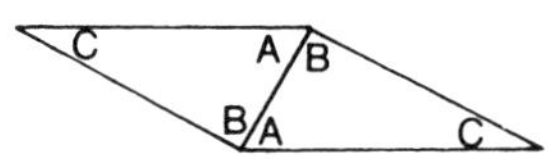

Abbildung 5b

Schneiden Sie ein Stück Pappe aus, das die Größe und Form dieses Dreiecks hat, und kennzeichnen Sie die Ecken mit A, B und C. Legen Sie das Pappstück auf ein Blatt Papier, ziehen Sie die Umrisse des Dreiecks nach und kennzeichnen Sie die Ecken auch auf dem Papier. Anschließend drehen Sie die Pappe, so daß A auf der Pappe B auf dem

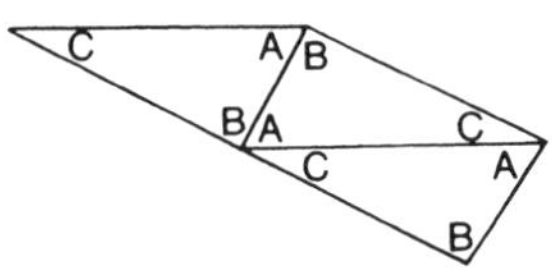

Abbildung 5c

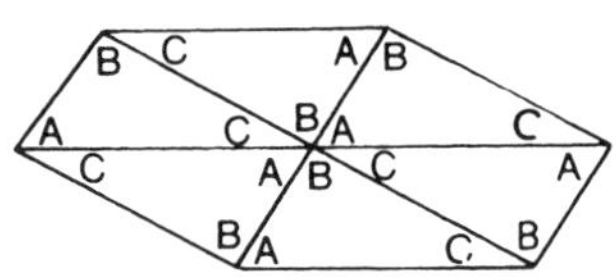

Abbildung 5d

Papier und B auf der Pappe A auf dem Papier berührt (Abbildung 5 b). Ziehen Sie die Umrisse des neuen Dreiecks nach.

Nun drehen Sie die Pappe so, daß C auf der Pappe A auf dem Originaldreieck und A auf der Pappe C auf dem Originaldreieck berührt (Abbildung 5 c). Ziehen Sie die Umrisse des neuen Dreiecks nach.

Fahren Sie damit fort, die Pappe zu drehen, so daß die Seiten rings um einen zentralen Mittelpunkt umgekehrt erscheinen (AB - BA, BC - CB und AC - CA), und ziehen Sie die Umrisse der neuen Dreiecke nach (Abbildung 5 d).

Dieselbe Methode können Sie auch bei der flächenfüllenden Wiederholung jedes regelmäßigen oder unregelmäßigen vierseitigen Polygons anwenden (Abbildung 6).

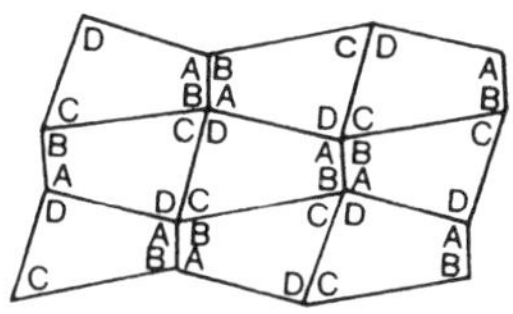

Abbildung 6

Zwei Figuren, von denen sich jede einzelne selbst flächenfüllend wiederholt, können sich auch zusammen flächenfüllend wiederholen - so wie das Hexagon (Sechseck) und die vierseitige Figur in Abbildung 7a. Selbst eine Figur, die sich selbst *nicht* flächenfüllend wiederholt - wie etwa das regelmäßige Pentagon (fünfseitige Figur) in Abbildung 7b - kann sich flächenfüllend wiederholen, wenn es mit einer anderen Figur kombiniert wird.

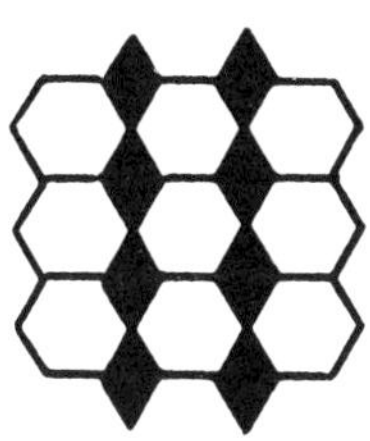

Abbildung 7a

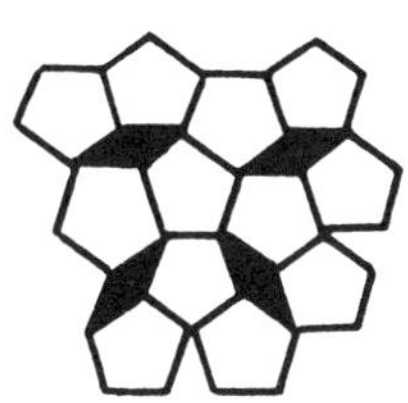

Abbildung 7b

Übungen

1. Zeigen Sie, wie sich das Dreieck in Abbildung 8 flächenfüllend wiederholt.
2. Zeigen Sie, wie sich die vierseitige Figur in Abbildung 9 flächenfüllend wiederholt (Lösungen der Aufgaben auf S. 95/96).

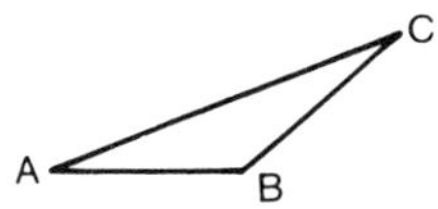

Abbildung 8

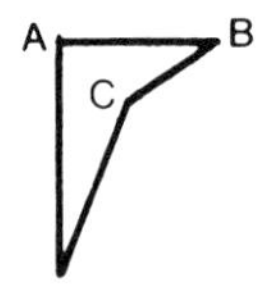

Abbildung 9

3. Lassen Sie alle Tetraminos sich selbst flächenfüllend wiederholen. (Schlagen Sie im vorangegangenen Kapitel nach, wenn Sie nicht mehr im Gedächtnis haben, wie diese aussehen.)
4. Finden Sie heraus, welche der Pentominos sich selbst flächenfüllend wiederholen können und welche sich nur in einer Kombination mit anderen flächenfüllend wiederholen können.
5. Versuchen Sie, eine eigene unregelmäßige Figur zu entwerfen, die sich flächenfüllend wiederholt.

Entwerfen von eigenen flächenfüllenden Figuren

Sehen wir einmal, ob Sie bereits eigene flächenfüllende Figuren entwerfen können. Beginnen Sie mit einer Figur, die sich flächenfüllend wiederholt, und versetzen Sie ein Teilstück davon an einen anderen Platz, wobei die *Fläche* der Figur erhalten bleiben muß.

Abbildung 10 a zeigt, wie Sie von einer Seite eines Quadrats ein symmetrisches Stück wegnehmen und auf die gegenüberliegende Seite versetzen können. Die Figur verändert ihre Form, doch die Grundfläche bleibt erhalten.

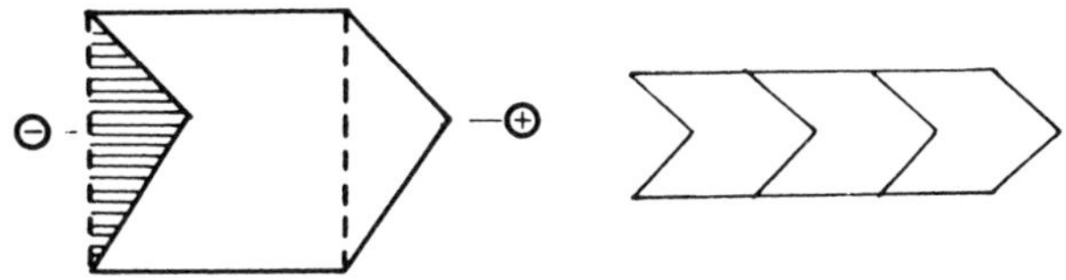

Abbildung 10a

Sie können auch ein unsymmetrisches (Abbildung 10b) oder ein kurviges Stück (Abbildung 10c) an eine andere Stelle versetzen.

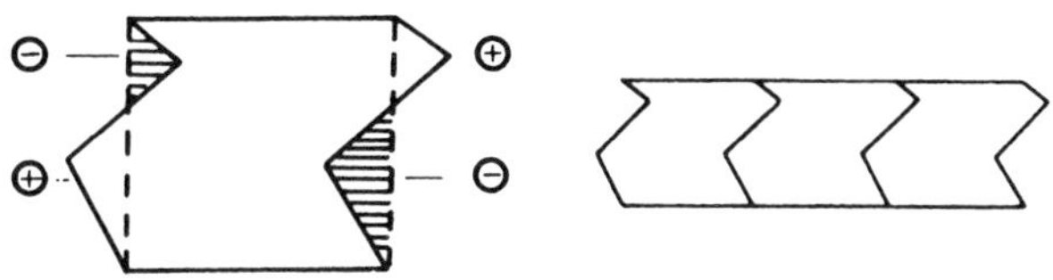

Abbildung 10b

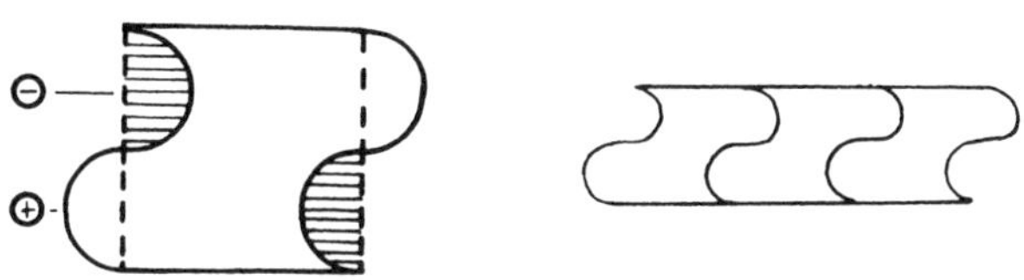

Abbildung 10c

Ebenso ist es möglich, ein Stück von der Hälfte einer Seite wegzunehmen, um es zur anderen Hälfte zu versetzen, und dann dasselbe mit einer benachbarten Seite zu machen (Abbildung 10d).

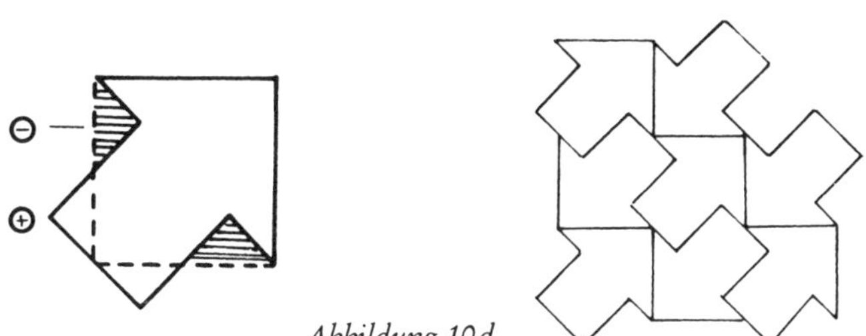

Abbildung 10d

Oder Sie unterteilen ein Hexagon in sechs große Dreiecke (Abbildung 11a) und jedes von ihnen zur Orientierung nochmals in sechzehn kleinere Dreiecke (Abbildung 11b), ehe Sie dann ein Stück von einer Seite eines großen Dreiecks wegnehmen, um es zu einer anderen Seite desselben Dreiecks zu versetzen (Abbildung 11c). Anschließend machen Sie dasselbe mit den anderen großen Dreiecken (Abbildung 11d).

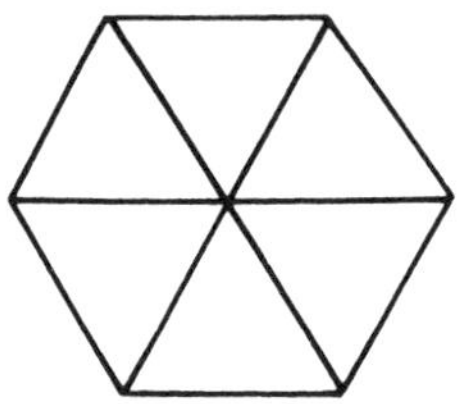

Abbildung 11a

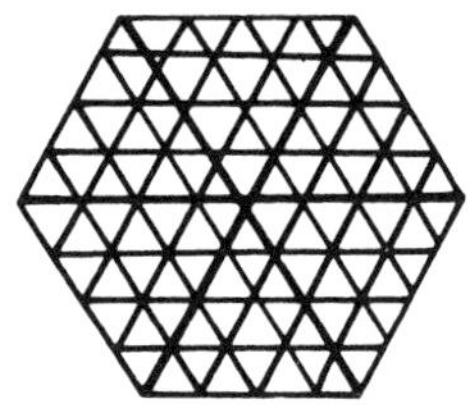

Abbildung 11b

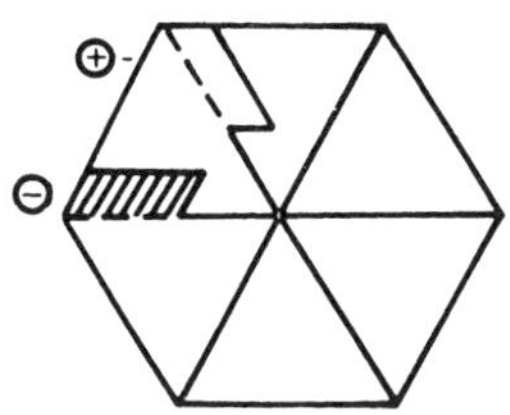

Abbildung 11c

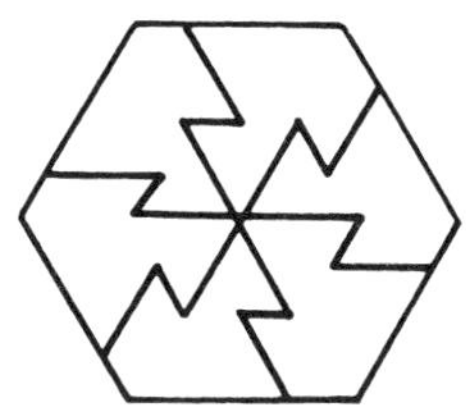

Abbildung 11d

Abbildung 12 zeigt einige weitere flächenfüllende Figuren, die durch dieselbe generelle Methode entstehen könnten.

Abbildung 12

Flächenunterteilung

Sie haben gelernt, wie man neue Formen entwirft, die sich wiederholen lassen und dazu benutzt werden können, eine Fläche zu füllen. Nun wollen wir den Prozeß umkehren: Wie können wir, wenn wir von einer festgelegten Fläche ausgehen, diese Fläche in eine vorgegebene Anzahl von Teilstücken mit derselben Größe und Form unterteilen?

1. Unterteilen Sie ein Quadrat in zwei gleiche Teile.

Einige Möglichkeiten

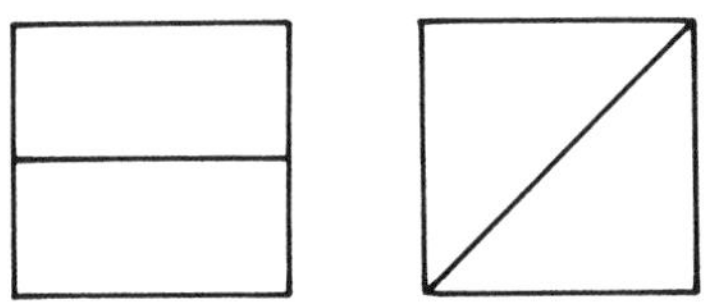

Abbildung 13

2. Unterteilen Sie ein Quadrat auf weitere Weisen in zwei gleiche Teile. Ein Hinweis: Die Methoden, die Sie vorhin beim Unterteilen eines Hexagons angewendet haben, sind auch hier möglich und hilfreich. Unterteilen Sie das Quadrat zunächst in kleine Segmente, wie es die unterbrochenen Linien in Abbildung 14a zeigen. Die Abbildungen 14b–f zeigen Ihnen einige Möglichkeiten zur weiteren Unterteilung des Quadrats in gleich große Teile.

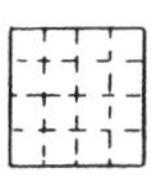

Abbildung 14a

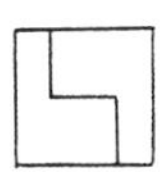

Abbildung 14b

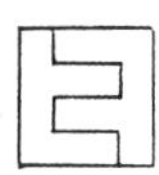

Abbildung 14c

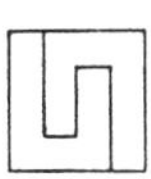

Abbildung 14d

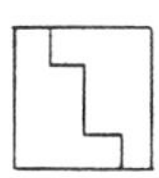

Abbildung 14e

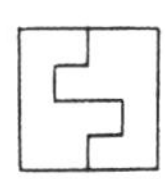

Abbildung 14f

3. Unterteilen Sie das Quadrat in Abbildung 15 in zwei gleiche Teile.

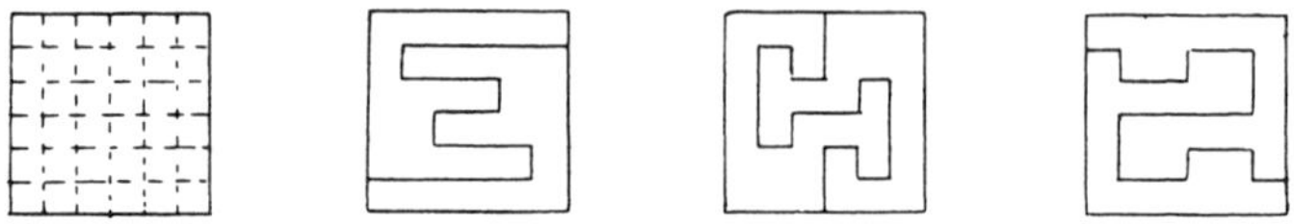

Abbildung 15

4. Unterteilen Sie das Quadrat in Abbildung 16 in vier gleiche Teile. Um das zu erreichen, unterteilen Sie es zunächst in zwei gleiche Teile, ehe Sie dann jeden Teil für sich nochmals unterteilen.

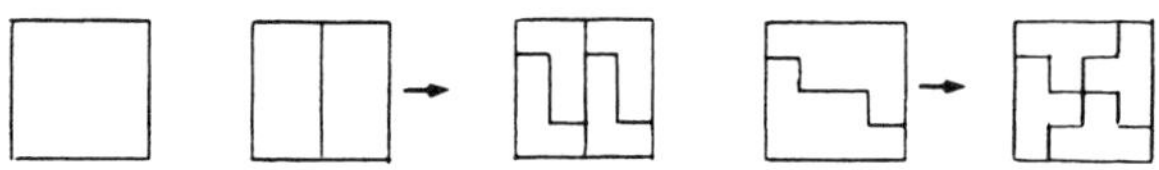

Abbildung 16

5. Unterteilen Sie die Form in Abbildung 17 in zwei gleiche Teile.
6. Unterteilen Sie die Form in Abbildung 17 in drei gleiche Teile.
7. Unterteilen Sie die Form in Abbildung 17 in vier gleiche Teile.
8. Unterteilen Sie die Form in Abbildung 18 in vier gleiche Teile.
9. Unterteilen Sie die Form in Abbildung 19 in fünf gleiche Teile.

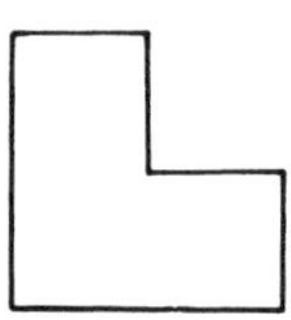

Abbildung 17

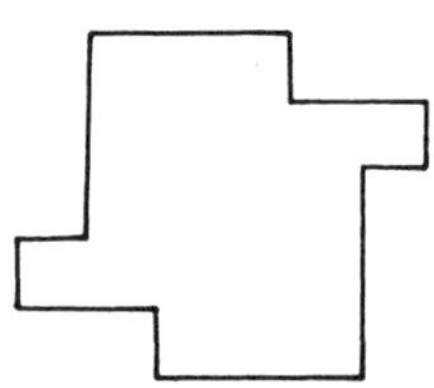

Abbildung 18

Abbildung 19

10. Benutzen Sie vier gerade Linien, um Abbildung 20 in sechs Quadrate zu unterteilen.
11. Benutzen Sie drei gerade Linien, um Abbildung 21 in sechs Dreiecke zu unterteilen. (Die Lösungen zu den Aufgaben 5–11 finden Sie auf S. 96/97.)

Abbildung 20

Abbildung 21

Weitere Aufgaben

Finden Sie andere Methoden, um weitere komplizierte flächenfüllende Figuren zu entwerfen. Sie können die Freude daran erhöhen, indem Sie die geschaffenen Figuren mit Ornamenten versehen (Abbildungen 22a–d).

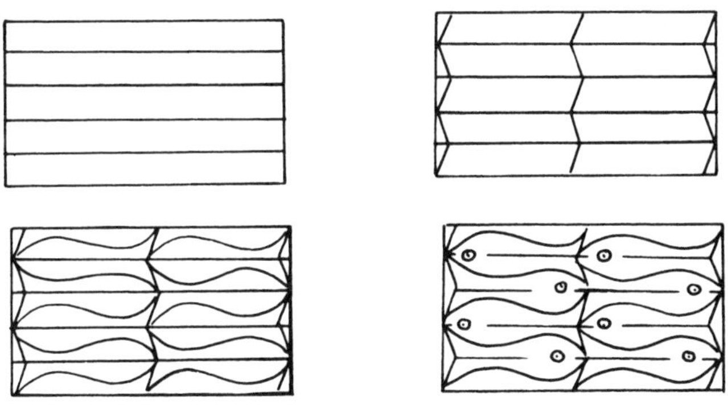

Abbildungen 22a–d

1. Zeigen Sie, wie sich Abbildung 23 aus einem Quadrat entwickeln läßt, und wiederholen Sie die Figur dann flächenfüllend (Lösung auf S. 97).

Abbildung 23

2. Zeigen Sie, wie sich die Figur in Abbildung 24 aus einem Dreieck entwickeln läßt, und wiederholen Sie sie dann flächenfüllend (Lösung auf S. 97).

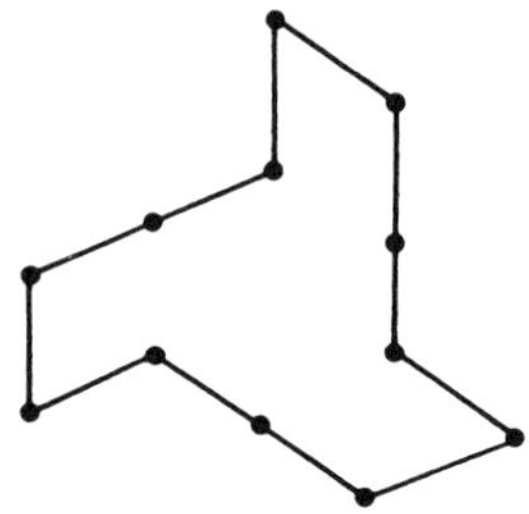

Abbildung 24

3. Manchmal scheint ein Muster aus komplizierten Elementen zu bestehen, während es tatsächlich aus einfachen Elementen besteht (wie in den Abbildungen 33–36 im Mosaik-Kapitel). Abbildung 25 zeigt ein weiteres Beispiel eines scheinbar komplizierten Musters. Können Sie das eine Element finden, das es Ihnen möglich macht, dieses Muster durch flächenfüllende Wiederholung zu konstruieren? (Ein Hinweis: Es handelt sich um eine sechsseitige Figur.)

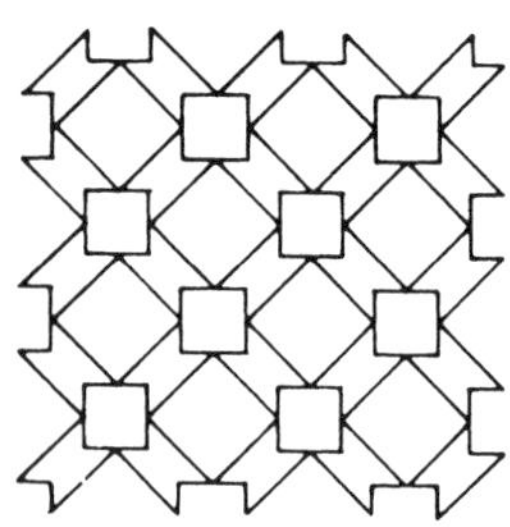

Abbildung 25

4. Einige Formen sind sowohl flächenfüllend als auch dazu geeignet, größere Modelle von sich selbst zu bilden. Beispielsweise ist ein Quadrat flächenfüllend, und vier Quadrate zusammen bilden ein größeres Quadrat (Abbildung 26). Zeigen Sie, wie sich die Form in Abbildung 27 flächenfüllend wiederholt und wie sie eingesetzt werden kann, um eine größere Version von sich selbst zu bilden.

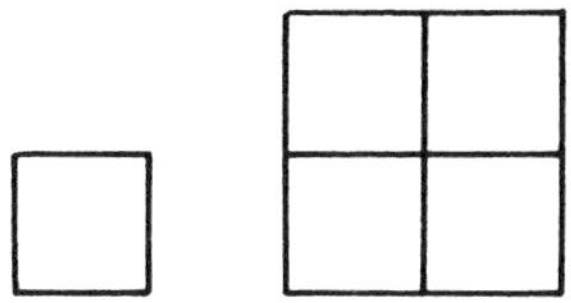

Abbildung 26

Abbildung 27

Lösungen

Seite 88 (1–2):

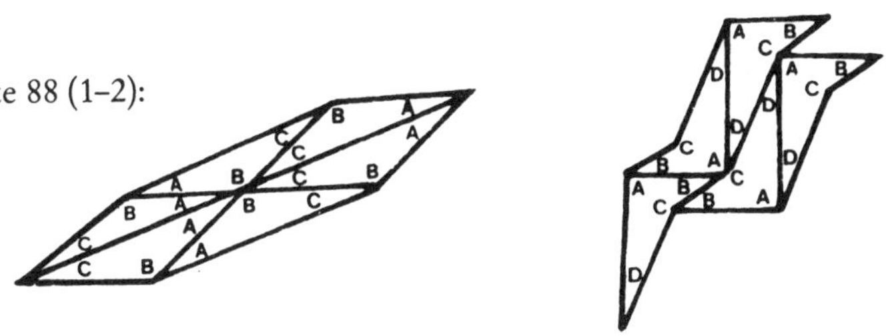

Seite 88 (3):

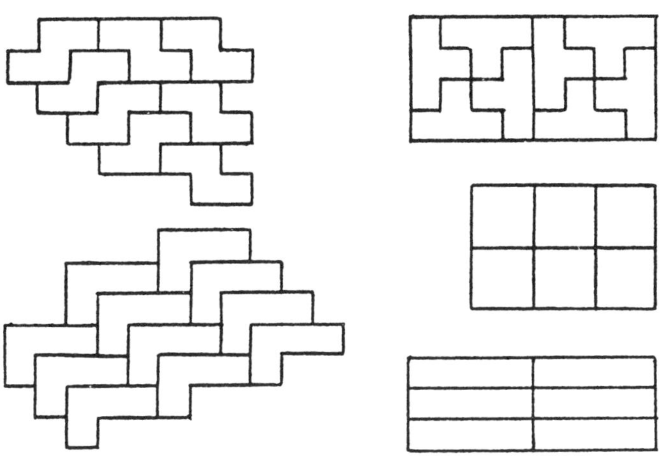

Seite 88 (4):

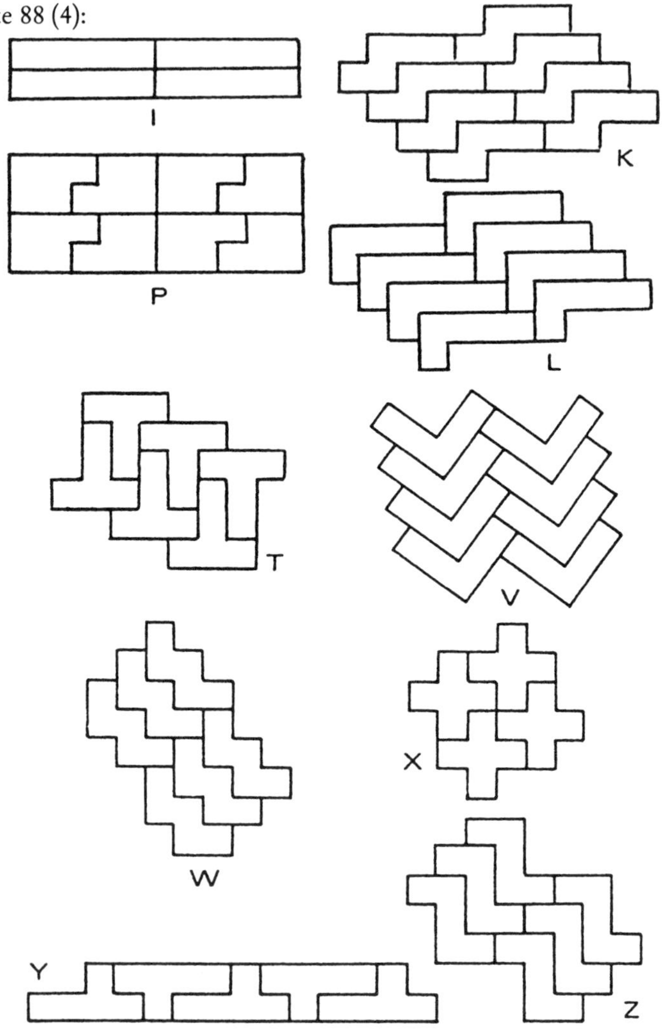

Die Pentaminos der R- und der U-Form bedürfen der Ergänzung durch andere Formen.

Seite 92 (5–11):

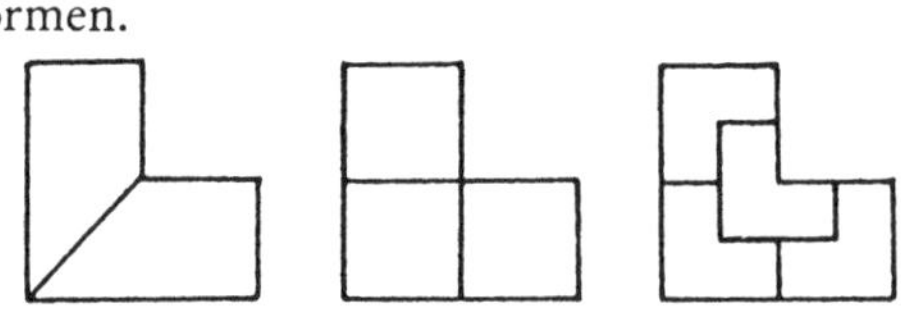

5. 6. 7.

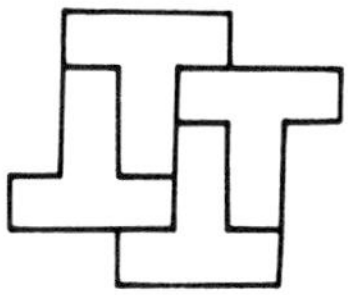

8.

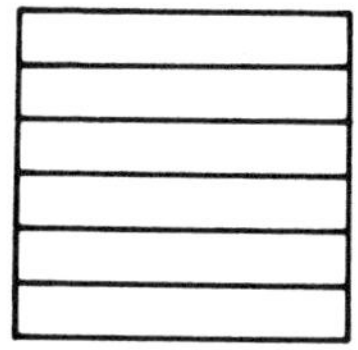

9.

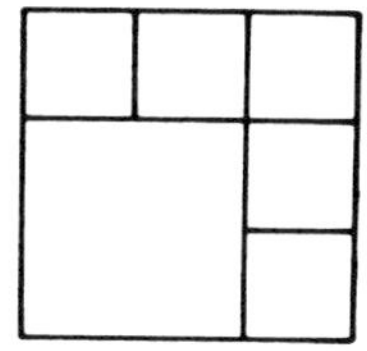

10.

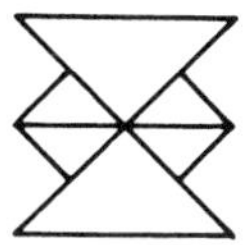

11.

Seite 93 (1):

1.

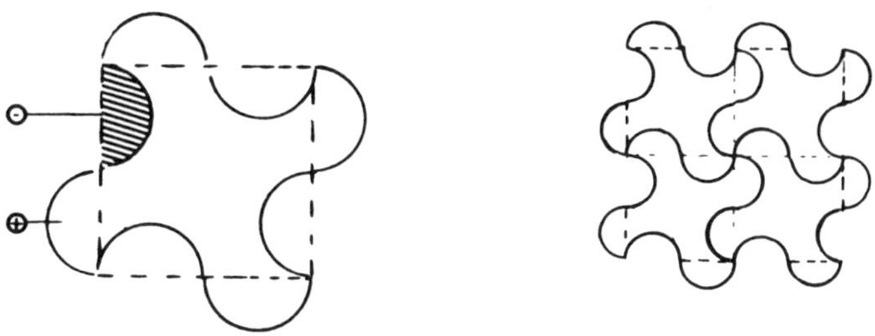

Seite 94 (2):

2.

Seite 94 (3–4):

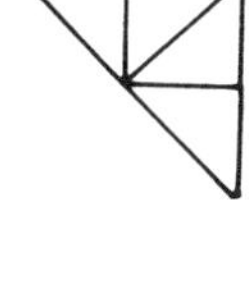

6. Kapitel

LABYRINTHE

Wahrscheinlich sind Sie schon mit Labyrinthen vertraut, bei denen Sie Sackgassen vermeiden und einen Weg von Punkt A zu Punkt B finden müssen. In diesem Kapitel werden Sie über verschiedene Arten von Labyrinthen unterrichtet: was sie sind, wie man sie konstruiert, wie man sie löst, wie man Spiele mit ihnen spielt und wie man das über Labyrinthe Gelernte bei der Lösung praktischer Probleme anwenden kann.

Das Viele-Wege-Labyrinth

Beginnen wir mit einem *Viele-Wege-Labyrinth,* wie es Abbildung 1 zeigt.

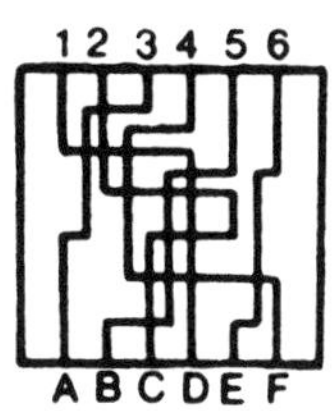

Abbildung 1

Es gibt sechs separate Linien, die von oben nach unten verlaufen. Die Linien folgen den nachstehenden Regeln:

- lediglich zwei Linien kreuzen sich am selben Punkt;
- sämtliche Linien kreuzen sich jeweils in Winkeln von etwa 90 Grad;
- jede Linie setzt sich nach dem Kreuzen einer anderen Linie in der vorigen Richtung fort.

Wo enden die Linien, die bei Nr. 1, Nr. 2, Nr. 3 und Nr. 5 ihren Anfang haben? Sie können sich auf zwei Weisen durch ein Labyrinth bewegen:

- Indem Sie ein Objekt wie einen Bleistift oder einen Zahnstocher als Zeigestock über den Weg wandern lassen (wobei Sie den Bleistift ein Stückchen vom Papier entfernt halten, so daß keine Striche entstehen) oder
- indem Sie den Weg nur in Gedanken nachvollziehen.

Bei jeder Methode machen Sie von unterschiedlichen Fähigkeiten Gebrauch. Wenn Sie einen Zeigestock benutzen, wissen Sie jederzeit, an welcher Stelle Sie sind. Wenn Sie einen Weg nur in Gedanken nachvollziehen, können bei Ihnen Irrtümer darüber entstehen, an welcher Stelle Sie sich befinden.

Das Auge mit einem Zeigestock durch das Labyrinth zu leiten, erfordert deshalb nicht soviel Geschick und Konzentration wie das Durchwandern nur in Gedanken. Gehen Sie daher jede Labyrinth-Übung, die wir Ihnen vorschlagen, zuerst mit einem Zeigestock an. Wenn Sie Ihre Fähigkeiten gesteigert haben und Zuversicht spüren, dann wiederholen Sie dieselbe Aktivität nur noch nach Augenmaß.

Abbildung 2 präsentiert Ihnen zwei weitere Viele-Wege-Labyrinthe. Gehen Sie sie durch und vergleichen Sie Ihre Ergebnisse mit den Lösungen am Ende des Kapitels.

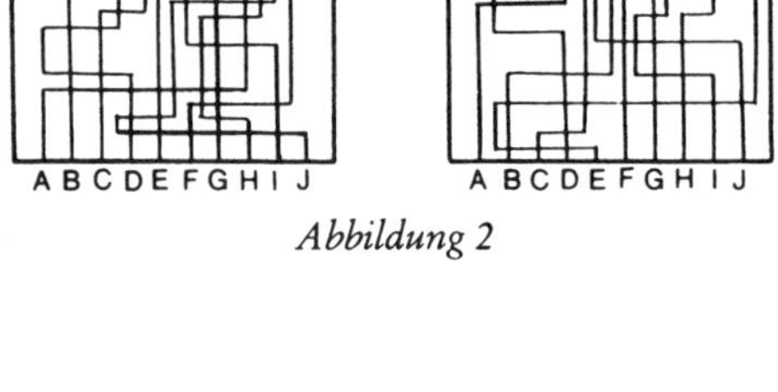

Abbildung 2

Entwerfen eines eigenen Viele-Wege-Labyrinths

Sie können ein eigenes Viele-Wege-Labyrinth entwerfen und dennoch Spaß daran haben und von den Lösungen profitieren, obgleich Sie es selbst geschaffen haben. Gehen Sie folgendermaßen vor:

1. Teilen Sie ein 11 × 11 großes Quadrat auf Millimeterpapier ab (Abbildung 3 a).
2. Machen Sie oben und unten jeweils 10 Punkte (Abbildung 3 a).
3. Verbinden Sie jeden oberen Punkt mit einem unteren Punkt, der jedoch nicht direkt unter dem Punkt oben liegen darf (Abbildung 3 b). Nachdem Sie die erste Verbindung hergestellt haben, beachten Sie für die folgenden die nachstehenden drei Regeln:
   - lediglich zwei Linien dürfen sich am selben Punkt kreuzen;
   - die Linien sollen sich in Winkeln von etwa 90 Grad kreuzen;
   - jede Linie setzt sich nach dem Kreuzen einer anderen Linie in derselben Richtung wie zuvor fort.
4. Kennzeichnen Sie die Punkte oben mit Zahlen von 1–10 und die unteren Punkte mit Buchstaben von A–J (Abbildung 3 c). Dadurch, daß Sie die Punkte erst zum Schluß kennzeichnen, verhindern Sie, daß Sie schon vorher wissen, welche Ziffer zu welchem Buchstaben gehört. Sie können deshalb die Wege so verfolgen, als ob jemand anders das Labyrinth entworfen hätte. Jetzt sind Sie so weit, daß Sie alle numerierten Linien nacheinander von oben nach unten verfolgen können.

Abbildung 3 a

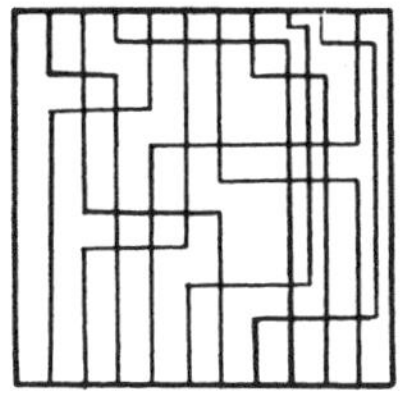

Abbildung 3 b

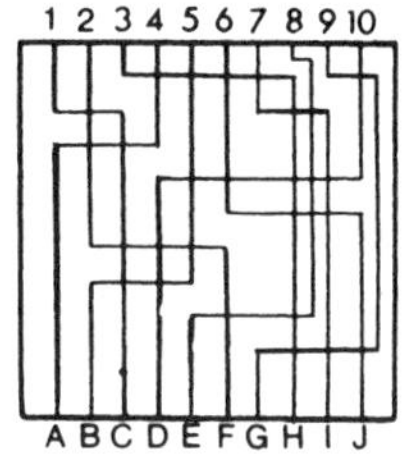

Abbildung 3 c

Sie können Ihre eigenen Labyrinthe auch »aus der Hand« mit kurvigen Linien und ohne den Gebrauch von Millimeterpapier entwerfen (Abbildung 4).

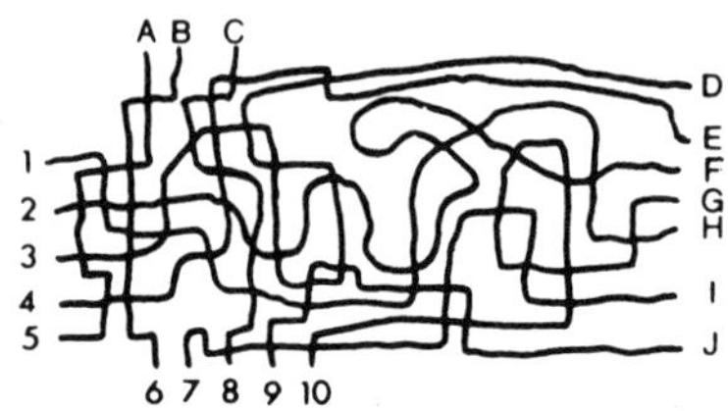

Abbildung 4

Ein Labyrinth-Spiel

Labyrinth 1

Ziel des Spiels: Als erster ein Viele-Wege-Labyrinth zu lösen.
Anzahl der Spieler: Zwei.
Benötigtes Material: Millimeterpapier, Bleistifte.
Spielablauf:
Jeder Spieler zeichnet ein Viele-Wege-Labyrinth mit zehn Linien auf ein Millimeterpapier-Gitter, und zwar nach den folgenden Regeln:
- lediglich zwei Linien dürfen sich am selben Punkt kreuzen;
- die Linien sollen sich in Winkeln von etwa 90 Grad kreuzen;
- jede Linie setzt sich nach dem Kreuzen einer anderen Linie in derselben Richtung wie zuvor fort.

Die oberen Startpunkte der Linien werden mit Zahlen von 1–10, die unteren Endpunkte mit Buchstaben von A–J gekennzeichnet. Die Spieler tauschen die Labyrinthe aus und versuchen, das Labyrinth des Partners zu lösen. Der erste Spieler, der alle zehn Linien verfolgt hat, meldet sich. Wenn alle Linien richtig verfolgt wurden, hat der Spieler gewonnen. Wenn nicht, bekommt jeder Spieler einen Punkt für jede richtig verfolgte Linie und verliert drei Punkte für jede nicht richtig verfolgte Linie. Der Spieler mit den meisten Punkten gewinnt.

Variante: Jeder Spieler zeichnet zehn Linien aus der Hand, nicht auf Millimeterpapier.

Linien- und Ein-Weg-Labyrinthe

Das Linien-Labyrinth

Wenden wir uns als nächstes einer einfachen Labyrinthart zu, die *Linien-Labyrinth* genannt wird (Abbildung 5). Bei dieser Labyrinthart bewegt man sich einer Linie entlang dem Ziel entgegen und kann nach Belieben die Richtung wechseln, wenn die begangene Linie eine andere trifft. Diese Art unterscheidet sich vom Viele-Wege-Labyrinth, wo man am Treffpunkt zweier Linien *nicht* die Richtung wechseln kann.

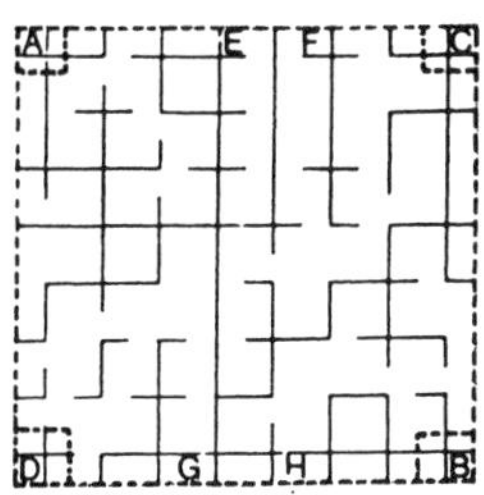

Abbildung 5

Das Ein-Weg-Labyrinth

Beim *Ein-Weg-Labyrinth* (Abbildung 6a) bewegt man sich auf dem Weg zu einem Ziel nicht an einer Linie entlang, sondern *zwischen* zwei Linien, die man niemals berühren oder kreuzen darf. Es gibt viele »lebende« Ein-Weg-Labyrinthe, bei denen die »Linien« Gartenhecken oder Büsche sind.

In Abbildung 6a ist »A« der Startpunkt.

- Wenn Sie nach links gehen, kommen Sie oben aus dem Labyrinth hinaus.
- Wenn Sie nach unten gehen, können Sie die entgegengesetzte Ecke wie in der Abbildung gezeigt erreichen.
- Wenn Sie nach rechts gehen, können Sie auf einem leicht versetzten Weg ebenfalls die entgegengesetzte Ecke erreichen (Abbildung 6b).

Abbildung 6a

Abbildung 6b

Ein echtes Ein-Weg-Labyrinth

Vielleicht finden Sie sich eines Tages in einem echten Ein-Weg-Labyrinth wieder, beispielsweise in einem von Gartenhecken gebildeten französischen Park, aus dem Sie herauskommen wollen. Folgende Regel kann Ihnen hilfreich sein: Halten Sie sich während des Wanderns auf einer Seite des Wegs. Diese Methode wird Sie letzten Endes immer nach draußen führen (Abbildung 7), es sei denn, das Labyrinth enthält eine »Insel« (Abbildung 8).

Wenn Sie diese Regel befolgen und das Labyrinth eine Insel enthält, werden Sie womöglich ständig diese Insel umkreisen. Wenn Sie bei der Wahl eines Weges irgendwo eine Markierung anbringen (beispielsweise mit einem Stück Kreide), können Sie vermeiden, denselben Weg zweimal einzuschlagen.

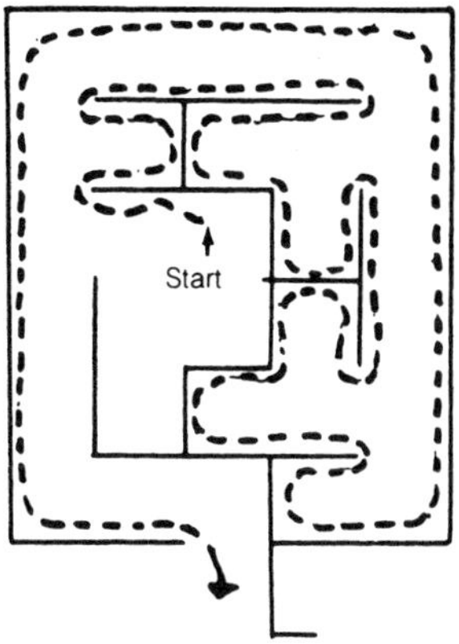

Abbildung 7

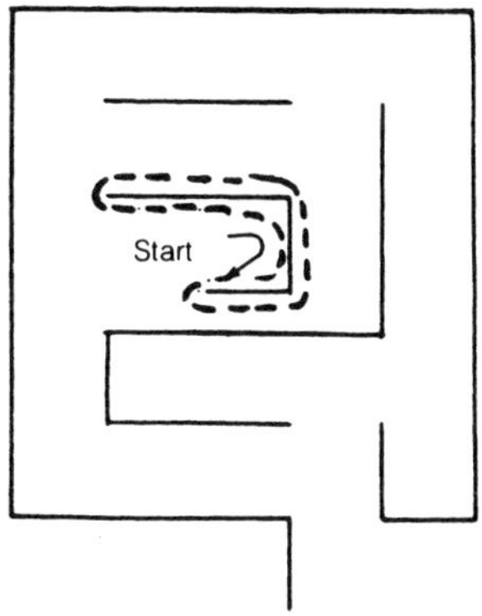

Abbildung 8

Das Regel-Labyrinth

Ein Regel-Labyrinth hat Regeln, die Ihnen sagen, welche Wege Sie einschlagen dürfen und welche nicht. Üblicherweise besteht ein Regel-Labyrinth aus Kästchen, und man bewegt sich von einem Kästchen zu einem anderen, das mit dem ersten eine gemeinsame Grenze hat.

Nehmen wir beispielsweise an, das Labyrinth besteht aus drei verschiedenen Elementarten: A, B und C. Die Regeln könnten besagen, daß Sie nur von A nach B, von B nach C und von C nach A gehen dürfen. Das heißt, Sie dürfen niemals von A nach A, von A nach C, von B nach A, von B nach B, von C nach B oder von C nach C gehen.

Abbildung 9a zeigt einen Weg, den Sie unter Befolgung dieser Regel von einer Ecke zur entgegengesetzten Ecke gehen könnten.

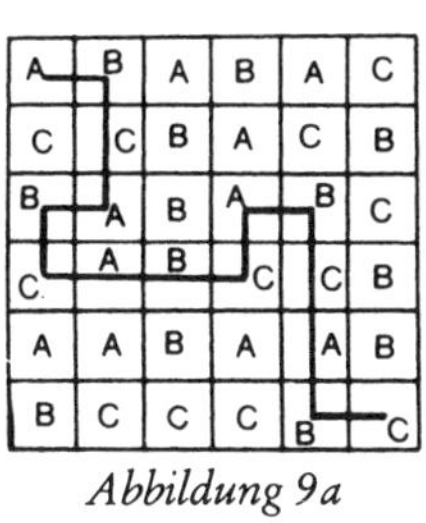

Abbildung 9a

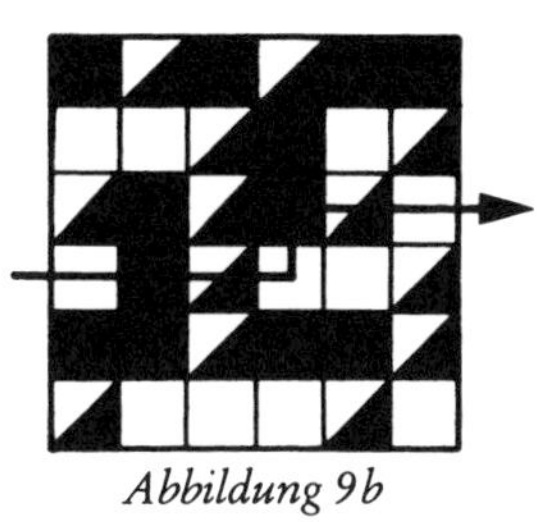

Abbildung 9b

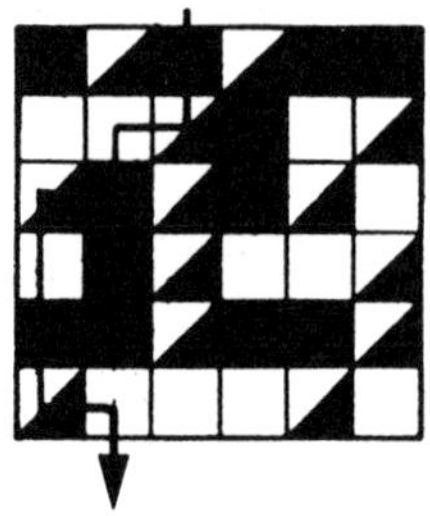

Abbildung 9c

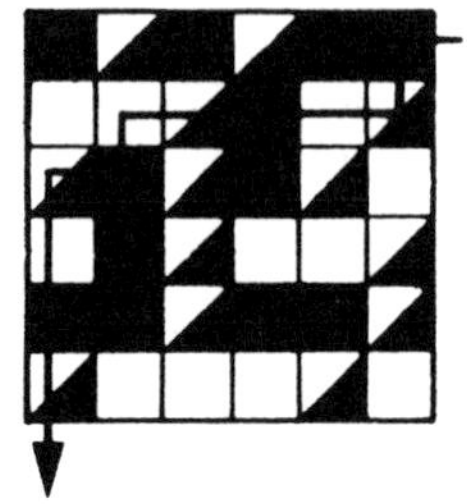

Abbildung 9d

Übungen mit dem Regel-Labyrinth

Mischen Sie je zwölf Ihrer schwarzen, weißen und diagonal geteilten schwarz-weißen Mosaik-Plättchen und bilden Sie mit ihnen ein 6 × 6-Regel-Labyrinth, wobei »A« ein schwarzes, »B« ein schwarz-weißes und »C« ein weißes Plättchen ist.

Versuchen Sie sich unter Zugrundelegung der vorgenannten Regeln an jeder der folgenden Aufgaben:

1. Finden Sie einen Weg von einem beliebigen Kästchen auf der linken Seite des Labyrinths zu einem beliebigen Kästchen auf der rechten Seite (Abbildung 9b).
2. Finden Sie einen Weg von einem beliebigen Kästchen in der obersten Reihe des Labyrinths zu einem beliebigen Kästchen in der untersten Reihe (Abbildung 9c).
3. Finden Sie einen Weg vom obersten rechten Plättchen zum untersten linken Plättchen (Abbildung 9d).
4. Finden Sie einen Weg vom obersten linken Plättchen zum untersten rechten Plättchen.
5. Mischen Sie Ihre Plättchen wieder und wiederholen Sie die Übungen 1–4 mit einer neuen Plättchenanordnung.
   In allen Fällen sollten Sie folgendes berücksichtigen:
   - Wenn Sie einen Weg gefunden haben, überprüfen Sie, ob es der kürzest mögliche Weg ist (derjenige, der durch die wenigsten Kästchen führt).

- Wenn es keinen Weg gibt, verändern Sie so wenige Plättchen wie möglich, um einen zu schaffen.

Ändern Sie die Regeln, beispielsweise so:

- Sie können von A nach A, von A nach B, von B nach A und von B nach B gehen, dürfen aber niemals ein C betreten.
- Sie können jeden Weg gehen, nur nicht den von A nach A, von B nach B und von C nach C.

Anschließend wiederholen Sie die Übungen 1–4 ein weiteres Mal.

Das Mini-Labyrinth und das Maxi-Labyrinth

Im Mini-Labyrinth wie auch im Maxi-Labyrinth führt Ihr Weg vom Startkästchen zum Zielkästchen. Jedes Kästchen hat einen bestimmten Zahlenwert. Wenn Sie ein Kästchen betreten, addieren Sie seinen Wert zu Ihrer Gesamtpunktzahl hinzu. Dasselbe Labyrinth kann sowohl als »Mini-Labyrinth« als auch als »Maxi-Labyrinth« dienen, aber die Ziele und Regeln unterscheiden sich von Fall zu Fall.

Das Ziel beim Mini-Labyrinth ist es, eine möglichst *niedrige* Gesamtpunktzahl zu erreichen. Beim Maxi-Labyrinth hingegen versuchen Sie, eine möglichst *hohe* Gesamtpunktzahl zu erreichen, und zwar beim Betreten einer zuvor festgelegten Anzahl von Kästchen.

Sowohl beim Mini-Labyrinth als auch beim Maxi-Labyrinth gehen Sie horizontal oder vertikal von Kästchen zu Kästchen, nicht jedoch diagonal.

Sehen wir uns einige Beispiele an:

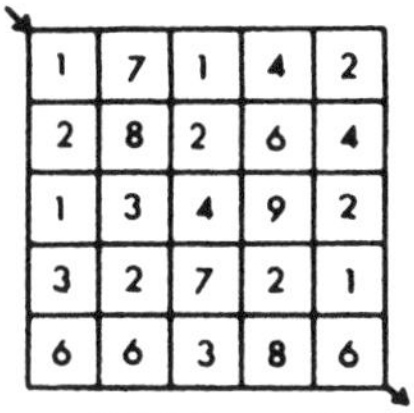

Abbildung 10a

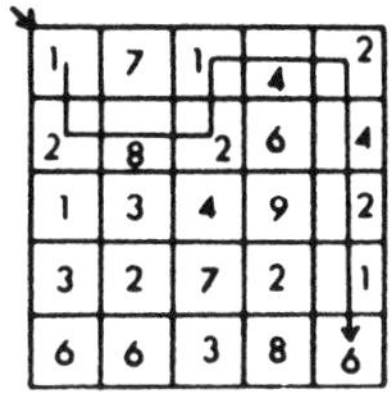

Abbildung 10b

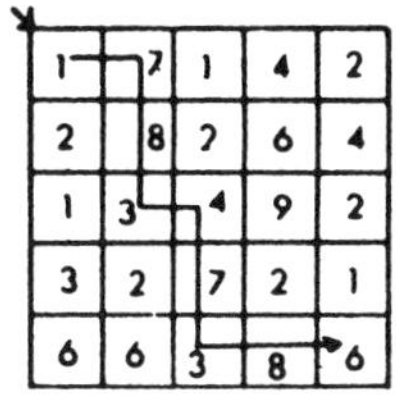

Abbildung 10c

Stellen Sie sich Abbildung 10a als *Mini-Labyrinth* vor. Der in Abbildung 10b gezeigte Weg ergibt die niedrigst mögliche Punktzahl (33 Punkte) – unter der Maßgabe, daß Sie 11 Felder betreten müssen.

Nun stellen Sie sich Abbildung 10a als *Maxi-Labyrinth* vor, wobei Sie vom Start bis zum Ziel nur neun Kästchen betreten dürfen. Der in Abbildung 10c gezeigte Weg ergibt die höchst mögliche Punktzahl (47).

Es folgen einige Spiele, die Sie mit Mini- und Maxi-Labyrinthen spielen können.

Labyrinth 2

Ziel des Spiels: Mit der niedrigsten Gesamtpunktzahl von einer Ecke zur entgegengesetzten Ecke zu gelangen.
Anzahl der Spieler: Zwei oder mehr.
Benötigtes Material: Ein 5 × 5-Gitter auf Millimeterpapier.
Vorbereitung: Das Gitter wird in willkürlicher Reihenfolge mit den Zahlen 1, 2, 3, 4 und 5, die sich natürlich wiederholen können, ausgefüllt. Jeder Spieler bekommt eine exakte Kopie des Gitters.
Spielablauf:
Jeder Spieler startet im oberen linken Kästchen seines Gitters und zieht mit einem Bleistift eine Linie von Kästchen zu Kästchen, bis das Zielkästchen in der Ecke rechts unten erreicht ist. Die Linie darf sowohl nach oben und unten als auch nach links und rechts (aber nicht diagonal) gezogen werden. Jeder Spieler erhält die Zahlenwerte jedes betretenen Kästchens (einschließlich des ersten und des letzten) als Punkte. Der Spieler mit der niedrigsten Gesamtpunktzahl gewinnt. Es spielt keine Rolle, wie viele Kästchen ein Spieler betreten hat.

Variante: Es werden die Zahlen 1–10, nicht nur 1–5 benutzt.

Labyrinth 3

Ziel des Spiels: Von einer Ecke zur entgegengesetzten Ecke zu gelangen, dabei genau acht Kästchen zu betreten und die Höchstpunktzahl zu erreichen.

Anzahl der Spieler: Zwei oder mehr.
Benötigtes Material: Ein 5 × 5-Gitter auf Millimeterpapier.
Vorbereitung: Das Gitter wird in willkürlicher Reihenfolge mit den Zahlen 1, 2, 3, 4 und 5, die sich natürlich wiederholen können, ausgefüllt. Jeder Spieler bekommt eine exakte Kopie des Gitters.
Spielablauf:
Jeder Spieler startet im oberen linken Kästchen seines Gitters und zieht mit einem Bleistift eine Linie von Kästchen zu Kästchen. Es darf noch oben und unten, nach links und rechts (aber nicht diagonal) gezogen werden. Das Zielkästchen rechts unten muß als achtes Kästchen betreten werden. Jeder Spieler erhält die Zahlenwerte jedes betretenen Kästchens (einschließlich des ersten und des letzten) als Punkte. Der Spieler mit der höchsten Gesamtpunktzahl gewinnt.

Variante 1: Es werden die Zahlen 1–10, nicht nur 1–5 benutzt.
Variante 2: Das Zielkästchen in der Ecke rechts unten muß das *zehnte* Kästchen sein, das betreten wird, nicht das achte.

Anwendung von Labyrinth-Fähigkeiten

Machen Sie auf Millimeterpapier dicke Punkte, um die folgenden fünf Übungen durchzuführen:

1. Neun Punkte werden vorgegeben. Ziehen Sie, ohne dabei den Bleistift vom Papier zu nehmen, vier gerade Linien, die durch alle Punkte laufen (die Lösung dieser wie der folgenden Aufgaben finden Sie auf S. 111).

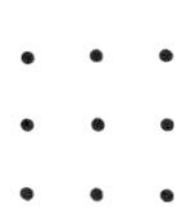

Abbildung 11

2. Jetzt sind 16 Punkte vorgegeben. Ziehen Sie, ohne den Bleistift vom Papier zu nehmen, sechs gerade Linien, die durch alle Punkte laufen.

Abbildung 12

3. 64 Punkte sind vorgegeben: Ziehen Sie, ohne dabei den Bleistift vom Papier zu nehmen, 15 gerade Linien, die bei Punkt A beginnen, durch alle Punkte laufen und bei Punkt B enden. Die Linien dürfen sich nicht kreuzen.

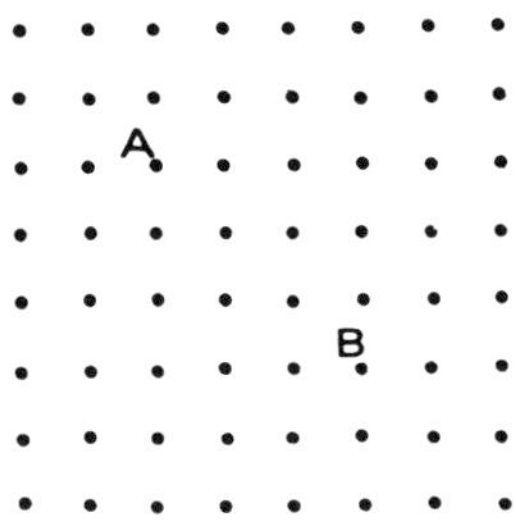

Abbildung 13

4. Wiederum sind 64 Punkte vorgegeben. Ziehen Sie, ohne dabei den Bleistift vom Papier zu nehmen, gerade Linien, die bei Punkt A beginnen, durch alle Punkte laufen und bei Punkt B enden. Die Linien dürfen sich nicht kreuzen (Abbildung 14):
   a) verwenden Sie so viele Linien wie möglich;
   b) verwenden Sie so wenige Linien wie möglich.

5. Auch hier sind 64 Punkte vorgegeben, jedoch die Fixpunkte A und B wiederum verändert: Ziehen Sie, ohne dabei den Bleistift vom Papier zu nehmen, gerade Linien, die bei Punkt A beginnen, durch alle Punkte laufen und bei Punkt B enden. Die Linien dürfen sich nicht kreuzen (Abbildung 15):

a) verwenden Sie so viele Linien wie möglich;
b) verwenden Sie so wenige Linien wie möglich.

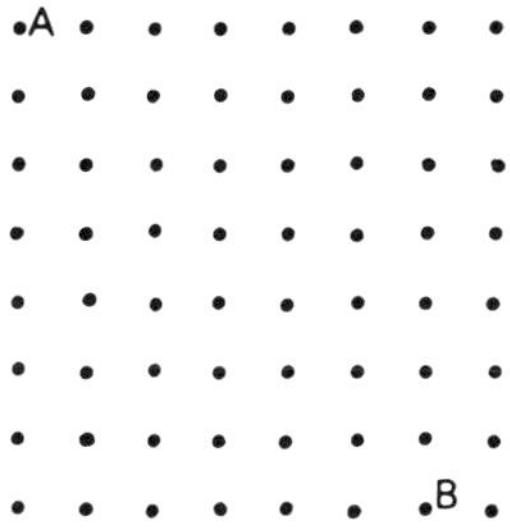

Abbildung 14

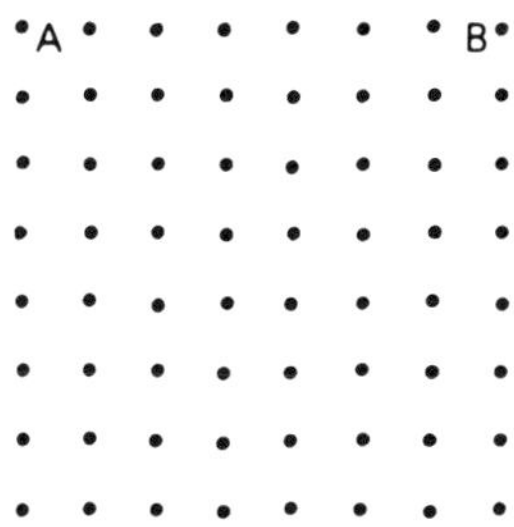

Abbildung 15

Lösungen

Seite 100, Abbildung 2:

Links	1. I	6. A	Rechts	1. F	6. H
	2. G	7. D		2. A	7. I
	3. E	8. F		3. J	8. C
	4. B	9. J		4. D	9. E
	5. C	10. H		5. G	10. B

Seite 109–111 (1–5):

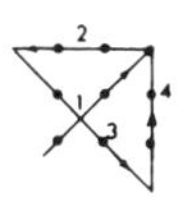

1.

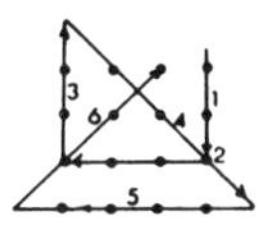

2.

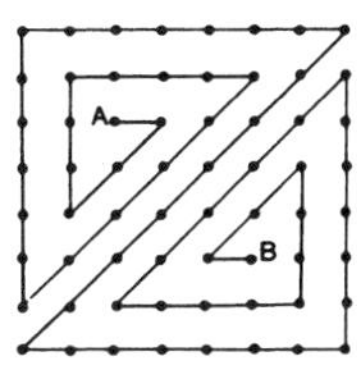

3.

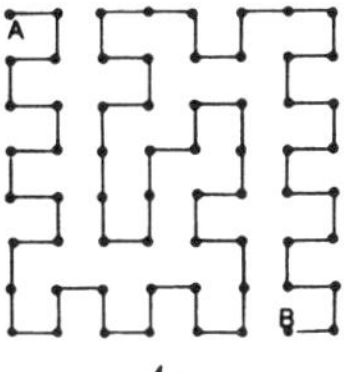

4a.

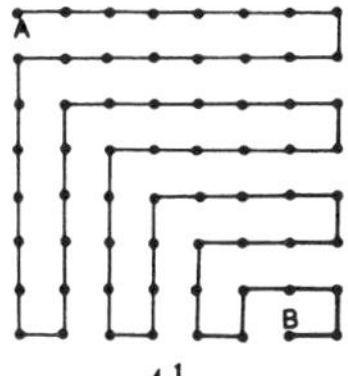

4b.

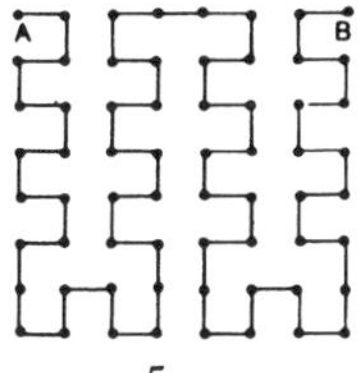

5a.

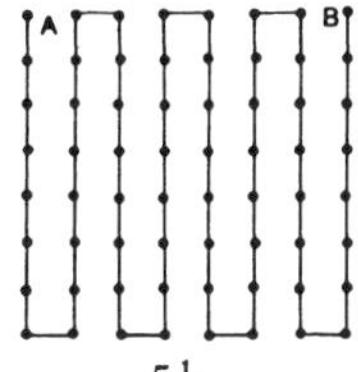

5b.

7. Kapitel

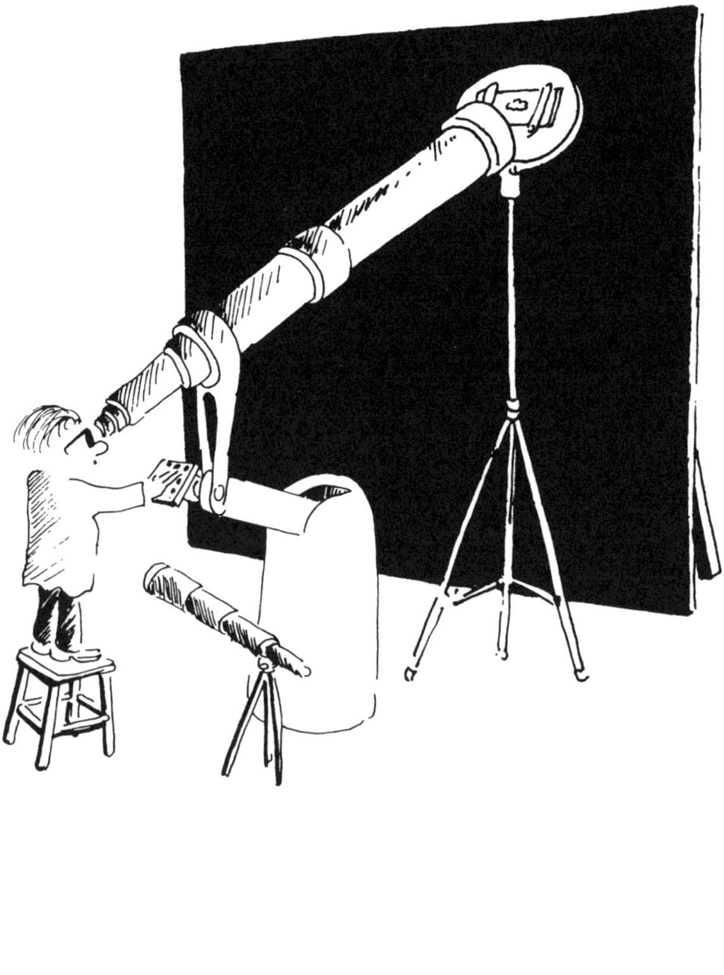

BEOBACHTUNGS-VERMÖGEN

In diesem Kapitel beschäftigen wir uns mit unserer Fähigkeit zu beobachten. Das Beobachtungsvermögen beinhaltet das Erkennen eines Objekts, das Vergleichen eines Objekts mit anderen, das Schätzen einer Anzahl von Objekten und das Abschätzen von Flächen. Alle diese Tätigkeiten sind, wie wir sehen werden, im Alltagsleben wichtig.

Erkennen eines Objekts

Vergleichen eines Objekts mit anderen

Eine wesentliche visuelle Fähigkeit besteht darin, beurteilen zu können, ob zwei Objekte gleich oder verschieden sind. Wenn die Objekte kompliziert oder einander sehr ähnlich sind, kann dies schwierig sein. Sind beispielsweise die Formen in den Abbildungen 1a und 1b gleich oder verschieden?

Abbildung 1a

Abbildung 1b

Wenn sich zwei Objekte sehr ähnlich sind, ist es vorteilhaft, bei ihrem Vergleich eine systematische Methode zur Verfügung zu haben. Eine effektive Strategie besteht darin, jedes Objekt im Geiste in kleinere Teilstücke zu zerlegen und zunächst diese überschaubareren Segmente zu vergleichen. Zum Beispiel:

- Sie könnten ein 6×6-Quadrat zuerst im Geiste in vier 3×3-Quadrate unterteilen. Dann wären Sie imstande, die Quadrate links oben, rechts oben, links unten und schließlich die Quadrate rechts unten nacheinander systematisch zu vergleichen (Abbildung 2).
- Beim Vergleichen von Bildern könnten Sie beispielsweise zwei Gesichter Zug um Zug vergleichen – die beiden Nasen, dann die beiden Münder usw.

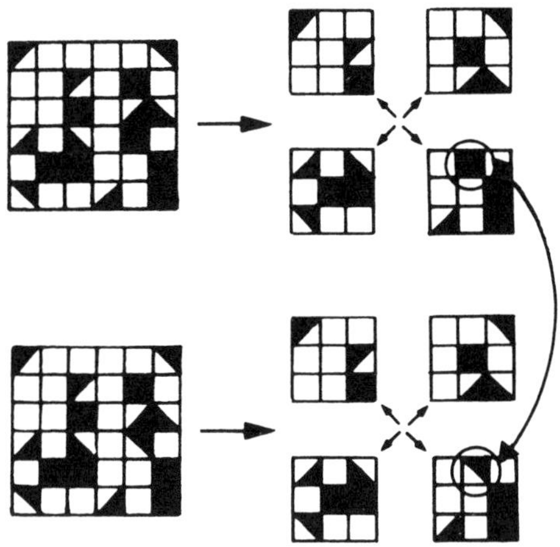

Abbildung 2

Wir werden Ihnen jetzt ein Spiel präsentieren, das Ihnen hilft, Ihre Beobachtungsfähigkeit durch das Vergleichen von Objekten zu verbessern.

Beobachtungsspiel 1

Ziel des Spiels: Schnell zu erkennen, ob zwei Objekte identisch oder verschieden sind.
Anzahl der Spieler: Zwei.
Benötigtes Material: Mosaik-Plättchen.
Spielablauf:

Spieler A
- baut verdeckt zwei identische 6 × 6-Gitter aus Mosaik-Plättchen auf;
- er kann (muß aber nicht) ein oder mehrere verschiedene Mosaik-Plättchen verwenden;
- er zeigt Spieler B die beiden Gitter.

Spieler B muß nun feststellen, ob die beiden Gitter identisch sind, beziehungsweise jede Stelle bezeichnen, an der sie sich unterscheiden. Ein Spieler, der fälschlicherweise sagt, daß die beiden Gitter identisch sind, oder der sagt, daß sie sich unterscheiden, obgleich sie identisch sind, verliert automatisch.

Spieler A hält fest, wieviel Zeit Spieler B zur Lösung der Aufgabe benötigt. Dann tauschen die Spieler die Rollen. Der Spieler, der weniger Zeit benötigt, gewinnt.

Erkennen des versteckten Linienmusters

Eine weitere wesentliche visuelle Fähigkeit ist das Erkennen eines Objekts. Wir sehen dies normalerweise als selbstverständlich an, aber manchmal kann ein Objekt nur schwer zu entdecken sein. Können Sie beispielsweise die Figur aus Abbildung 3 in exakt derselben Ausrichtung in Abbildung 4 erkennen?

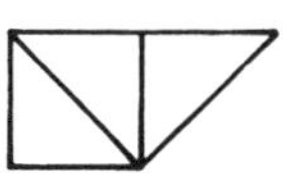

Abbildung 3

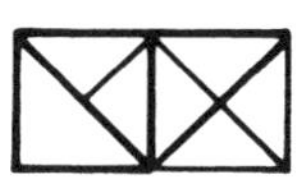

Abbildung 4

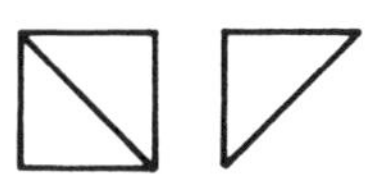

Abbildung 5

Sehen wir einmal, wie Sie sie finden könnten. Eine Methode ist, die Abbildung 3 in zwei vertrautere Teile zu zerlegen, etwa in ein Quadrat und in ein Dreieck (Abbildung 5). Dann könnten Sie in Abbildung 4 separat nach diesen beiden Teilen Ausschau halten. Suchen wir zuerst nach dem Quadrat. In Abbildung 4 gibt es zwei Quadrate:

Wir können das rechte Quadrat außer acht lassen, weil kein Raum für das Dreieck vorhanden ist. Das linke hingegen sieht vielversprechend aus: Wir können das Dreieck lokalisieren, um die gesuchte Figur zu komplettieren.

Sie könnten die Abbildung 3 auch in zwei Dreiecke zerlegen:

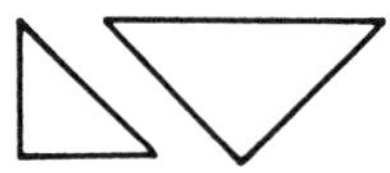

Abbildung 6

Halten Sie nun in Abbildung 4 danach Ausschau. Abbildung 4 enthält zwei Dreiecke folgenden Typs:

Wir können das rechte Quadrat wiederum außer acht lassen, weil für das Dreieck kein Platz vorhanden ist. Das linke hingegen bringt die Lösung:

Statt die Abbildung 3 in vertraute komplette Figuren (ein Quadrat und ein Dreieck) zu zerlegen, könnten wir auch nach Fragmenten wie etwa dem 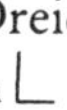 oder dem  suchen. Wenn Sie ein Fragment erkennen, folgen Sie seinen Linien, um festzustellen, ob es sich genauso fortsetzt wie das Muster.

Im folgenden zeigen wir Ihnen einige Muster sowie größere Figuren, in denen sie versteckt sind (Abbildung 7). Erkennen Sie die Muster? (Die Lösungen finden Sie am Ende des Kapitels.)

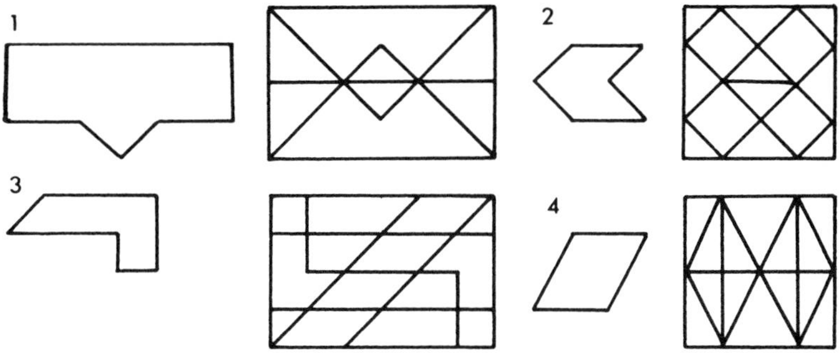

Abbildung 7

Abbildung 8a

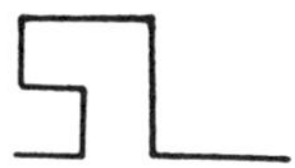

Abbildung 8b

Ein Teil einer Linie kann auch innerhalb einer längeren Linie versteckt sein. So sind beispielsweise die Abbildungen 8a und 8b in Abbildung 9 enthalten, wie Sie in Abbildung 10 sehen können.

Abbildung 9

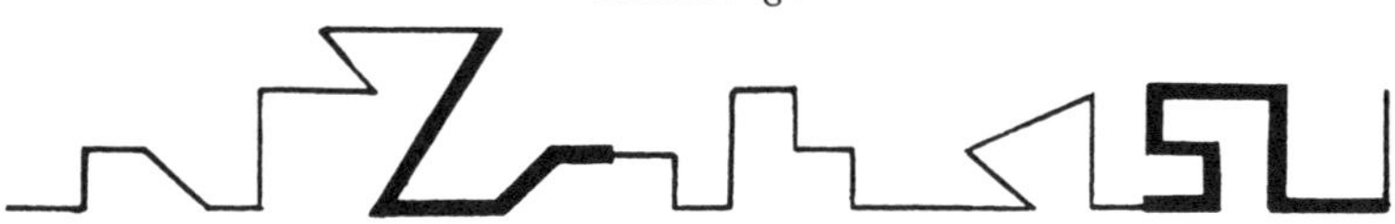

Abbildung 10

Es folgen zwei weitere Beispiele von Linienteilen, die innerhalb einer Linie versteckt sind. Erkennen Sie die Linienteile? (Lösungen am Ende des Kapitels!)

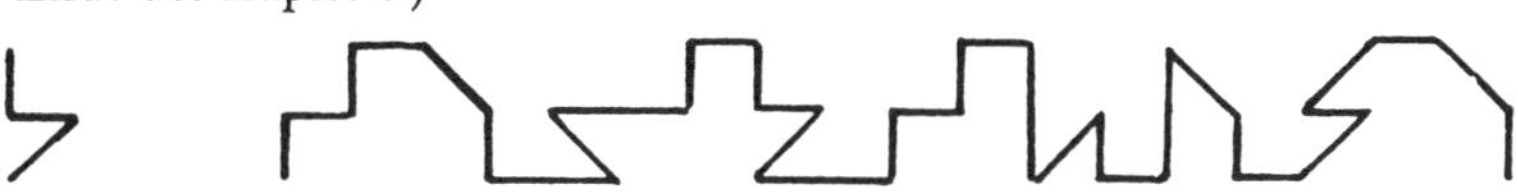

Abbildung 10a

Abbildung 10b

Erkennen des versteckten Mosaikmusters

Jetzt präsentieren wir Ihnen einige andere Muster, die nicht in Linien, sondern in *Mosaikbildern* versteckt sind. Diese Muster bestehen aus ganz in Schwarz gehaltenen Formelementen. Auch hier sollten Sie das Muster zunächst wieder in kleinere Fragmente zerlegen. Wenn das Muster beispielsweise  ist, könnten Sie es im Geiste in folgende Fragmente  zerlegen und separat nach den einzelnen Teilstücken Ausschau halten.

Die Abbildungen 11a und 11b zeigen Ihnen zwei Muster sowie zwei größere Figuren, in denen sie versteckt sind. Erkennen Sie die Muster? (Lösung am Ende des Kapitels.)

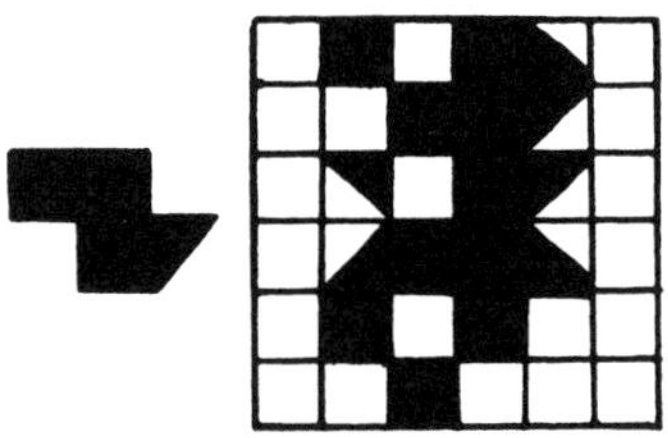

Abbildung 11a

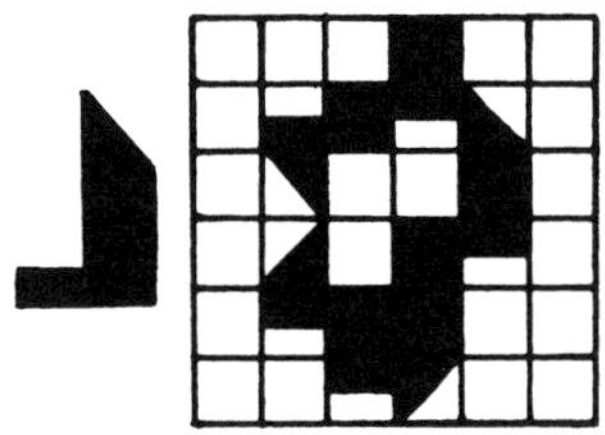

Abbildung 11b

Ein Suchspiel mit Mosaikmustern

Benutzen wir die Mosaik-Plättchen in einigen Spielen und Übungen, um Ihre Fähigkeit, versteckte Objekte zu erkennen, zu verbessern.

Beobachtungsspiel 2

Ziel des Spiels: Die versteckte Figur so schnell wie möglich zu erkennen.
Anzahl der Spieler: Zwei.
Benötigtes Material: Mosaik-Plättchen.
Spielablauf:

Spieler A baut aus Mosaik-Plättchen ein 4 × 4-Gitter (Abbildung 12) und, getrennt davon, zwei bis vier weitere Mosaik-Plättchen mit gemeinsamen Seitengrenzen (Abbildung 13) auf. Spieler B muß anzeigen, an welcher Stelle oder an welchen Stellen die separaten Plättchen in derselben Ausrichtung innerhalb des Gitters vorkommen (Abbildung 14). Spieler A hält die von Spieler B benötigte Zeit fest. Anschließend tauschen die Spieler die Rollen. Der Spieler, der seine Aufgabe am schnellsten löst, gewinnt.

Abbildung 12

Abbildung 13

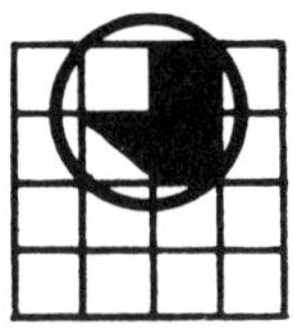
Abbildung 14

Variante 1: Die separaten Plättchen müssen keine gemeinsamen Seitengrenzen haben, sondern sich nur an einer Ecke berühren (Abbildung 15).

Abbildung 15

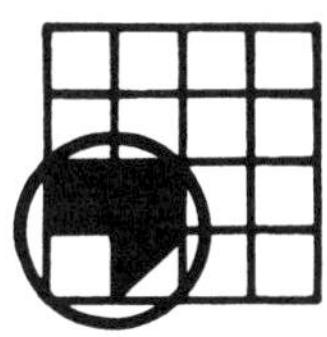
Abbildung 16

Variante 2: Benutzen Sie anstelle eines 4 × 4-Gitters ein 6 × 6-Gitter. Beachten Sie, daß die eingekreisten Plättchen in Abbildung 16 *nicht* dieselbe Ausrichtung haben wie die von Spieler A zum Erkennen durch Spieler B festgelegten vier Plättchen.

Erkennen von Wörtern

Auch Wörter können schwer zu erkennen sein. Können Sie die Wörter in Abbildung 17 erkennen und lesen?

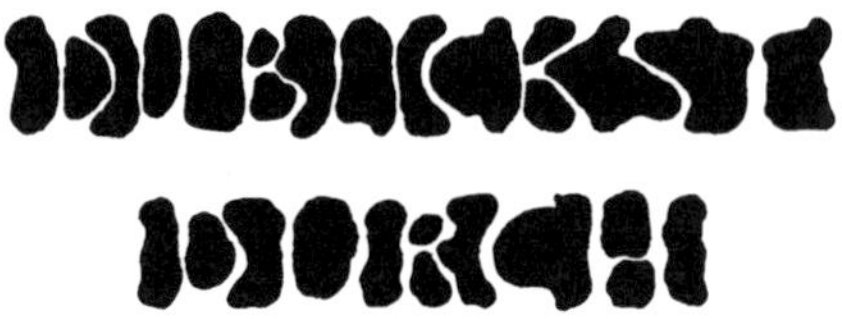

Abbildung 17

Wenn Sie im Geiste über und unter der Zeichnung imaginäre Linien ziehen, sehen Sie das Wort vielleicht leichter. Die Lösung finden Sie am Ende des Kapitels.

Erkennen von Objekten mit gemeinsamen Merkmalen

Bisher haben Sie in diesem Kapitel geübt:

1. das Vergleichen von zwei Objekten, um festzustellen, ob sie identisch sind;
2. das Erkennen eines versteckten Objekts, das genauso aussieht wie ein vorgegebenes Muster;
3. das Erkennen von zwei identischen Objekten ohne vorgegebenes Muster.

Nun sollen Sie alle diese Fähigkeiten kombinieren, um versteckte Objekte zu erkennen, die gemeinsame Merkmale aufweisen, aber nicht identisch sind.

Die Abbildungen 18 a, b, c und d haben dieselben Merkmale (es sind alles Dreiecke), aber sie sind nicht identisch. Sie unterscheiden sich bezüglich ihrer Größen und Winkel.

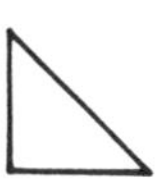

Abbildung 18a

Abbildung 18b

Abbildung 18c

Abbildung 18d

Abbildung 19 enthält insgesamt sechs Dreiecke! Können Sie alle erkennen?

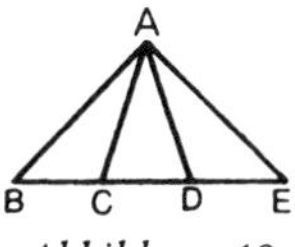

Abbildung 19

Hier sind sie:

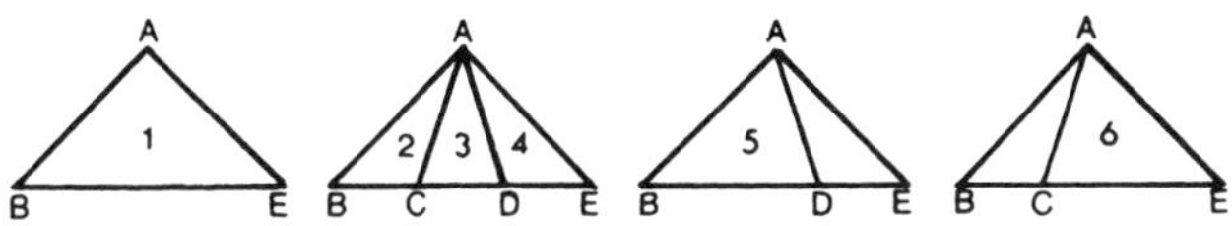

1. ABE 2. ABC 3. ACD 4. ADE 5. ABD 6. ACE

Einige können »versteckt« sein, aber alle haben das gemeinsame Merkmal, Dreiecke zu sein.

1. Zählen Sie die Anzahl der Dreiecke in den Abbildungen 20a, 20b und 20c. (Die Lösung dieser wie der folgenden Aufgaben finden Sie am Ende des Kapitels.)

Abbildung 20a

Abbildung 20b

Abbildung 20c

2. Zählen Sie die Anzahl der Quadrate in den Abbildungen 20a und 20b.
3. Zählen Sie die Anzahl der Rechtecke in Abbildung 20a.

Haben Sie eine systematische Methode gefunden, um diese Objekte zu zählen? Sehen wir uns gemeinsam die Anzahl der *Dreiecke* in Abbildung 20a an:

- Zuerst gehen wir die Abbildung in Uhrzeigerrichtung durch und numerieren die kleinsten Dreiecke (Abbildung 21a).

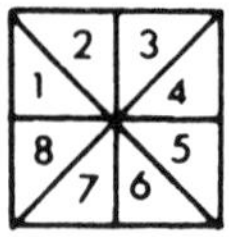

Abbildung 21a

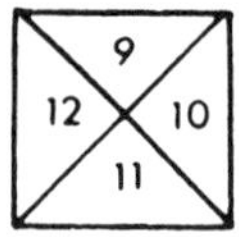

Abbildung 21b

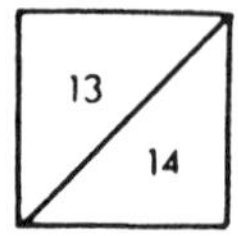

Abbildung 21c

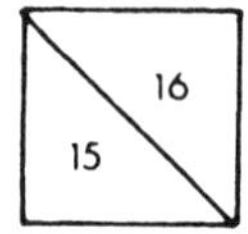

Abbildung 21d

- Als nächstes sehen wir uns die Dreiecke an, die von zwei benachbarten kleinen Dreiecken gebildet werden (Abbildung 21b).
- Dann fügen wir die Dreiecke hinzu, die von den diagonalen und äußeren Grenzlinien gebildet werden (Abbildungen 21c und 21d).

So erkennen wir, daß diese relativ einfache Figur insgesamt 16 Dreiecke enthält.

4. Nun zählen wir die Anzahl der Rechtecke in Abbildung 22! (Die Lösung finden Sie am Ende des Kapitels.)

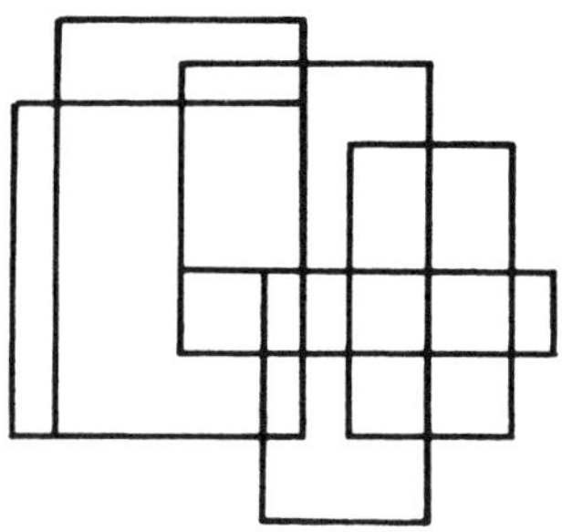

Abbildung 22

Erkennen von Buchstaben

Eine Druckseite gibt Ihnen Gelegenheit, Ihre trainierten Beobachtungsfähigkeiten in der Praxis anzuwenden. Derselbe Buchstabe des Alphabets erscheint gedruckt auf verschiedene Weisen. Beispielsweise erscheint der Buchstabe »E« als »E«, als »e« oder in Kursivschrift als *»e«*, aber alle Erscheinungsformen haben das gemeinsame Merkmal, E zu sein. Ein Buchstabe ist auch versteckt in einem Wort aufzufinden.

Lesen Sie den nachstehenden Satz:

ABGESCHLOSSENE FORSCHUNGEN SIND DAS ERGEBNIS JAHRELANGER WISSENSCHAFTLICHER STUDIEN IN VERBINDUNG MIT DEM ERFAHRUNGSSCHATZ VIELER JAHRE.

Lesen Sie den Satz noch einmal und zählen Sie, wie oft der Buchstabe »S« in irgendeiner Form vorkommt. Die meisten Menschen bemerken nicht alle dreizehn. Haben Sie es geschafft?

Übungen

Zählen Sie, wie oft jeder der nachstehenden Buchstaben (und jede der Buchstabenkombinationen) im Abschnitt »Spielablauf« (einschließlich Überschrift) des etwas später folgenden Spiels *Beobachtungsspiel 3* (S. 125) vorkommt:

1. »e«;
2. »t«;
3. »a«;
4. »u«;
5. »ie« (in jeder Form als aufeinanderfolgende Buchstaben);
6. »in« (in jeder Form als aufeinanderfolgende Buchstaben);
7. »ed« (in jeder Form als aufeinanderfolgende Buchstaben);
8. »ter« (in jeder Form als aufeinanderfolgende Buchstaben).

Erkennen von Zahlen

Zählen Sie, wie oft jede der nachstehenden Zahlen in der im Anschluß daran folgenden Tabelle vorkommt. (Lösung am Ende des Kapitels.)

1. 3
2. 5
3. 8

4. 26 (als aufeinanderfolgende Ziffern)
5. 75 (als aufeinanderfolgende Ziffern)
6. 34 (als aufeinanderfolgende Ziffern)
7. 823 (als aufeinanderfolgende Ziffern)
8. 256 (als aufeinanderfolgende Ziffern)
9. 919 (als aufeinanderfolgende Ziffern)

51238	54213288	54696	32581475	89243	12722651
10241	50371965	17321	23712137	13216	54541313
21213	25487813	13135	32652116	13116	45413794
79445	31356451	64845	66146826	91316	61464665
46516	55451644	44484	31312431	39314	44646444
87813	13135326	52116	13301570	50464	67312986
12181	37841649	84684	34157313	65561	98133117
47589	94375943	75902	84969571	94375	98543875

Sie können auch eine Seite aus einem Telefonbuch nehmen und die Zahlen wie bei der obigen Übung zählen. Vergleichen Sie Ihre Ergebnisse mit denen eines Freundes.

Schätzen

Im vorangegangenen Abschnitt ging es darum, die Anzahl von Objekten zu zählen, die Sie gesehen haben. In manchen Situationen, wo das Zählen nicht möglich ist, müssen Sie ungefähre Schätzungen von dem Gesehenen vornehmen.

Die Anzahl der Objekte, die Sie sehen

Sehen Sie sich beispielsweise die Abbildung 23 fünf Sekunden lang an und schätzen Sie, wie viele Punkte sich innerhalb des Quadrats befinden.

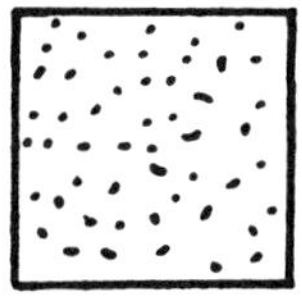

Abbildung 23

Sie können Ihre Fähigkeiten auf diesem Gebiet beim nachfolgenden Spiel verbessern.

Beobachtungsspiel 3

Ziel des Spiels: Die Anzahl der Punkte am besten zu schätzen.
Anzahl der Spieler: Zwei oder mehr.
Benötigtes Material: Bleistifte und Papier.
Spielablauf:
Jeder Spieler macht mindestens zwanzig Punkte innerhalb eines gleich großen Quadrats. Jeder Spieler hat dann fünf Sekunden Zeit, das Quadrat zu betrachten und die Gesamtzahl der Punkte darin zu schätzen. Die Schätzungen werden notiert. Anschließend werden die Punkte gezählt, und der Spieler, der dem richtigen Ergebnis am nächsten kommt (mehr oder weniger als die tatsächliche Anzahl der Punkte), gewinnt.

Variante 1: Verwenden Sie anstatt eines Quadrats einen Kreis oder eine unregelmäßige geschlossene Figur.
Variante 2: Alles bleibt, wie es ist, nur daß der Spieler gewinnt, der der richtigen Anzahl am nächsten kommt, ohne diese zu überschreiten. Jeder Spieler, der mehr als die Gesamtzahl schätzt, verliert.

Folgende Strategie könnten Sie einschlagen, um die Aufgabe zu lösen:
- unterteilen Sie das Quadrat im Geiste in vier Teilabschnitte (Abbildung 24);
- schätzen oder zählen Sie die Anzahl der Punkte in einem Teilabschnitt;
- multiplizieren Sie diese Anzahl mit vier.

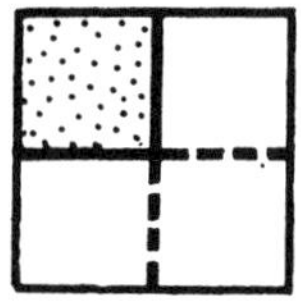

Abbildung 24

Die Anzahl der Objekte, die Sie sich vorstellen

Bei der nächsten Übung müssen Sie schätzen, wie viele Objekte einer bekannten Größe in einen vorgegebenen Raum passen. Sie können diese Übung allein (wie nahe kommen Sie der richtigen Zahl) oder als Spiel mit anderen (wer kommt dem Ergebnis am nächsten) durchführen.

Beobachtungsspiel 4

Ziel des Spiels: So genau wie möglich die Anzahl der Mosaik-Plättchen zu schätzen, die in eine Fläche passen, ohne sich dabei zu überlappen.
Anzahl der Spieler: Einer oder mehrere.
Benötigtes Material: Bleistift und Papier.
Spielablauf:
Zeichnen Sie ein Rechteck von vorher nicht bekannter Größe. Ziehen Sie irgendwo innerhalb des Rechtecks die Umrisse eines Mosaik-Plättchens als Muster nach (Abbildung 25a). Jeder Spieler schreibt anschließend seine Schätzung der Gesamtzahl von Plättchen nieder, die in das Innere des Rechtecks hineinpaßt. Die Plättchen dürfen sich berühren, aber nicht überlappen.

Dann füllen Sie das Rechteck mit Mosaik-Plättchen aus und zählen diese. Der Spieler, der dem richtigen Ergebnis am nächsten kommt (mehr oder weniger als die tatsächliche Anzahl), gewinnt (Abbildung 25b).

Abbildung 25 a

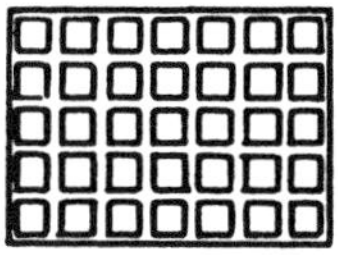

Abbildung 25 b

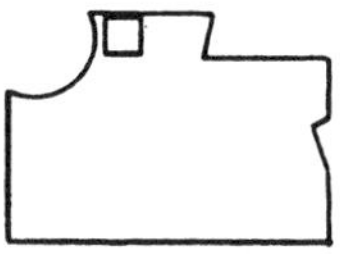

Abbildung 25 c

Variante 1: Verwenden Sie anstatt eines Rechtecks eine beliebige unregelmäßige Figur (Abbildung 25 c).
Variante 2: Verwenden Sie anstelle von Mosaik-Plättchen Dominos, gerade Trominos oder rechtwinklige Trominos.
Variante 3: Verwenden Sie anstelle von Mosaik-Plättchen Münzen.

Folgende Strategie könnten Sie beim Spielen mit dem Rechteck einschlagen: Versuchen Sie, sich im Geiste vorzustellen, wie viele Mosaik-Plättchen in die oberste Reihe des Rechtecks und wie viele in eine senkrechte Spalte passen. Anschließend multiplizieren Sie diese beiden Zahlen.

Flächen, die Sie sehen

Im nächsten Abschnitt müssen Sie Schätzungen über Flächen abgeben, die Sie sehen. Wir beginnen mit der einfachen Beurteilung von *mehr* oder *weniger*: Enthält das angelegte Quadrat in Abbildung 26 mehr schwarze oder mehr weiße Flächen?

Abbildung 26

Das folgende Spiel soll Ihnen helfen, Ihre Fähigkeit, derartige Schätzungen abzugeben, zu verbessern.

Beobachtungsspiel 5

Ziel des Spiels: Richtig zu raten, ob ein Quadrat eine größere weiße oder eine größere schwarze Fläche hat.
Anzahl der Spieler: Zwei.
Benötigtes Material: Mosaik-Plättchen; ein 5 × 5-Gitter.
Spielablauf:
Spieler A füllt das Gitter mit Mosaik-Plättchen aus, so daß fünfzehn der 25 Felder die eine Farbe (schwarz oder weiß) und zehn die andere Farbe bekommen. Einige Einzelfelder können halb schwarz, halb weiß sein – es kommt auf die Gesamtzahl an. Spieler B betrachtet das Mosaik fünf Sekunden lang und schätzt dann, ob mehr Weiß oder mehr Schwarz vorhanden ist. Spieler B wird mitgeteilt, ob er richtig oder falsch geraten hat. Dann tauschen die Spieler die Rollen.

Variante 1: Füllen Sie das Gitter mit 14 Feldern der einen Farbe und mit 11 der anderen Farbe aus.
Variante 2: Füllen Sie ein 6 × 6-Gitter mit sieben weißen und neunundzwanzig schwarzen Feldern oder mit elf weißen und fünfundzwanzig schwarzen Feldern aus. Spieler B muß schätzen, ob mehr oder weniger als ein Viertel des Gitters weiß ist.
Variante 3: Verwenden Sie eine nicht rechteckige Figur (Abbildung 27).

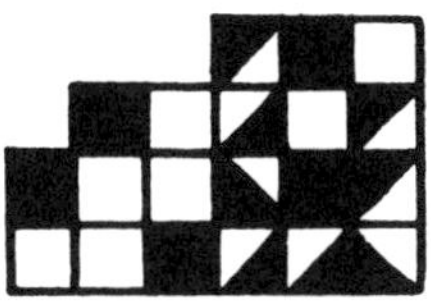

Abbildung 27

Variante 4: Füllen Sie das Gitter nach dem Zufallsprinzip aus und spielen Sie allein oder mit jedem Spieler einzeln. Jeder Spieler muß schätzen, ob mehr Weiß oder mehr Schwarz vorhanden ist.

Folgende Hinweise ermöglichen Ihnen, eine Strategie beim Spielen dieses Spiels zu entwickeln:

- Wenn das gesamte Mosaik symmetrisch ist, sehen Sie sich nur eine Hälfte oder ein Viertel davon an. Zählen Sie, wie viele Felder weiß sind, und multiplizieren Sie das Ergebnis mit zwei (oder mit vier).
- Wenn das nicht der Fall ist, gehen Sie Reihe für Reihe vor – soweit die Zeit es Ihnen erlaubt.
- Lassen Sie jedes Plättchen, das halb weiß und halb schwarz ist, außer acht.

Lösungen

Seite 117 (Abbildung 7):

Seite 117 (Abbildungen 10a, b):

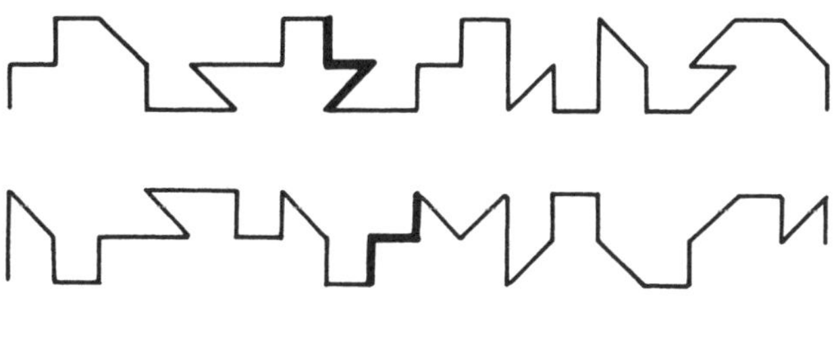

Seite 118 (Abbildungen 11a, b):

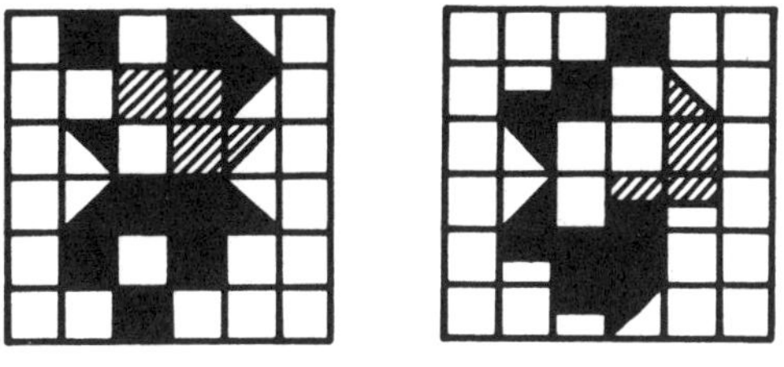

Seite 120 (Abbildung 17):
Die Wörter lauten: DU BLICKST DURCH

Seite 121 (Abbildungen 20a, b, c):
1. 16, 40, 14
2. 5, 10
3. 9

Seite 122 (Abbildung 22):

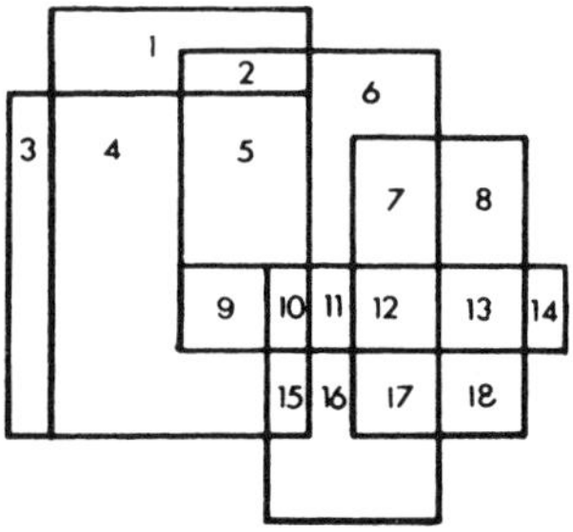

Abbildung 28

Es folgt eine systematische Methode, um die Rechtecke zu zählen:

a) Geben Sie jedem separaten Feld eine Nummer (wie in Abbildung 28).
b) Listen Sie, beginnend bei Feld Nr. 1, jedes Feld auf, das selbst ein Rechteck ist (Nr. 1–14 in der folgenden Aufstellung).
c) Listen Sie, beginnend bei Feld Nr. 1, jede Kombination von Feldern auf, die ein Rechteck bildet (Nr. 15–49 in der Aufstellung). Beachten Sie, daß zwei oder mehr Felder, die zusammen ein Rechteck bilden, in beliebiger Reihenfolge aufgelistet werden können – notieren Sie dieselbe Kombination also nicht öfter als einmal. Zum Beispiel: Listen Sie nach dem Notieren von Feld 1 + Feld 2 nicht auch noch Feld 2 + Feld 1 auf.

1. 2
2. 3
3. 5
4. 7
5. 8
6. 9
7. 10
8. 11
9. 12
10. 13

11. 14
12. 15
13. 17
14. 18
15. 1+2
16. 1+2+4+5+9+10+15
17. 2+5
18. 2+5+9+10
19. 2+5+6+7
20. 2+5+6+7+9+10+11+12
21. 3+4+5+9+10+15
22. 4+5+9+10+15
23. 5+9+10
24. 6+7
25. 6+7+11+12
26. 7+8
27. 7+8+12+13
28. 7+8+12+13+17+18
29. 8+13
30. 8+13+18
31. 9+10
32. 9+10+11
33. 9+10+11+12
34. 9+10+11+12+13
35. 9+10+11+12+13+14
36. 10+11
37. 10+11+12
38. 10+11+12+13
39. 10+11+12+13+14
40. 10+15
41. 11+12
42. 11+12+13
43. 11+12+13+14
44. 12+13
45. 12+13+14
46. 12+13+17+18
47. 13+18
48. 15+16+17
49. 17+18

Seite 123 (Erkennen der Buchstaben im Text S. 125):

1. 57
2. 23
3. 22
4. 13
5. 10
6. 5
7. 2
8. 0

Seite 123/24:

3: 43×
5: 37×
8: 22×
26: 4×
75: 6×
34: 1×
823: 0×
256: 0×
919: 0×

8. Kapitel

VORSTELLUNGS-KRAFT

Sich vorstellen zu können, wie irgend etwas aussieht, wenn es verändert wird, ist eine bedeutsame visuelle Fähigkeit.

- Wenn Sie eine neue Couch kaufen, versuchen Sie sich bildlich vorzustellen, wie sie in Ihrem Wohnzimmer aussehen wird.
- Wenn Sie ein Hemd kaufen, wollen Sie sich bildlich vorstellen, wie es zu den Hosen paßt, die Sie zu Hause haben.
- Wenn ein Teil Ihres Automotors abbricht, müssen Sie imstande sein zu erkennen, wie und wo es angebracht war.
- Ein Archäologe versucht, sich anhand eines Tonfragments vorzustellen, wie das vollständige Gefäß aussah.

Sie haben diese Fähigkeit bereits in den vorangegangenen Kapiteln geschult:

- Im *Mosaike*-Kapitel haben Sie sich vorgestellt, wie ein Muster aussähe,
  a) wenn Schwarz und Weiß umgekehrt würden;
  b) wenn es einmal oder mehrere Male um 90 Grad gedreht würde;
  c) wenn es umgedreht würde.
- Im *Polyomino*-Kapitel mußten Sie sich vorstellen, wie ein Pentomino aussehen würde, wenn man es umgedreht hätte.

In diesem Kapitel wollen wir unsere Aufmerksamkeit nun auf einige andere Veränderungen richten, bei denen *drei* Dimensionen berührt werden, nämlich:

- das Sehen von Objekten in einer neuen Position;
- das Falten eines Papiers, um ein dreidimensionales Objekt zu bilden;
- das Falten, Schneiden und Entfalten eines Papiers.

Sich vorstellen, wie Buchstaben ihre Position verändern

Nehmen wir an, die Buchstaben »AB« stehen auf einem Blatt Papier, das an der rechten Seite mittels eines imaginären Scharniers am Tisch befestigt ist (Abbildung 1a). Wie würden die Buchstaben aussehen, wenn Sie das Blatt Papier umblättern (Abbildung 1b)?

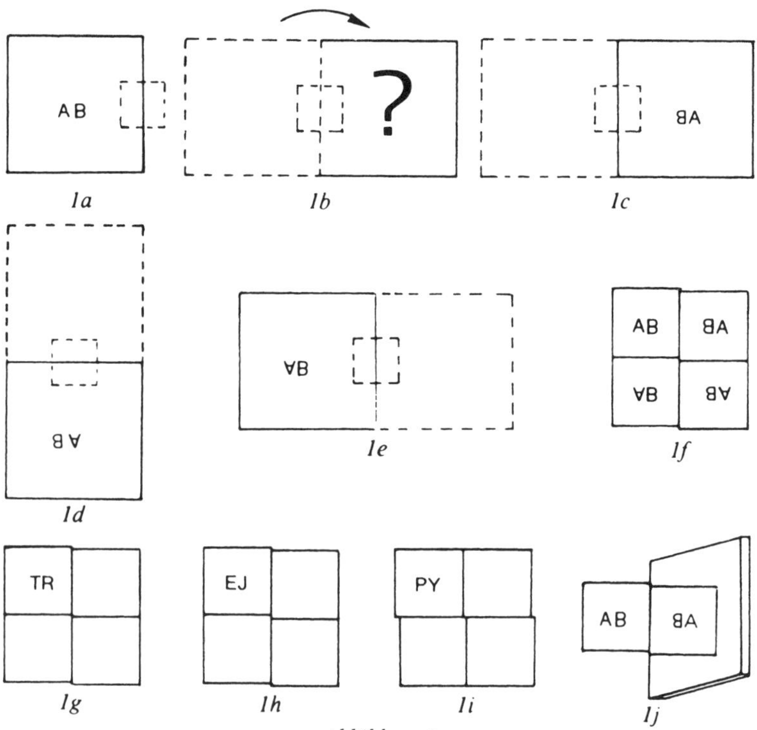

Abbildung 1

Die Abbildung 1c zeigt es Ihnen. Wenn das Blatt Papier in Abbildung 1c nun an seiner Unterseite mit einem Scharnier versehen ist und umgeblättert wird – wie werden die Buchstaben dann aussehen? Dies zeigt Ihnen die Abbildung 1d. Und schließlich: Wie würden die Buchstaben aussehen, wenn das Blatt Papier in Abbildung 1d an seiner linken Seite mit einem Scharnier versehen wäre und umgeblättert würde? Die Abbildung 1e zeigt es. Abbildung 1f zeigt die Ergebnisse nach dreimaligem Umblättern auf einen Blick.

Versuchen Sie nun zu erkennen, wie die Buchstaben in den Abbildungen 1g, 1h und 1i aussehen würden, wenn das Blatt Papier nach der oben gegebenen Methode dreimal umgeblättert würde. Zeichnen Sie Ihre Ergebnisse auf. Dann schreiben Sie jeden Buchstabensatz auf ein separates Blatt Papier, drehen die Blätter um und überprüfen, ob Ihre Ergebnisse richtig sind. Eine andere Methode, Ihre Ergebnisse zu überprüfen, wäre, einen Spiegel an der Stelle zu plazieren, wo sich das imaginäre Scharnier befindet (Abbildung 1j).

Falten eines Blatt Papiers, um ein dreidimensionales Objekt zu bilden

Der Würfel

Ein Würfel ist ein einfaches dreidimensionales Objekt, das wir herstellen können, indem wir ein Stück Papier falten. Wenn Sie Abbildung 2a wie gezeigt falten, erhalten Sie einen Würfel (Abbildung 2b)

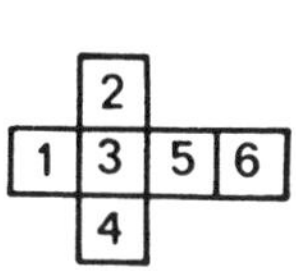

Abbildung 2a

Abbildung 2b

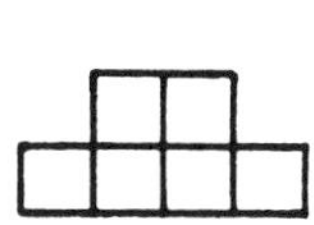

Abbildung 2c

Aber nicht jede Anordnung von sechs Kästchen, die an den Seiten miteinander verbunden sind, kann zu einem Würfel gefaltet werden. Bei den Kästchen in Abbildung 2c beispielsweise ist es nicht möglich. Versuchen Sie zu erkennen, welche der Anordnungen in Abbildung 3 zu einem Würfel gefaltet werden können und welche nicht.

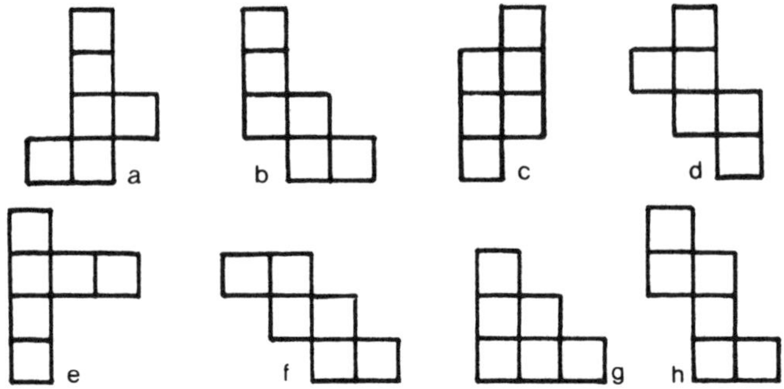

Abbildung 3

Wenn Sie sich bei einer bestimmten Anordnung nicht sicher sind, zeichnen Sie sie auf ein Blatt Papier, schneiden sie aus und falten sie.

Die Pyramide mit einer dreieckigen Basis

Die Pyramide ist ein weiteres dreidimensionales Objekt, das wir durch Falten eines Stücks Papier herstellen können. Dieses Objekt besitzt vier dreieckige Seiten. Wir können eine Pyramide aus vier Dreiecken bilden, die an den Seiten miteinander verbunden sind. Wie Sie vielleicht noch aus dem Polyomino-Kapitel wissen, lassen sich vier Dreiecke nur auf drei unterschiedliche Weisen miteinander verbinden (Abbildung 4a).

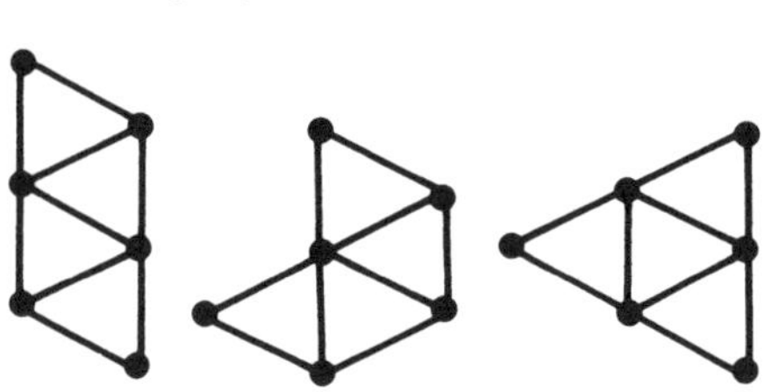

Abbildung 4a

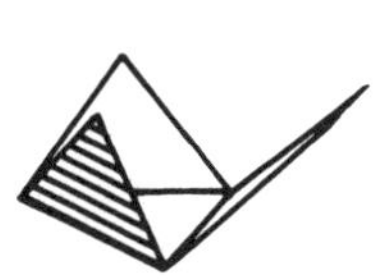

Abbildung 4b

Versuchen Sie sich vorzustellen, welche dieser Anordnungen zu einer Pyramide gefaltet werden können (Abbildung 4b) – und zwar, bevor Sie weiterlesen. Nur bei der Anordnung in der Mitte ist es nicht möglich.

Falten, Schneiden und Entfalten eines Stück Papiers

Im nächsten Abschnitt wollen wir ein Stück Papier falten und dann Schnitte darin anbringen, so daß die Schnitte in bestimmten Positionen erscheinen, wenn das Papier wieder entfaltet wird.

Schnittarten

Wir beginnen mit einem quadratischen Blatt Papier. Wenn Ihr Papier länger als breit ist, zeigt Ihnen Abbildung 5, wie Sie es quadratisch machen können.

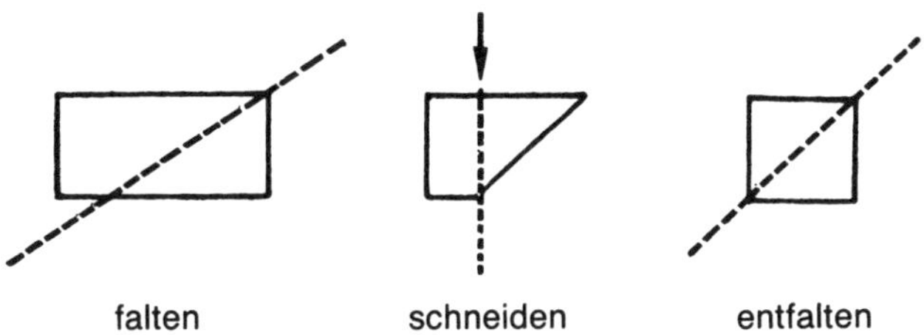

Abbildung 5

I. Im einfachsten Fall falten Sie das Papier nur einmal und schneiden ein symmetrisches Stück heraus, bevor Sie es entfalten.
   1. Falten Sie das quadratische Blatt gleichmäßig von links nach rechts, schneiden Sie oben rechts ein kleines Quadrat heraus und entfalten Sie das Blatt (Abbildung 6).

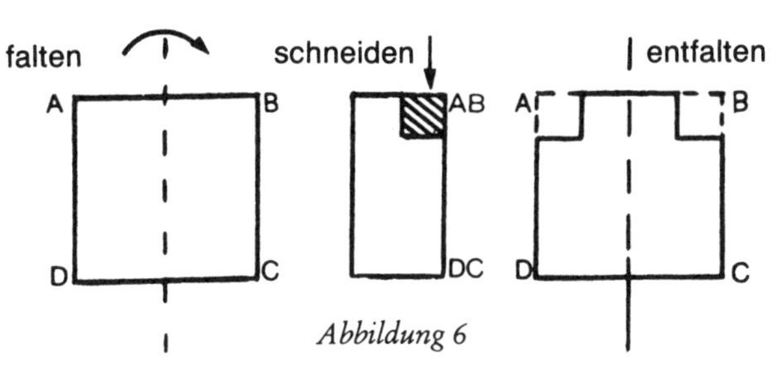

Abbildung 6

2. Falten Sie das quadratische Blatt gleichmäßig von links nach rechts, schneiden Sie oben links ein kleines Quadrat heraus und entfalten Sie das Blatt (Abbildung 7).

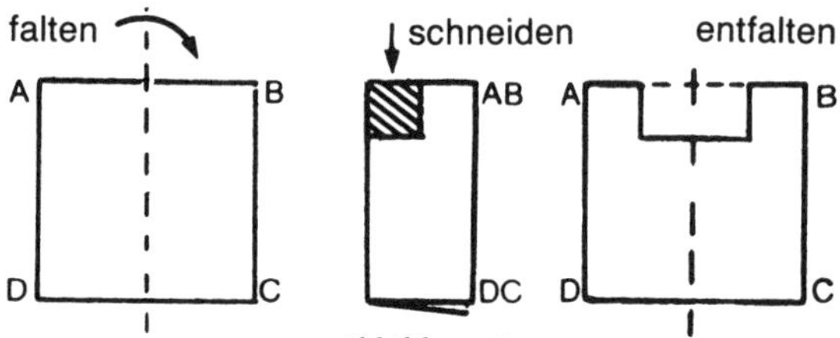

Abbildung 7

3. Falten Sie das quadratische Blatt gleichmäßig von oben nach unten, schneiden Sie unten rechts ein kleines Quadrat heraus und entfalten Sie das Blatt (Abbildung 8). Das Ergebnis entspricht dem in Abbildung 6 – allerdings um 90 Grad in Uhrzeigerrichtung gedreht.

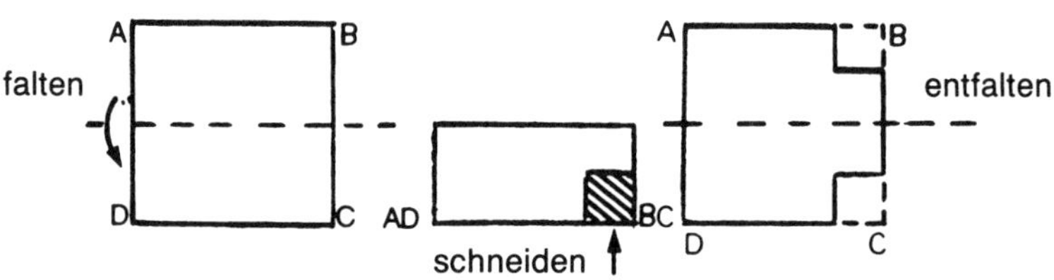

Abbildung 8

4. Falten Sie das Blatt gleichmäßig diagonal in der Mitte. Wenn Sie die Schnitte an verschiedenen Stellen anbringen, können Sie die Ergebnisse wie in den Abbildungen 9a, 9b und 9c erhalten.

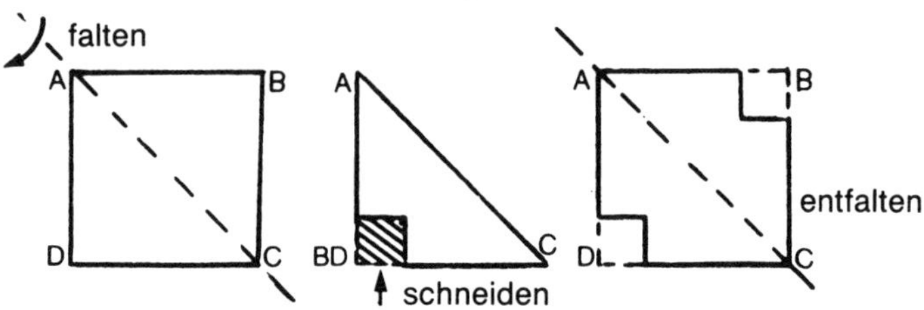

Abbildung 9a

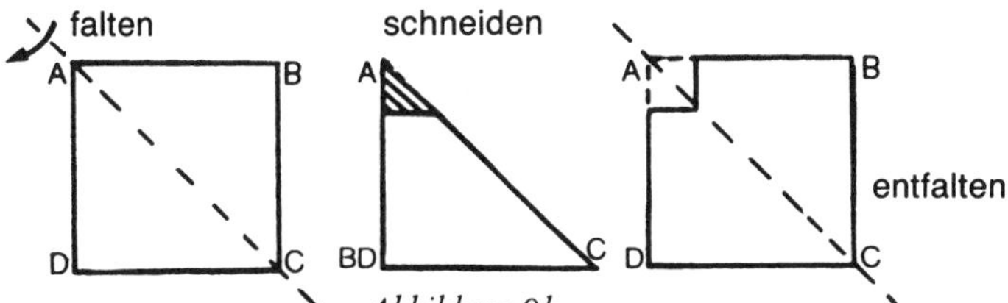

Abbildung 9b

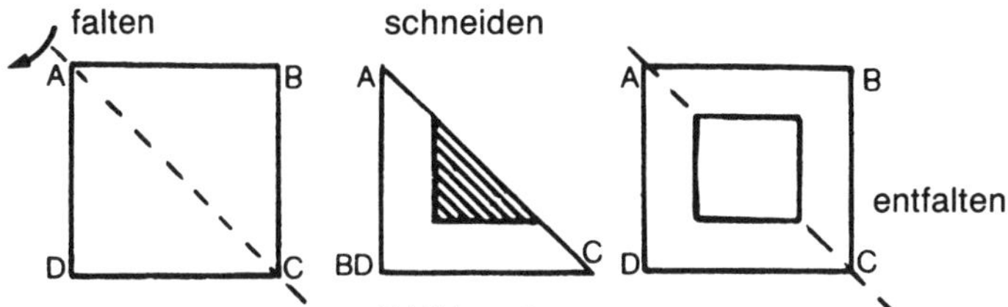

Abbildung 9c

II. Es folgt eine etwas kompliziertere Schnittechnik: Falten Sie das quadratische Blatt gleichmäßig von links nach rechts, machen Sie *zwei* symmetrische Schnitte und entfalten Sie das Blatt (Abbildungen 10a, 10b, 10c).

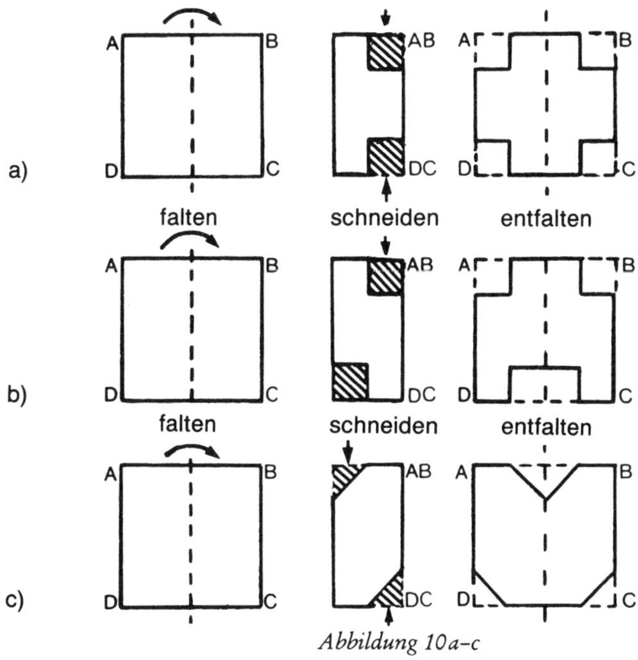

Abbildung 10a–c

III. Wir wollen die Schwierigkeiten schrittweise vergrößern: Falten Sie nunmehr das Blatt zweimal, bevor Sie den Schnitt anbringen (Abbildung 11).

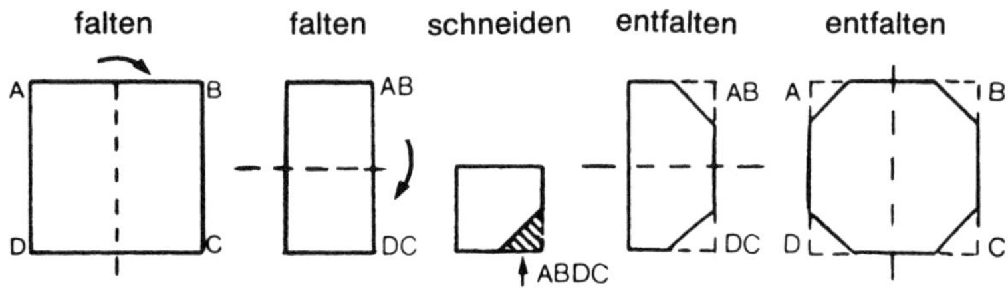

Abbildung 11

IV. Und schließlich: Selbst wenn Sie, wie in Abbildung 12, ein *unsymmetrisches* Stück herausschneiden, werden Sie beim Entfalten des Blatts eine symmetrische Figur erhalten.

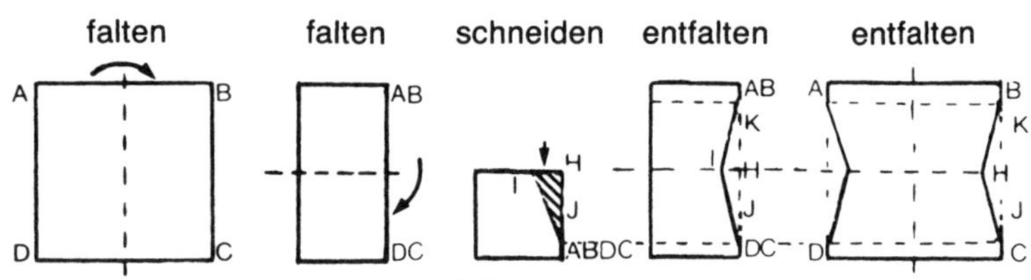

Abbildung 12

Das erste Entfalten wird ein fehlendes Stück in dreieckiger Form zeigen – zweimal so groß wie das Dreieck IJH. Seine Seiten werden sein:

- IJ,
- IK, wobei K genauso weit von H entfernt ist wie J,
- JK (Abbildung 12d).

Das nächste Entfalten wird zeigen, daß ein gleich großes Stück, das auf der rechten Seite fehlt, auch (umgeklappt) auf der linken Seite fehlt.

Wenn der Schnitt an dem zweifach gefalteten Blatt wie in Abbildung 13c angebracht worden wäre, hätte sich ein entfaltetes Ergebnis wie in Abbildung 13e ergeben.

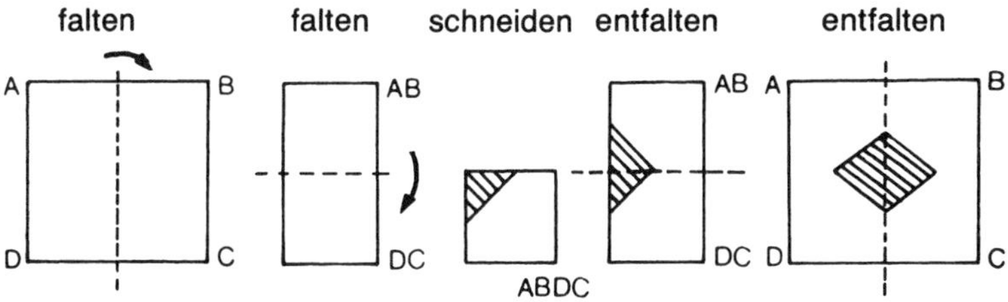

Abbildung 13

Suchen Sie nach verschiedenen Wegen, ein Blatt Papier zu falten, zu schneiden und die Resultate vorauszusehen.

Übungen

Wir werden nun zwei Arten von Problemen präsentieren, die von Ihnen gelöst werden sollen:

- Als erstes zeigen wir Ihnen, wie das Blatt Papier gefaltet und geschnitten wurde. Zeichnen Sie auf, wie das Blatt in den einzelnen Fällen der Abbildung 14 aussehen wird, wenn es völlig entfaltet ist (Lösungen am Ende des Kapitels).

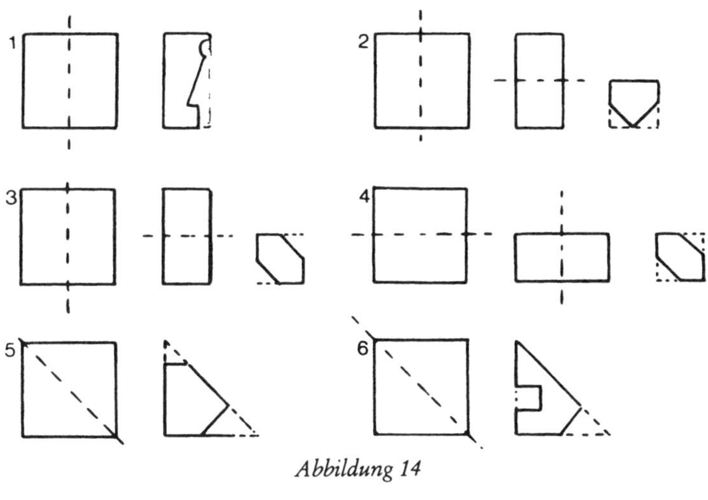

Abbildung 14

- Bei der zweiten Art von Übungen zeigen wir Ihnen, wie ein Blatt Papier aussieht, nachdem es gefaltet, geschnitten und entfaltet wurde. Zeichnen Sie auf, wie das Blatt in den einzelnen Fällen der Abbildung 15 gefaltet und geschnitten wurde. (Lösungen am Ende des Kapitels.)

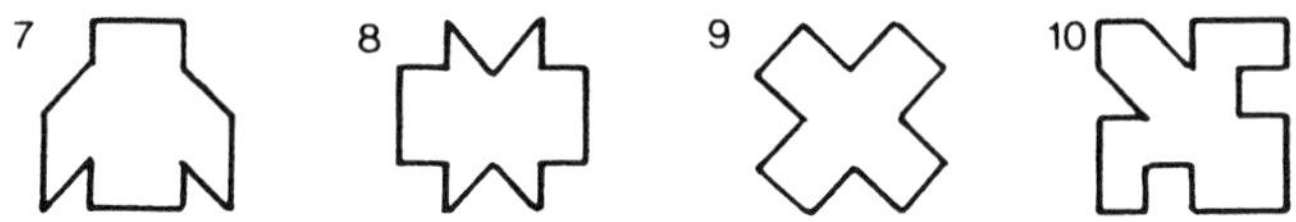

Abbildung 15

Das folgende Spiel soll Ihre Fähigkeiten steigern, ein gefaltetes Blatt Papier so mit Schnitten zu versehen, daß es nach dem Entfalten einem vorgegebenen Muster entspricht.

Spiel

Ziel des Spiels: Ein gefaltetes Blatt Papier so mit Schnitten zu versehen, daß es nach dem Entfalten einem vorgegebenen Muster entspricht.
Anzahl der Spieler: Zwei.
Benötigtes Material: Quadratische Blätter Papier mit einer Mindestgröße von 4 × 4 cm, Schere.
Spielablauf:
a) Falten Sie, ohne daß der andere Spieler dabei zusieht, ein quadratisches Blatt Papier zweimal in der Mitte (beispielsweise wie in den Abbildung 16a oder 16b).

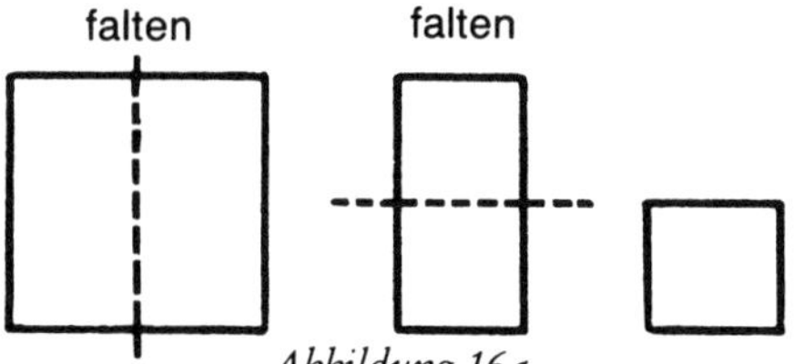

Abbildung 16a

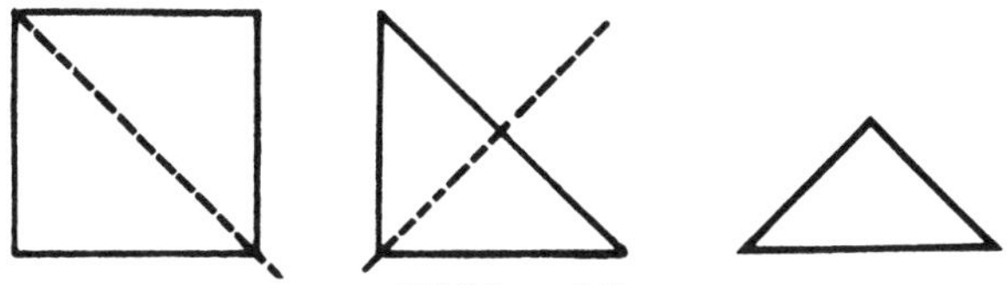

Abbildung 16b

b) Schneiden Sie ein Stück aus dem gefalteten Blatt heraus.
c) Entfalten Sie das Blatt und zeigen Sie es dem anderen Spieler.
d) Der andere Spieler nimmt nun ein gleichgroßes Blatt Papier, das er faltet, schneidet und entfaltet, um dasselbe Ergebnis zu erhalten.

Wenn das zweite Blatt dem Muster entspricht, bekommt der andere Spieler einen Punkt. Ist dies nicht der Fall, bekommen Sie einen Punkt. Dann tauschen Sie mit dem anderen Spieler die Rollen. Wer zuerst fünf Punkte hat, gewinnt.

Variante 1: Schneiden Sie *zwei* Stücke aus dem gefalteten Papier heraus.
Variante 2: Falten Sie das Blatt ein- oder zweimal. Bringen Sie so viele Schnitte an, wie es Ihnen beliebt. Sagen Sie dem anderen Spieler nicht, wie oft das Blatt gefaltet und geschnitten wurde.

Anmerkung: Dieses Spiel kann auch mit mehr als zwei Spielern gespielt werden. Entweder
- muß dann jeder der anderen Spieler versuchen, ein Blatt Papier so zu schneiden und zu falten, daß er dasselbe Ergebnis wie bei dem Muster erreicht, oder
- Spieler A präsentiert Spieler B ein Muster, Spieler B präsentiert Spieler C ein Muster, Spieler C präsentiert Spieler D ein Muster usw. Jeder Spieler sollte in diesem Fall versuchen, ein Blatt Papier so zu falten und zu schneiden, daß es dem ihm gegebenen Muster entspricht.

Eine Kombination des Kapitels über die »Vorstellungskraft« mit demjenigen über die »Polyominos«

Was Sie früher über die Polyominos gelernt haben, können Sie mit den zuletzt geübten Fähigkeiten Ihrer »Vorstellungskraft« kombinieren. In diesem Kapitel haben Sie etwa gelernt, daß Sie bestimmte Anordnungen von sechs miteinander verbundenen Quadraten so falten können, daß sie einen Würfel bilden. Im Polyomino-Kapitel haben Sie gelernt, daß ein Pentomino eine Anordnung von fünf miteinander verbundenen Quadraten ist. Welche Pentominos könnten so gefaltet werden, daß sie einen »offenen« Würfel mit einer fehlenden Oberfläche bilden?

Der kontinuierliche Weg

Sie können einige Figuren auf einem kontinuierlichen Weg zeichnen – daß heißt, *ohne dieselbe Linie zweimal zu ziehen und ohne den Bleistift vom Papier abzusetzen.* Bei anderen Figuren können Sie das nicht. Warum?

- Ganz offensichtlich können Sie es bei einem Kreis tun, gleichgültig, wo Sie beginnen (Abbildung 17).

Abbildung 17

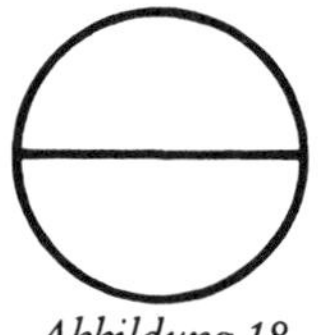

Abbildung 18

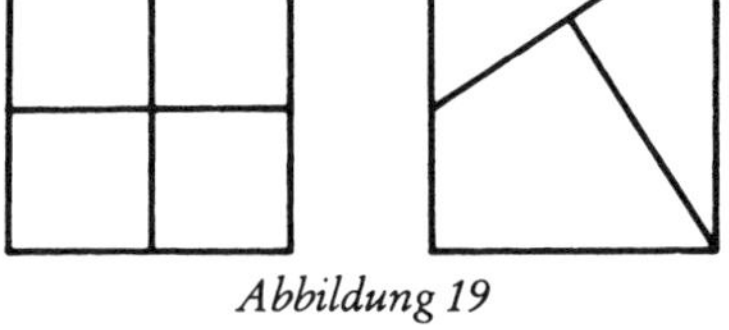

Abbildung 19

- Bei einigen anderen Figuren kommt es darauf an, wo Sie beginnen. Sie können die Figur in Abbildung 18 nur auf einem kontinuierlichen Weg zeichnen, wenn Sie Ihren Weg an einem Punkt beginnen, wo der Kreis die gerade Linie trifft.
- Andere Figuren können Sie grundsätzlich nicht auf einem kontinuierlichen Weg zeichnen, gleichgültig, an welcher Stelle Sie beginnen (Abbildung 19).

Prüfen Sie, welche der nachstehenden Figuren Sie auf einem kontinuierlichen Weg zeichnen können (Abbildungen 20a–d).

Abbildung 20a

Abbildung 20b

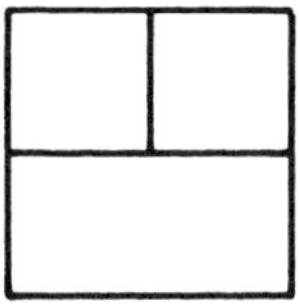

Abbildung 20c

Abbildung 20d

Versuchen Sie anschließend herauszufinden, was die einen und was die anderen gemeinsam haben – und zwar, bevor Sie weiterlesen.

Die Formen in den Abbildungen 20a und 20b können, wie Ihnen die Abbildungen 21a und 21b zeigen, auf einem kontinuierlichen Weg gezeichnet werden:

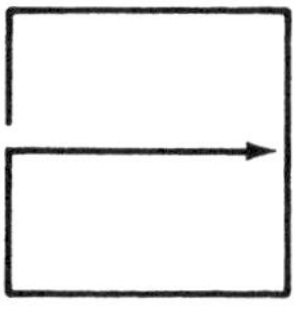

Abbildung 21a

Abbildung 21b

Jede dieser Figuren hat nicht mehr als zwei Punkte, an denen sich drei Linien treffen.

Die Figuren der Abbildungen 20c und 20d können hingegen *nicht* auf einem kontinuierlichen Weg gezeichnet werden: Jede von ihnen weist mehr als zwei Punkte auf, an denen sich drei Linien treffen.

Daraus läßt sich eine Regel ableiten: *Sie können eine Figur nicht auf einem kontinuierlichen Weg zeichnen, wenn sie mehr als zwei Punkte besitzt, an denen sich drei Linien treffen.* Sehen wir einmal, warum das so ist.

Jeder Punkt auf dem Weg muß entweder der Startpunkt, irgendein Punkt unterwegs oder der Endpunkt sein. Abbildung 22a zeigt einen Punkt, an dem sich drei Linien treffen. Kann dieser Punkt irgendwo in der Mitte des Wegs liegen? Nehmen wir an, dies ist der Fall, und sehen wir uns an, wie jede der drei Linien in den Weg paßt (Abbildungen 22b–d).

Abbildung 22a

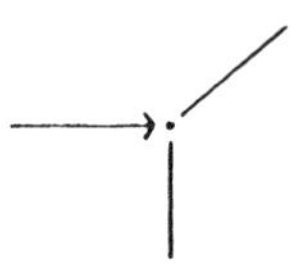

Abbildung 22b

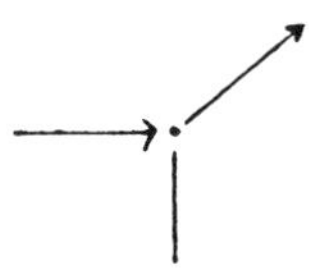

Abbildung 22c

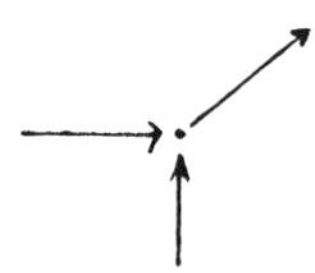

Abbildung 22d

a) Wir versehen eine Linie mit einem Pfeil, um anzuzeigen, wie der Weg zum erstenmal zu diesem Punkt hinführt (Abbildung 22b).
b) Dann versehen wir die zweite Linie mit einem Pfeil, um anzuzeigen, wie der Weg von dem Punkt wegführt (Abbildung 22c).
c) Schließlich versehen wir auch die dritte Linie mit einem Pfeil, um anzuzeigen, wie der Weg zu dem Punkt zurückführt (Abbildung 22d).
d) Der Weg muß nun aber an dem Punkt enden, da es keine weiteren Linien gibt, die zu ihm hin oder von ihm weg führen.
e) Wir folgern daraus, daß der Punkt in Abbildung 22a, an dem sich drei Linien treffen, nicht ein Punkt sein kann, der irgendwo in der Mitte des Weges liegt.
f) Es muß also entweder der Startpunkt oder der Endpunkt des Weges sein.

Daraus folgt: Wenn ein Weg zwei Punkte besitzt, an dem sich drei Linien treffen, dann muß der eine der Startpunkt und der andere der Endpunkt des Weges sein.

Jetzt können wir das Problem bei einer Figur erkennen, die mehr als zwei Punkte besitzt, an dem sich drei Linien treffen:

- ein Punkt könnte der Startpunkt des Wegs sein;
- ein zweiter Punkt könnte der Endpunkt sein;
- der dritte Punkt jedoch kann weder der Startpunkt noch irgendein Punkt in der Mittes des Wegs noch auch der Endpunkt sein – er bleibt übrig.

Deshalb ist es *unmöglich,* eine derartige Figur auf einem kontinuierlichen Weg zu zeichnen.

Wir erkennen nun, warum bestimmte Figuren (mit mehr als zwei Punkten, an denen sich drei Linien treffen) nicht auf einem kontinuierlichen Weg gezeichnet werden können. Aber die Regel läßt sich noch weiter fassen: *Figuren, die mehr als zwei Punkte aufweisen, an denen sich eine ungerade Anzahl von Linien trifft, können nie auf einem kontinuierlichen Weg gezeichnet werden.*

Wir ersehen daraus die Bedeutung von »ungerade – gerade« bei Denkaufgaben, wie sie zuletzt zu lösen waren.

Ein weiteres »Wege«-Problem

Betrachten Sie die Abbildung 23 a. Können Sie bei Punkt A starten, an den gepunkteten Linien entlangwandern, dabei durch jeden Kreis nur ein einziges Mal ziehen und bei Punkt Z herauskommen? Versuchen Sie es, bevor Sie die Erklärung lesen.

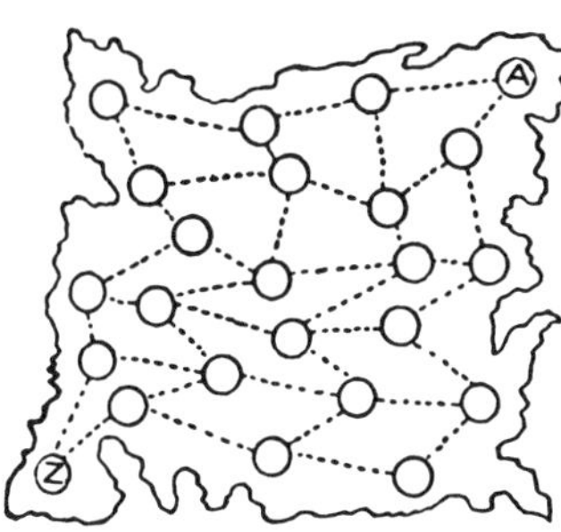

Abbildung 23 a

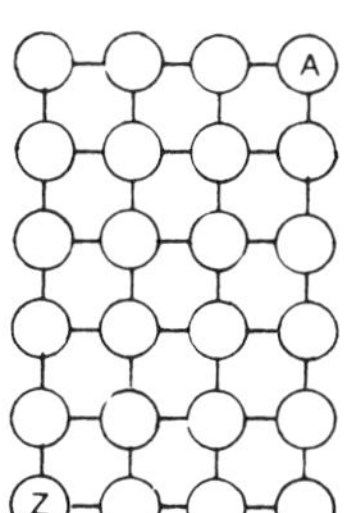

Abbildung 23 b

Abbildung 23 c

a) Wir können das Diagramm vereinfachen, indem wir die Örtlichkeiten der Kreise begradigen (Abbildung 23 b).
b) Als nächstes können wir die Kreise in Kästchen verwandeln und diese wie auf einem Schachbrett abwechselnd schwarz und weiß schraffieren (Abbildung 23 c).
c) Nun können wir das »Ungerade-Gerade«-Prinzip anwenden. Sie müssen 23 Züge machen, um von A nach Z zu kommen.
d) Jeder Zug mit einer ungeraden Zahl führt jedoch in ein schwarzes Kästchen, und Z ist weiß.
e) Somit können Sie beim letzten (dem dreiundzwanzigsten) Zug nicht bei Z ankommen, gleichgültig, welche Route immer Sie einschlagen werden.

Lösungen

Seite 141 (Abbildung 14, 1–6):

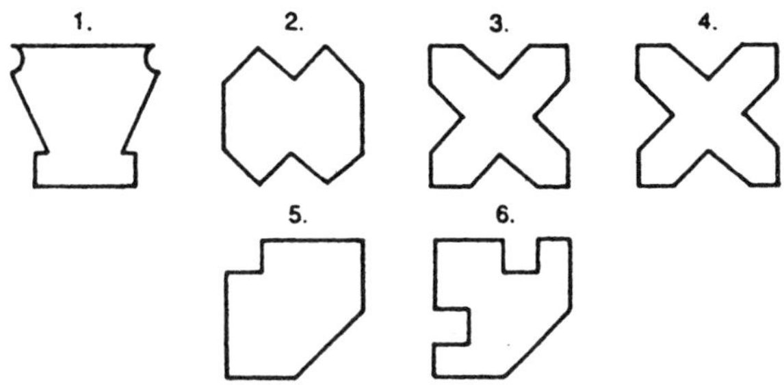

Seite 142 (Abbildung 15, 7–10):

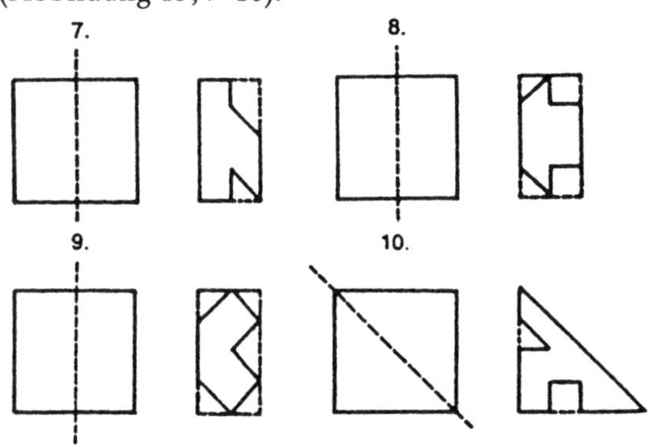

9. Kapitel

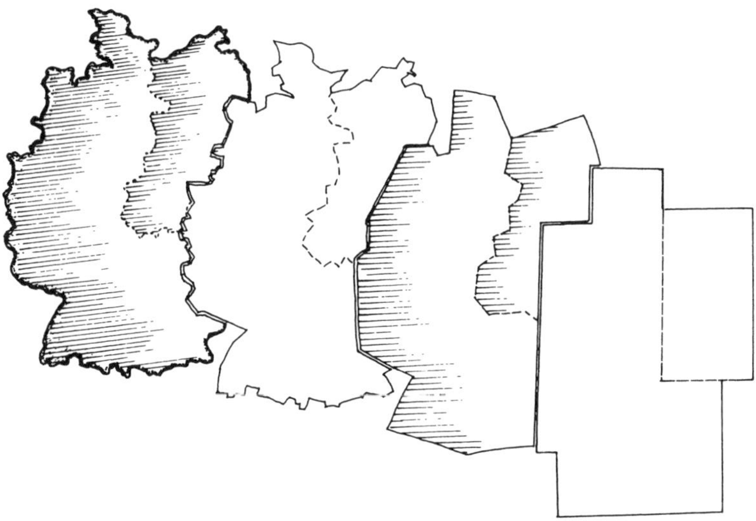

TOPOLOGIE: EINE STUDIE DER LAGEBEZIEHUNGEN

Dieses Kapitel beschäftigt sich mit dem Thema der Verbindungen zwischen Objekten und Formen, wobei die Entfernungen zwischen ihnen ebensowenig in Betracht kommen wie ihre Formen und Größen. Der mathematische Ausdruck dafür ist *Topologie.* Sie brauchen jedoch keine speziellen mathematischen Vorkenntnisse, um Spaß an den Aufgaben und Übungen zu haben, die wir hier präsentieren.

In diesem Kapitel werden wir Ihnen ein größeres Verständnis für das vermitteln, was Topologie ist. Wir stellen Ihnen einige topologische Spiele vor, die Sie mit Ihren Freunden spielen können, zeigen Ihnen einen topologischen Trick, um Ihre Freunde zu verblüffen, stellen Ihnen einige topologische Denkaufgaben und gehen auf einige praktische Situationen ein, in denen Sie die Topologie anwenden können.

Beziehungen zwischen zwei Regionen

Nehmen wir an, wir zeichnen ein Quadrat auf eine dünne Gummiplatte und unterteilen das Quadrat dann in zwei Regionen – A und B (Abbildung 1a).

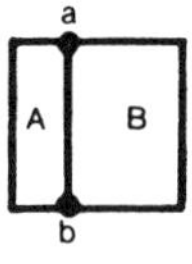

Abbildung 1a

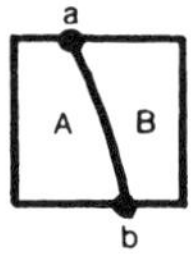

Abbildung 1b

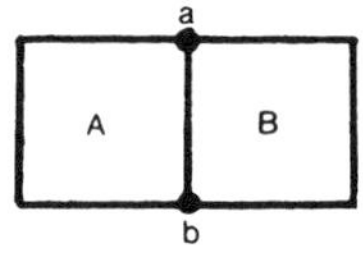

Abbildung 1c

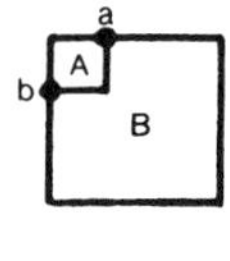

Abbildung 1d

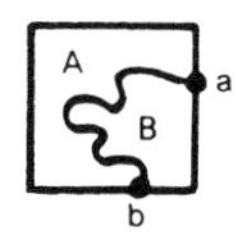

Abbildung 1e

A und B haben eine gemeinsame Grenze. Wir können die Gummiplatte auf viele Weisen ziehen, beispielsweise wie in den Abbildungen 1b bis 1e. Wie auch immer wir die Platte ziehen, die Regionen A und B werden weiterhin eine gemeinsame Grenze haben, und ein Punkt innerhalb der Region von A wird niemals einen Punkt innerhalb der Region von B berühren. Nur die Größen und Formen der Regionen A und B lassen sich verändern. Nach den Regeln der Topologie sprechen wir davon, daß alle Diagramme der Abbildung 1 *identisch* sind! Damit ist folgendes gemeint:

- Wir können jedes Diagramm in ein beliebiges anderes Diagramm verwandeln, indem wir die Gummiplatte ziehen.
- In jedem Diagramm werden die Regionen A und B eine gemeinsame Grenze haben.
- In jedem Diagramm wird ein Punkt innerhalb der Region A niemals einen Punkt innerhalb von Region B berühren.
- Nach den Regeln der Topologie spielen die Größen und Formen dieser Diagramme keine Rolle.

Nehmen wir als Kontrast dazu an, daß wir die Regionen A und B auf andere Weisen anderen Gummiplatten einzeichnen, etwa wie in den Abbildungen 2 und 3 gezeigt. Dann werden, gleichgültig, wie wir die Platten ziehen oder strecken,

- in Abbildung 2 alle Punkte in Region A immer auch innerhalb von Region B sein, und
- in Abbildung 3 die Regionen A und B nur an einem Punkt miteinander verbunden sein und niemals eine gemeinsame Grenze haben.

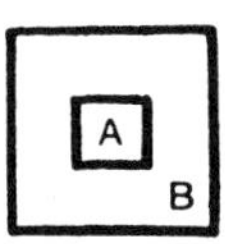

Abbildung 2

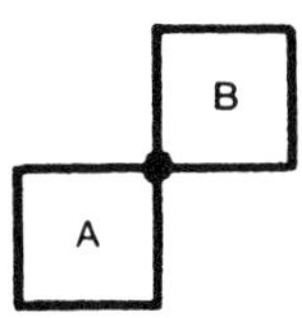

Abbildung 3

Nach den Regeln der Topologie sprechen wir davon, daß die Figuren in den Abbildungen 2 und 3 *unterschiedlich voneinander* sind und sich jede von ihnen von sämtlichen Diagrammen der Abbildung 1 unterscheidet.

Unterteilen einer Form in drei Regionen

Sehen wir jetzt einmal, was passiert, wenn wir ein Quadrat (oder irgendeine andere geschlossene Figur) in *drei* Regionen unterteilen: A, B und C. Nach den Regeln der Topologie folgen nachstehend unterschiedliche Weisen, auf die die Regionen miteinander verbunden sein könnten.

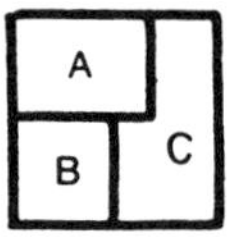

Abbildung 4a

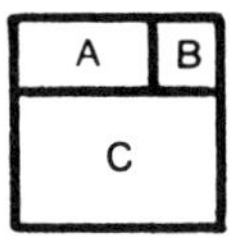

Abbildung 4b

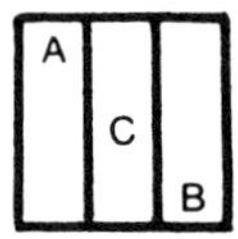

Abbildung 5a

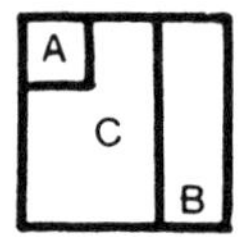

Abbildung 5b

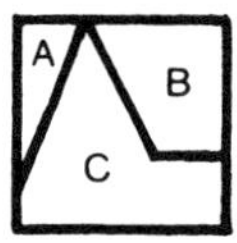

Abbildung 6a

Abbildung 6b

- Jede Region hat eine gemeinsame Grenze mit jeder der beiden anderen Regionen (Abbildungen 4a und 4b).
- Zwei Regionen (A und B) haben eine gemeinsame Grenze mit der dritten Region (C), nicht aber untereinander (Abbildungen 5a und 5b).
- Zwei Regionen (A und B) haben eine gemeinsame Grenze mit Region C, nicht aber untereinander. Alle drei Regionen treffen sich an einem Punkt (Abbildungen 6a und 6b).

Stellen Sie sich vor, daß alle Diagramme der Abbildungen 4, 5 und 6 auf eine Gummiplatte gezeichnet wurden. Wir können Abbildung 4a durch Ziehen in Abbildung 4b verwandeln, Abbildung 5a in Abbildung 5b oder Abbildung 6a in Abbildung 6b. Aber wir können beispielsweise Abbildung 4a durch Ziehen nicht in die Abbildungen 5a, 5b, 6a oder 6b verwandeln.

Generell gesagt: Wenn wir eine Figur mit mehreren Regionen auf eine Gummiplatte zeichnen, werden, egal wie wir die Gummiplatte ziehen,

- Regionen mit einer gemeinsamen Grenze weiterhin eine gemeinsame Grenze haben,
- Regionen ohne eine gemeinsame Grenze auch ohne eine solche bleiben.

In viele Regionen unterteilte Landkarten

Abbildung 7a ist eine Landkarte Australiens, unterteilt in seine sechs Staaten. Indem wir die Gummiplatte ziehen, können wir die kurvigen Linien glätten (Abbildung 7b), sie durch gerade Linien ersetzen und das Gesamtbild in ein Rechteck verwandeln (Abbildung 7c). Nun sehen wir die Topologie der australischen Staaten in einer einfachen Form vor uns.

Abbildung 7a

Abbildung 7b

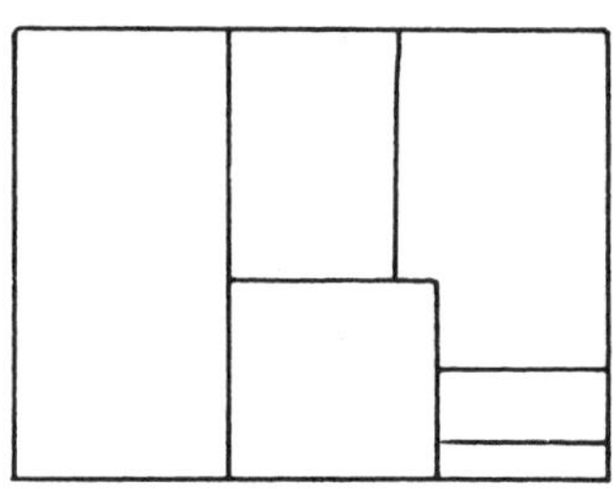

Abbildung 7c

Übungen

1. Führen Sie die Umrisse der Landkarten in Abbildung 8 (Kanada, Südamerika und Westeuropa) auf ihre Grundzüge zurück, um die Topologie der Länder in einfacher Rechtecksform zu zeigen – so wie wir es mit den Staaten Australiens gemacht haben. (Lösungen am Ende des Kapitels).

Abbildung 8

2. Ist die linke Figur in Abbildung 9 nach den Regeln der Topologie mit A, B, C oder D rechts davon gleichzusetzen?

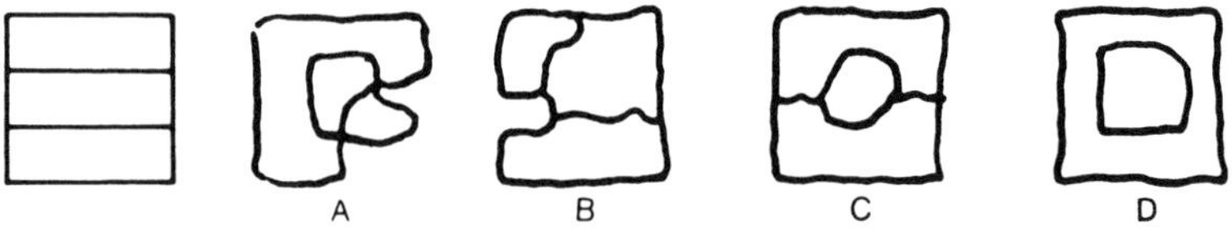

Abbildung 9

3. Ist die linke Figur in Abbildung 10 nach den Regeln der Topologie mit A, B, C oder D rechts davon gleichzusetzen?

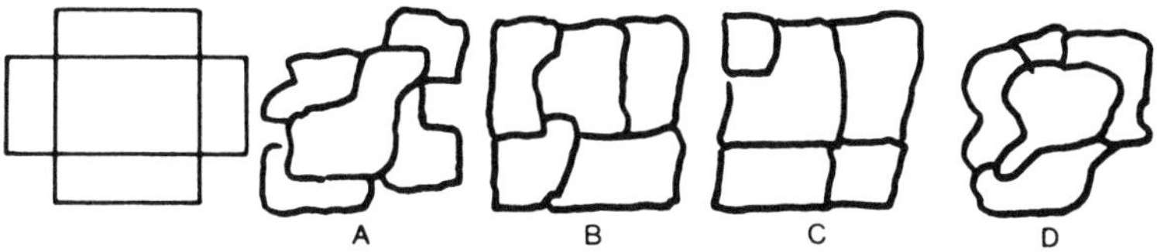

Abbildung 10

4. Erstellen Sie Aufgaben wie die unter 2 und 3, um sie von einem Freund lösen zu lassen. Lösen Sie selbst entsprechende Aufgaben, die ein Freund für Sie entwirft.

Spiele

Das Drei-Regionen-Spiel

Bei dem folgenden Spiel müssen die Spieler ein Quadrat in drei Regionen unterteilen. Ein Spieler versucht dafür zu sorgen, daß jede Region eine gemeinsame Grenze mit den beiden anderen Regionen bekommt, der andere Spieler versucht, dies zu verhindern.

Topologisches Spiel 1

Ziel des Spiels:
Für Spieler B: Ein Quadrat dergestalt in drei Regionen zu unterteilen, daß alle gemeinsame Grenzen haben.
Für Spieler A: Ein Quadrat dergestalt in drei Regionen zu unterteilen, daß nicht alle gemeinsame Grenzen haben.
Anzahl der Spieler: Zwei.
Benötigtes Material: Ein 4×4-Punktgitter mit eingezeichneten Außengrenzen auf Millimeterpapier; Bleistifte.

Spielablauf:
Die Spieler sind abwechselnd am Zug. Jeder Spieler stellt bei seinem Zug eine horizontale oder vertikale Verbindung zwischen zwei Punkten oder einem Punkt und der benachbarten Grenze her.

Das Spiel endet, wenn das Gitter in drei Regionen unterteilt ist. Wenn jede Region mit den beiden anderen eine gemeinsame Grenze hat, gewinnt Spieler B. Ist dies nicht der Fall, gewinnt Spieler A. Anschließend tauschen die Spieler die Rollen und spielen noch einmal.

Variante 1: Beginnen Sie nicht mit einem 4×4-, sondern mit einem 4×5-Punktgitter.
Variante 2: Beginnen Sie nicht mit einem 4×4-, sondern mit einem 5×5-Punktgitter.

Abbildung 11 zeigt Ihnen einige Musterspiele. Im ersten und dritten Musterspiel haben nicht alle drei Regionen gemeinsame Grenzen – A gewinnt. Im zweiten Musterspiel haben alle drei Regionen gemeinsame Grenzen – B gewinnt.

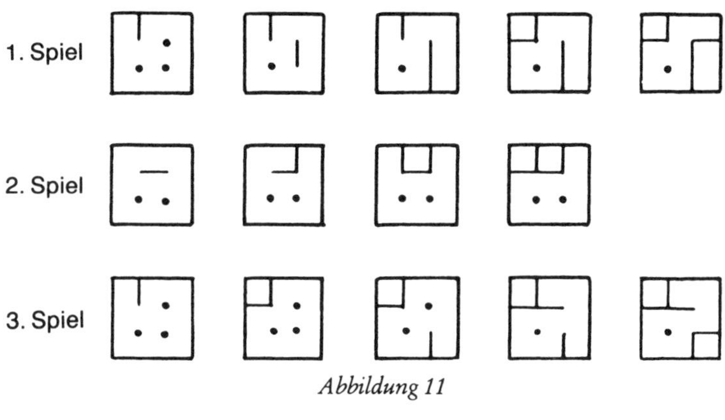

Abbildung 11

Beachten Sie, daß die Mittelregion im dritten Musterspiel einen zusätzlichen Strich besitzt. Ein Ende des Strichs ist »ohne Anschluß«, bildet also keine Grenze. Es sind weiterhin nur drei Regionen innerhalb des Quadrats vorhanden.

Verbesserung Ihrer Fähigkeiten beim Drei-Regionen-Spiel

Es folgen jetzt einige Spielsituationen, in denen Sie den jeweils besten Zug wählen müssen. Wählen Sie in jeder Situation den Zug,

- der Ihnen sofort den Gewinn bringt oder
- Ihnen bei späteren Zügen den Gewinn bringt, gleichgültig, was Ihr Gegner tut.

Wir haben allen möglichen Verbindungen eine Nummer gegeben (Abbildungen 12a und 12b).

- Verwenden Sie die Nummern in Abbildung 12a, um Ihren nächsten Zug in den Situationen 1, 2, 6 und 7 zu notieren.
- Verwenden Sie die Nummern in Abbildung 12b, um Ihren nächsten Zug in den Situationen 3, 4, 5, 8, 9 und 10 zu notieren.

Schreiben Sie die Nummern der Gewinnzüge nieder, die Sie gewählt haben. Die Lösungen finden Sie am Ende des Kapitels. In einigen Fällen kann es andere richtige Lösungen geben.

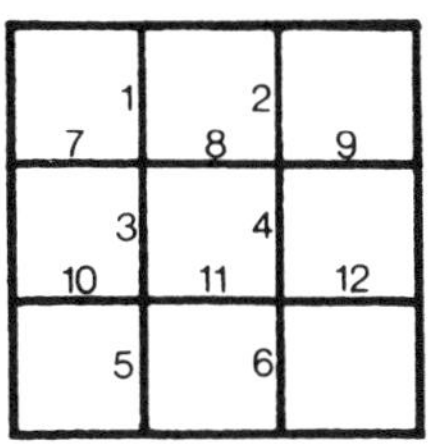

Abbildung 12a

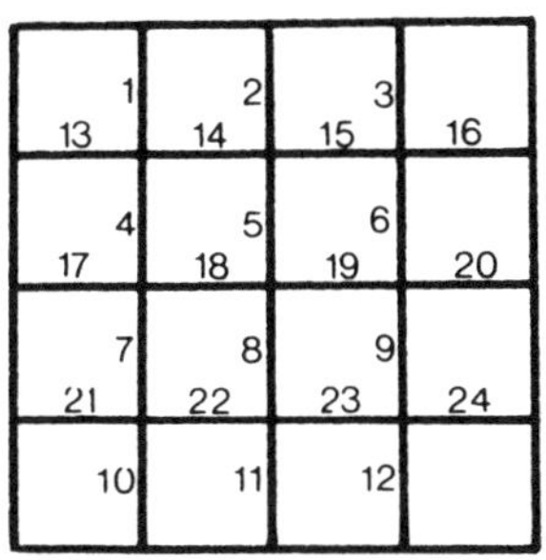

Abbildung 12b

1. Sie sind Spieler A und wollen, daß die drei Regionen keine gemeinsamen Grenzen haben.

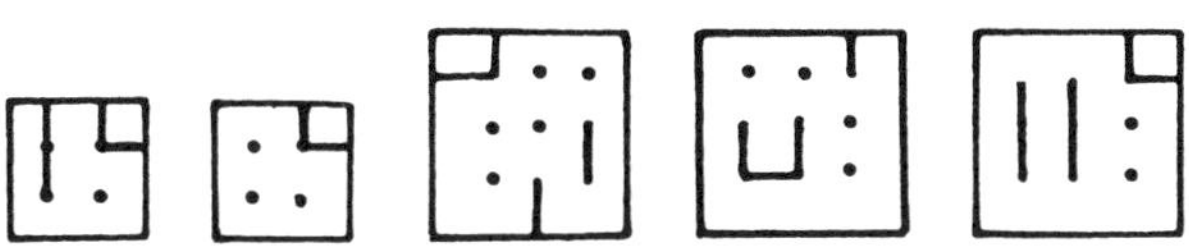

1. 2. 3. 4. 5.

2. Sie sind Spieler B und wollen, daß alle drei Regionen gemeinsame Grenzen haben.

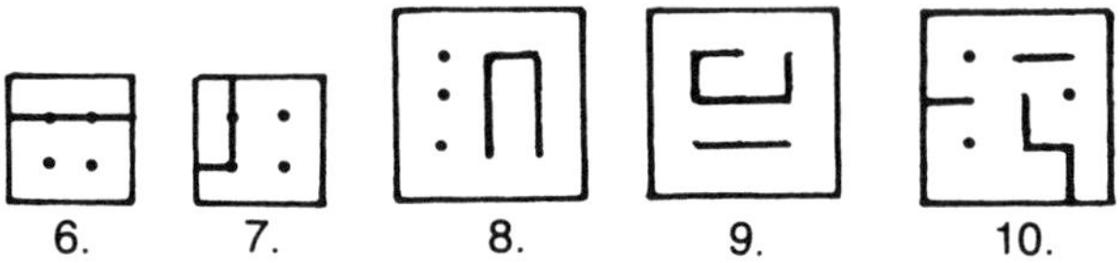

1. Ihre Strategie als Spieler A:

   Wenn das Gitter bereits in zwei Regionen mit gemeinsamer Grenze unterteilt ist (Beispiele 1, 2, 3 und 5), suchen Sie nach einem Weg, um die größere Region durch einen Verbindungsstrich weiter zu unterteilen, der die kleinere Region nicht berührt. In Beispiel 1 führt der Strich Nr. 10 (Abbildung 12 a) zu diesem Ziel. Bei Strich 8 ist das nicht der Fall, weil er die kleinere Region berührt.

   Wenn das Gitter noch nicht unterteilt ist (Beispiel 4), versuchen Sie es in eine sehr große und in eine sehr kleine Region zu unterteilen. Dann werden Sie später imstande sein, die größere Region weiter zu unterteilen, ohne die kleinere Region zu berühren.

2. Ihre Strategie als Spieler B:

   Wenn das Gitter bereits in zwei Regionen mit gemeinsamer Grenze unterteilt ist, versuchen Sie die kleinere Region weiter zu unterteilen (wenn sie mindestens zwei Felder umfaßt). In Beispiel 6 könnten Sie die kleinere Region durch Strich 1 oder durch Strich 2 weiter unterteilen.

Ein allgemeingültiges Prinzip in der Topologie

Sie haben ein bedeutendes allgemeingültiges Prinzip gelernt: Zeichnungen, die sehr unterschiedlich voneinander aussehen, können nach den Regeln der Topologie ähnlich sein.

Lösungen

Seite 154
(Abbildung 8):

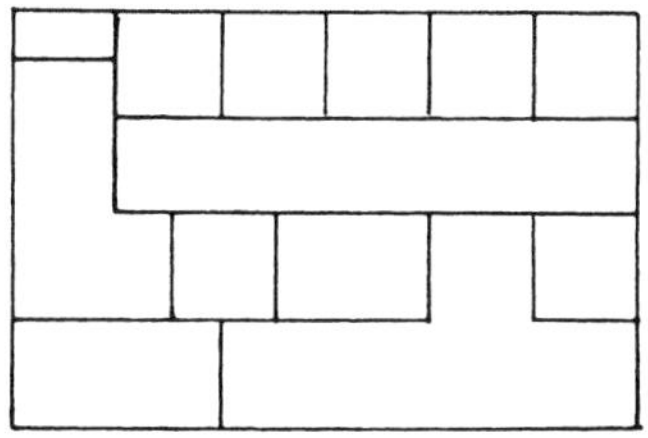

Südamerika

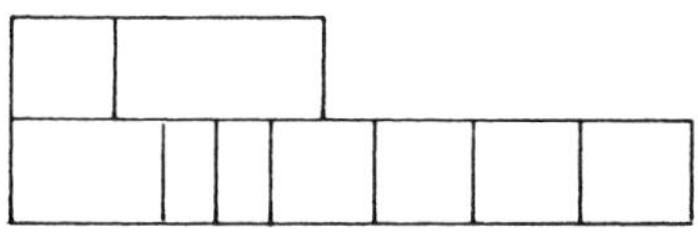

Kanada

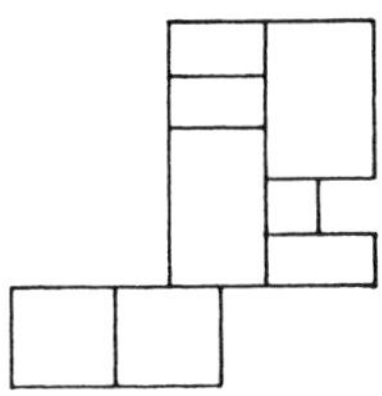

Westeuropa

Seite 154
(Abbildung 9): B

Seite 154/155
(Abbildung 10): A

Seite 157/158 (1–2):

1. 5, 7 oder 10
2. 5, dann 10
3. 10, dann 22
4. 16, dann 18
5. 18, dann 14
6. 1 oder 2
7. 13
8. 19, dann 23
9. 15, dann 5
10. 24, dann 11

10. Kapitel

DEDUKTIVE LOGIK UND VISUELLES DENKEN

Deduktive Logik beschäftigt sich damit, Fakten, die in Beziehung zueinander stehen, zusammenzufügen, um zu einer richtigen Schlußfolgerung zu kommen. Wir haben von deduktiver Logik bereits Gebrauch gemacht, beispielsweise im *Polyomino*-Kapitel, als wir überlegten, ob wir ein Gitter mit Dominos ausfüllen können: Wenn jedes Domino zwei Kästchen bedeckt und ein 3 × 3-Gitter insgesamt neun Kästchen enthält, dann können wir ein 3 × 3-Gitter nicht mit Dominos ausfüllen, weil neun eine ungerade Zahl ist.

Im Kapitel *Vorstellungskraft* setzten wir ebenfalls Methoden deduktiver Logik ein, als wir überlegten, ob wir in einem Gitter den Weg von A nach B bewältigen können und dabei jedes Kästchen je einmal passieren müssen: Wenn man bei jedem Zug von einem weißen Kästchen zu einem schwarzen oder von einem schwarzen Kästchen zu einem weißen geht, und wenn man bei A in einem weißen Kästchen startet und beim fünfzehnten Zug bei B in einem weißen Kästchen ankommen will, dann ist das nicht möglich.

In diesem Kapitel zeigen wir Ihnen, wie man in einem »Zwanzig-Fragen-Spiel« in Beziehung zueinanderstehende Fakten zusammenfügt, um aus einem Polyominos- oder Mosaiken-Satz alle Plättchen bis auf eins zu eliminieren.

Das Suchen von einem unter vielen

In dem bekannten Spiel »20 Fragen« versucht ein Spieler herauszufinden, welche Person, welcher Ort oder welches Ding sich ein anderer Spieler ausgedacht hat, indem er so wenig Fragen wie möglich stellt, die jeweils mit »ja« oder »nein« beantwortet werden können.

Sie können dasselbe Spiel mit visuellen Objekten anstelle von Leuten oder Orten spielen. Dies wird Ihre Fähigkeit stärken, Unterschiede zwischen Objekten wahrzunehmen oder Ähnlichkeiten zwischen ihnen zu erkennen; außerdem üben Sie, mehrere Objekte zu Kategorien zusammenzufassen und in Worten auszudrücken, was diese Kategorien auszeichnet.

Deduktionsspiel 1

Ziel des Spiels: Das verborgene Polyomino-Teil zu finden.
Anzahl der Spieler: Zwei.
Benötigtes Material: Von allen Polyomino-Teilen je eins: 1 Monomino, 1 Domino, 2 Trominos, 5 Tetraminos und 12 Pentominos (insgesamt 21 Objekte).
Spielablauf:
Spieler A legt alle 21 Teile auf den Tisch und zeichnet eins davon (das »verborgene Teil«) auf ein Blatt Papier, das Spieler B nicht einsehen darf. Spieler B stellt nach dem geheimen Teil eine Frage, die nur mit »ja« oder »nein« beantwortet werden kann. Spieler B darf die Teile nicht zu Gruppen zusammenschieben oder auf Teile zeigen. Jede Frage muß eindeutig formuliert werden.

Nachdem er eine Antwort von Spieler A erhalten hat, entfernt Spieler B die Teile, die eliminiert werden können. Das Spiel setzt sich mit Fragen und Antworten in derselben Weise fort, bis Spieler B das »verborgene Teil« erkennt.

Spieler A erhält einen Punkt für jede Frage, die Spieler B gestellt hat. Dann tauschen die Spieler die Rollen. Nachdem jeder Spieler die gleiche Anzahl von Spielen in jeder Rolle absolviert hat, gewinnt der Spieler mit den meisten Punkten.

Variante: Entwerfen Sie anstelle der Polyominos eigene Figuren für dieses Spiel. Zeichnen Sie jede Figur in ein Punktgitter mit zusammenhängenden horizontalen, vertikalen und/oder diagonalen Linien (zum Beispiel wie in Abbildung 1). Jeder Spieler steuert die Hälfte der Figuren bei.

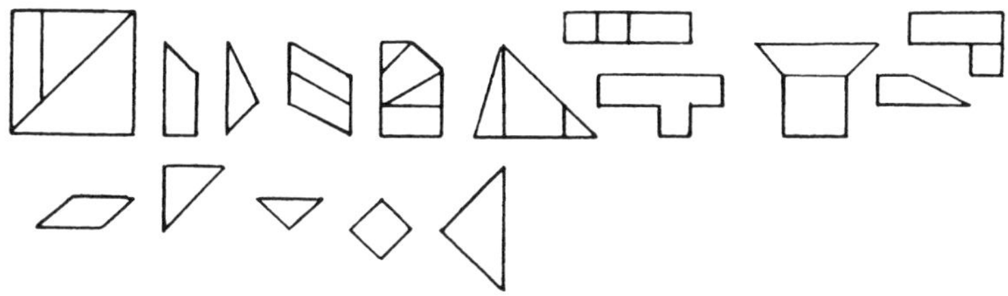

Abbildung 1

Und so könnte ein Spiel mit allen Polyomino-Teilen ablaufen (Abbildung 2a):

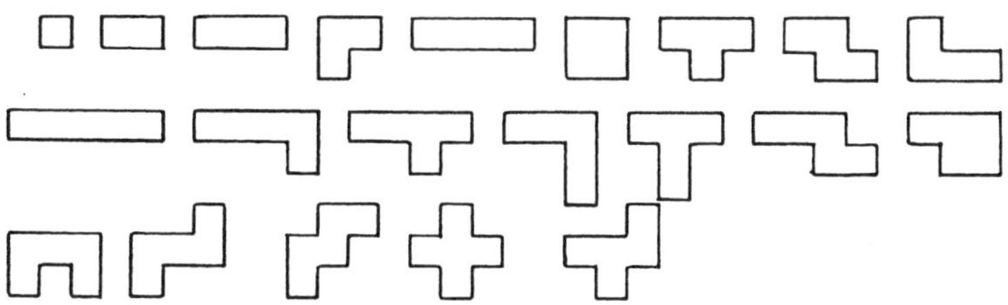

Abbildung 2a

Spieler B: Besteht das »verborgene Teil« aus fünf Quadraten?
Spieler A: Nein.

Spieler B entfernt sämtliche zwölf Pentominos und läßt die in Abbildung 2b gezeigten Teile übrig.

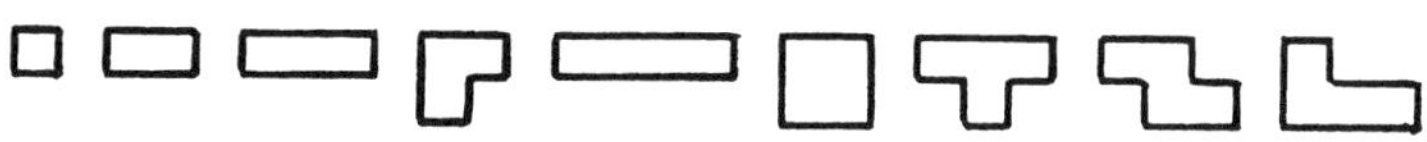

Abbildung 2b

Spieler B: Ist es ein Rechteck?
Spieler A: Nein.

Spieler B entfernt alle Rechtecke (einschließlich der Quadrate) und läßt die in Abbildung 2c gezeigten Teile übrig.

Abbildung 2c

Spieler B: Ist es symmetrisch?
Spieler A: Ja.

Spieler B entfernt die unsymmetrischen Objekte und läßt die in Abbildung 2d gezeigten Teile übrig.

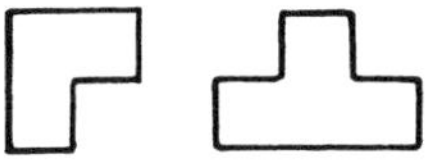

Abbildung 2d

Spieler B: Ist es L-förmig?
Spieler A: Nein.
Spieler B: Dann muß es dieses T-förmige Tetramino sein.

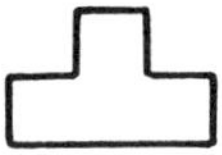

Abbildung 2e

Spieler A: Ja.

Eine gute Strategie bei diesem Spiel besteht darin, Fragen zu stellen, die ungefähr die Hälfte der Möglichkeiten eliminieren, gleichgültig, ob die Antwort »ja« oder »nein« lautet. Da Sie mit 21 Teilen beginnen, wird die beste erste Frage die Objekte in Gruppen von 11 und 10 teilen. Fällt Ihnen eine solche Frage ein?

– Paßt das Objekt in ein 2 × 3-Gitter (Abbildung 3)?

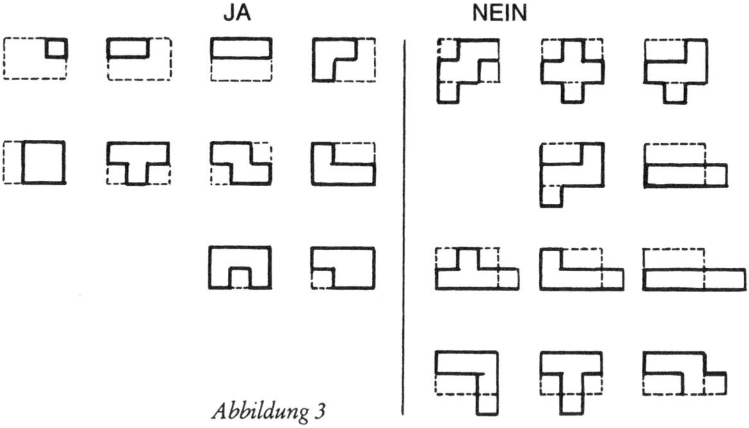

Abbildung 3

– Hat es mehr als sechs Seiten (Abbildung 4)?

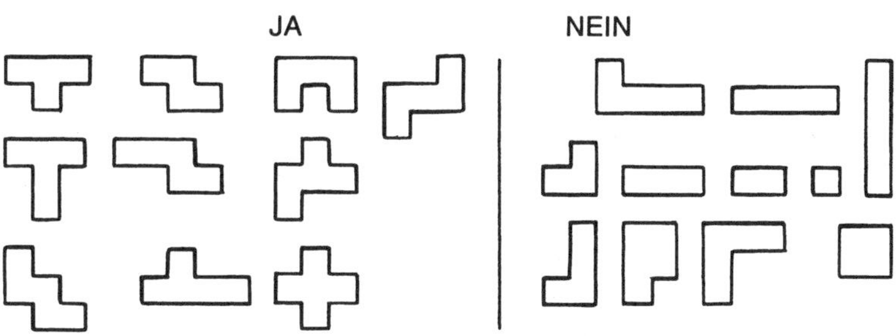

Abbildung 4

Übungen

Nehmen wir an, Sie verwenden einen Figurensatz, mit dem Sie eine Variante dieses Spiels spielen. Lassen Sie sich eine Frage einfallen, die bereits zu Beginn die Hälfte der Figuren des Figurensatzes in Abbildung 1 eliminieren könnte.

Es folgen einige Möglichkeiten:

a) Hat die Figur diagonale Linien?

b) Kann man die Figur auf einem kontinuierlichen Weg zeichnen, ohne den Bleistift vom Papier abzusetzen?

Führen diese Möglichkeiten zum Ziel?

Auch bei den folgenden Spielen sollen Sie üben, Fragen zu formulieren und die ermittelten Fakten so zusammenzustellen, daß Sie mit möglichst wenigen Fragen alle Möglichkeiten bis auf eine eliminieren können.

Deduktionsspiel 2

Ziel des Spiels: Die Ausrichtung von vier Mosaik-Plättchen herauszufinden, die in der Form eines Quadrats zusammengelegt sind.
Anzahl der Spieler: Zwei.
Benötigtes Material: Vier identische Mosaik-Plättchen; Bleistift und Papier.
Spielablauf:
Spieler A plaziert verdeckt die vier Mosaik-Plättchen in einem 2 × 2-Quadrat (Abbildungen 5a und 5b), das Spieler B nicht einsehen darf. Spieler B stellt eine Frage nach der geheimen Anordnung der Plättchen, die nur mit »ja« oder »nein« beantwortet werden kann.

Abbildung 5a

Abbildung 5b

Nachdem er eine Antwort von Spieler A erhalten hat, kann sich Spieler B Notizen machen, um festzuhalten, welche Möglichkeiten eliminiert worden sind. Das Spiel setzt sich mit weiteren Fragen und Antworten in derselben Weise fort, bis Spieler B die Anordnung der vier geheimen Plättchen erkannt hat.

Spieler A bekommt einen Punkt für jede Frage, die Spieler B gestellt hat. Dann tauschen die Spieler die Rollen. Nachdem jeder Spieler die gleiche Anzahl von Spielen in jeder Rolle absolviert hat, gewinnt der Spieler mit den meisten Punkten.

Variante: Verwenden Sie anstelle von vier identischen Plättchen eine Mischung aus ◨ und ◪.

Und so könnte ein Spiel ablaufen:

Spieler B: Sind zwei oder mehr Mosaik-Plättchen vertikal ausgerichtet (d. h. ◧ oder ◨)?

Spieler A: Nein.

Spieler B: Ist eins der Mosaik-Plättchen im oberen Teil vertikal ausgerichtet?

Spieler A: Ja.

Da nicht mehr als ein Plättchen vertikal ausgerichtet ist, müssen die beiden unteren Teile horizontal ausgerichtet sein (Abbildung 6a).

Spieler B: Ist es das auf der linken Seite?

Spieler A: Nein.

Also muß es auf der rechten Seite vertikal ausgerichtet sein (Abbildung 6b).

Spieler B: Ist bei dem vertikalen Plättchen die schwarze Seite links?

Spieler A: Ja (Abbildung 6c).

Spieler B: Haben die beiden Plättchen unten dieselbe Ausrichtung?

Spieler A: Ja.

Spieler B: Schwarz oben?

Spieler A: Nein (Abbildung 6d).

Spieler B: Hat das obere linke Plättchen dieselbe Ausrichtung wie das untere linke Plättchen?

Spieler A: Nein.

Spieler B: Dann muß das Quadrat so aussehen (Abbildung 6e)!

Spieler A: Ja.

6a 6b 6c 6d 6e

Abbildung 6

Beachten Sie, daß Sie aus einer »Nein«-Antwort genausoviel Information beziehen wie aus einer »Ja«-Antwort.

Deduktionsspiel 3

Ziel des Spiels: Den Schatz zu lokalisieren, der in einem Feld des Gitters versteckt ist.
Anzahl der Spieler: Zwei.
Benötigtes Material: Ein 6×6-Gitter; Papier und Bleistift; Mosaik-Plättchen.
Vorbereitung: Spieler A notiert im geheimen die Koordinaten des einen Gitterfelds, das den Schatz beherbergt.
Spielablauf:
Das Gitter ist mit Mosaik-Plättchen belegt. Bei jedem Zug stellt Spieler B eine Frage nach der Lage des Schatzes, die Spieler A mit »ja« oder »nein« beantwortet. Nach jeder Frage entfernt Spieler B die Plättchen von den Feldern, die nach der erhaltenen Antwort den Schatz nicht beherbergen können. Das Spiel setzt sich fort, bis der Schatz entdeckt ist. Dann werden die Spielerrollen getauscht. Der Spieler, der die wenigsten Fragen benötigt, um den Schatz zu lokalisieren, gewinnt.

Variante 1: Verwenden Sie ein 8×8-Gitter.
Variante 2: Verwenden Sie einen Schatz, der, miteinander verbunden wie ein Tromino, drei Felder belegt (Abbildung 7). Spieler A antwortet mit »ja«, wenn sich irgendein Teil des Schatzes in dem angefragten Gebiet befindet.

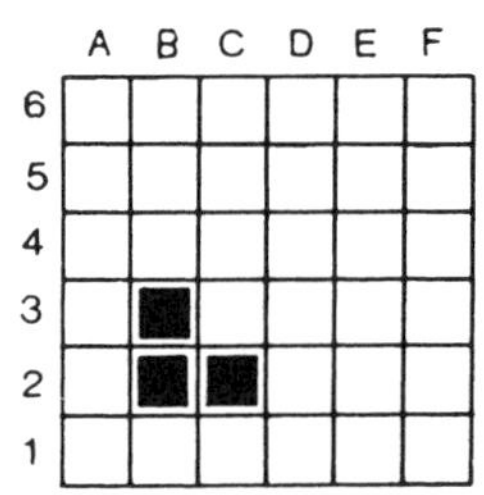

Abbildung 7

Abbildung 8 zeigt ein Musterbeispiel mit folgender Ausgangslage:

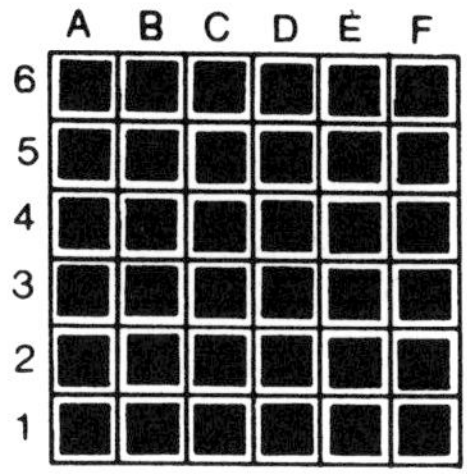

Abbildung 8a

Befindet sich der Schatz in der oberen Hälfte des Gitters? Ja. (Abbildung 8b)
In der rechten Hälfte? Nein. (Abbildung 8c)
In Spalte A? Nein. (Abbildung 8d)
In Spalte B? Ja. (Abbildung 8e)
In Reihe 4? Nein. (Abbildung 8f)
In Reihe 5? Ja. (Abbildung 8g)
Der Schatz muß sich im Feld B5 befinden. Das ist richtig.

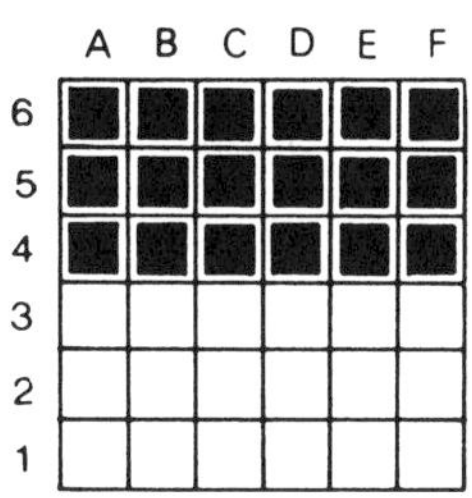

Abbildung 8b

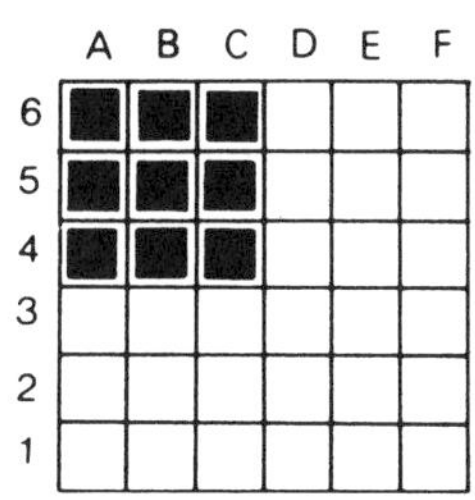

Abbildung 8c

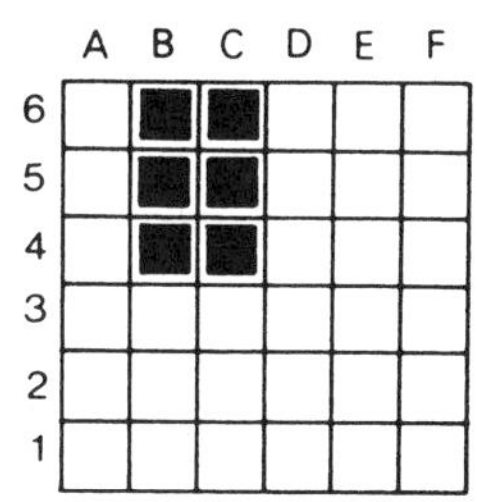

Abbildung 8d

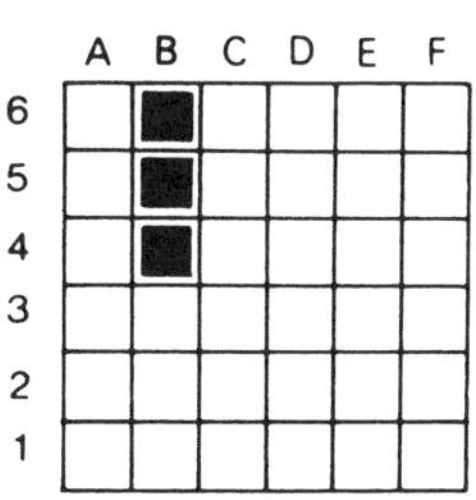

Abbildung 8e

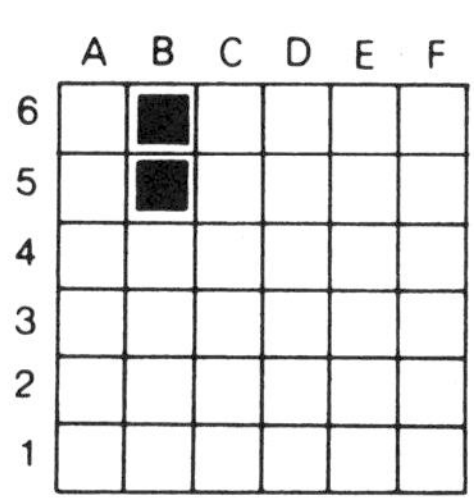

Abbildung 8f

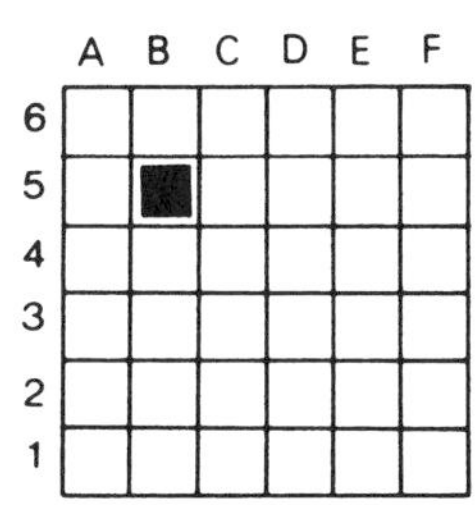

Abbildung 8g

Deduktionsspiel 4

Ziel des Spiels: Einige geheime Mosaik-Plättchen aus vielen (3 aus 5) dadurch herauszufinden, daß Plättchen ausgewählt werden, über die Informationen gegeben werden sollen.
Anzahl der Spieler: Zwei.
Benötigtes Material: 88 Mosaik-Plättchen (fünf verschiedene Arten); rote Markierungssteine (oder Münzen oder Knöpfe).

Spielablauf:
Spieler A legt drei *unterschiedliche* Mosaik-Plättchen als geheime Plättchen verdeckt in einer Reihe aus. Spieler B wählt drei andere Plättchen, über die er Informationen haben will, und legt sie offen in einer Reihe unter den geheimen Plättchen aus. Spieler A legt für jedes Mosaik-Plättchen, das einem der geheimen Plättchen entspricht, einen roten Markierungsstein neben diese Reihe. In diesem Spiel spielt die Ausrichtung der Plättchen keine Rolle. ◧ beispielsweise entspricht ◨.

Das Spiel setzt sich fort, indem B weitere Reihen wählt und A Informationen gibt, bis B herausfindet, welche die drei geheimen Plättchen sind. Dann tauschen die beiden Spieler die Rollen: B wählt drei geheime Mosaik-Plättchen, und A muß ihnen auf die Spur kommen.

Der Spieler, der die geheimen Plättchen auswählt, bekommt einen Punkt für jede Reihe, die der andere Spieler auslegen muß. Es werden drei, fünf oder zehn Runden gespielt. Der Spieler mit den meisten Punkten gewinnt.

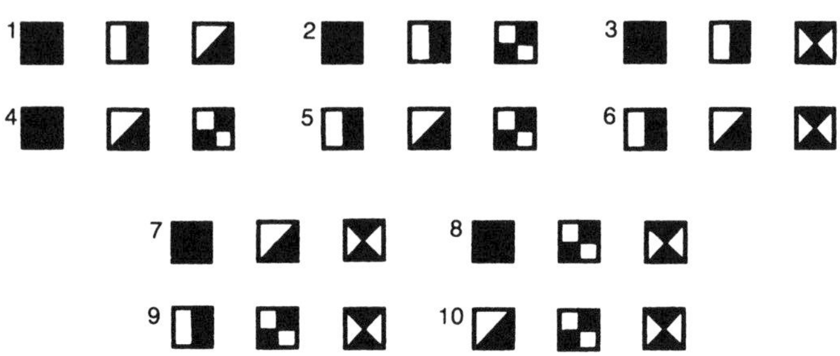

Abbildung 9

Variante: Die drei geheimen Mosaik-Plättchen müssen *nicht* unterschiedlich sein.

Es folgt ein Musterspiel, bei dem die drei geheimen Plättchen *unterschiedlich* sind.

Abbildung 9 zeigt alle Möglichkeiten, wie die drei geheimen Plättchen aussehen können.

Spieler B wählt für seine erste Reihe ein ■, ein ◨ und ein ◪, und Spieler A legt einen Markierungsstein daneben. Dies bedeutet, daß eins der Plättchen in dieser Reihe (nur ein einziges!) ein geheimes Plättchen ist. B kann alle Möglichkeiten ausschließen, bei denen mehr als ein ■, ◨ und ◪ enthalten ist. Somit bleiben nur noch die letzten drei Reihen übrig:

Abbildung 9a

Nun fragt B in seiner zweiten Reihe nach den Plättchen ■, ▞, ⊠, und A legt zwei Markierungssteine daneben. B kann die Reihe ausschließen, nach der er gerade gefragt hat, denn sonst hätte A *drei* Markierungssteine gelegt. Somit bleiben noch zwei Reihen übrig:

Abbildung 9b

Jetzt versucht B es mit ◪, ▞, ⊠. A legt wiederum nur zwei Markierungssteine daneben, so daß B auch diese Reihe ausschließen kann. Die geheimen Plättchen müssen also ◨, ▞, ⊠ sein. Da B drei Informationsreihen benötigt hat, bekommt A drei Punkte.

Deduktionsspiel 5

Ziel des Spiels: Einige geheime Mosaik-Plättchen aus vielen (3 aus 5) und ihre Positionen dadurch herauszufinden, daß Plättchen ausgewählt werden, über die Informationen gegeben werden sollen.

Anzahl der Spieler: Zwei.
Benötigtes Material: Die 88 Mosaik-Plättchen (fünf verschiedene Arten); rote und grüne Markierungssteine (oder Münzen oder Knöpfe).

Spielablauf:
Spieler A wählt drei *unterschiedliche* Plättchen als geheime Plättchen und legt sie verdeckt in einer Reihe aus. Spieler B wählt drei andere Plättchen, über die er in bezug auf die geheimen Plättchen Informationen haben will, und legt sie offen in einer Reihe unter den geheimen Plättchen aus. Spieler A legt für jedes Plättchen, das einem der geheimen Plättchen entspricht und *sich in derselben Position befindet* (links, in der Mitte oder rechts) einen grünen Markierungsstein und für jedes Plättchen, das einem der geheimen Plättchen entspricht, sich aber nicht in derselben Position befindet, einen roten Markierungsstein neben diese Reihe.

In diesem Spiel spielt die Ausrichtung der Plättchen keine Rolle. ◨ gilt beispielsweise als identisch mit ◧.

Das Spiel setzt sich fort, indem B mit weiteren Reihen von A Informationen fordert, bis B herausfindet, welche die drei geheimen Plättchen sind und in welcher Position sie sich befinden. Dann tauschen die beiden Spieler die Rollen: B wählt drei geheime Plättchen, und A muß herausfinden, wie sie aussehen und wo sie sich befinden.

Der Spieler, der die geheimen Plättchen auswählt, bekommt einen Punkt für jede Reihe, die der andere Spieler auslegen muß. Es werden drei, fünf oder zehn Runden gespielt. Der Spieler mit den meisten Punkten gewinnt.

Variante: Die drei geheimen Mosaik-Plättchen müssen *nicht* unterschiedlich sein.

Die folgenden Beispiele sollen Sie damit vertraut machen, wie die grünen und roten Markierungssteine in dieser komplizierteren Situation benutzt werden und welche Schlüsse Sie daraus jeweils ziehen können.

Geheime Plättchen:	■ ▚ ◧	Hier zeigt der grüne Markierungsstein an, daß sich ein Plättchen (■) sowohl unter den geheimen Plättchen als auch in der ersten von B gelegten Reihe befindet, und zwar beide Male in derselben Position (links).
Erste Reihe:	■ ⊠ ◪ g	
Geheime Plättchen:	■ ▚ ◨	In diesem Fall zeigt der rote Markierungsstein an, daß sich das Plättchen ■ sowohl unter den geheimen Plättchen als auch in der ersten ausgelegten Reihe befindet, allerdings in einem Fall links und im anderen rechts.
Erste Reihe:	◪ ⊠ ■ r	
Geheime Plättchen:	■ ▚ ◨	Zwei rote Markierungssteine zeigen an, daß sich ein ■ und ein ▚ sowohl unter den geheimen Plättchen als auch in der ersten Reihe befinden, allerdings beide Male nicht in denselben Positionen.
Erste Reihe:	▚ ◪ ■ rr	
Geheime Plättchen:	■ ▚ ◨	Hier zeigen der eine grüne und der eine rote Markierungsstein an, daß sich das ▚ und das ◨ sowohl unter den geheimen Plättchen als auch in der ersten Reihe befinden, aber nur eines von ihnen, das ◨, auch dieselbe Position innehat (rechts).
Erste Reihe:	▚ ◪ ◨ gr	
Geheime Plättchen:	■ ▚ ◨	Ein grüner und zwei rote Markierungssteine zeigen an, daß alle Plättchen in der ersten gelegten Reihe auch geheime Plättchen sind, sich aber nur eines, das ◨, in derselben Position befindet.
Erste Reihe:	▚ ■ ◨ grr	

Deduktionsspiel 6

Ziel des Spiels: Die geheime Ziffer herauszufinden.
Anzahl der Spieler: Zwei.
Benötigtes Material: Bleistift und Papier; ein 5×5-Gitter.
Spielablauf:
Spieler A schreibt eine geheime Ziffer von 0 bis 9 nieder. Spieler B fragt, ob ein bestimmtes Koordinatenfeld im Gitter (wie in Abbildung 10 dargestellt) einen Punkt enthält. (Die Gitter in Abbildung 10 stehen für die Ziffern von 1–0.) Zum Beispiel: »Hat die geheime Ziffer einen Punkt in D2?«

- Wenn die geheime Ziffer 0, 1, 2, 3 oder 7 ist, wird Spieler A mit »Ja« antworten.
- Wenn die geheime Ziffer 4, 5, 6, 8 oder 9 ist, wird Spieler A mit »Nein« antworten.

Das Spiel setzt sich fort, bis Spieler B alle anderen bis auf die geheime Ziffer ausgeschlossen hat. Dann tauschen die beiden Spieler die Rollen: Spieler B wählt die geheime Ziffer, und Spieler A muß sie herausfinden.

Der Spieler, der die geheime Ziffer wählt, bekommt einen Punkt für jedes Koordinatenfeld, nach dem der andere Spieler fragt. Es werden drei, fünf oder zehn Runden gespielt. Der Spieler mit den meisten Punkten gewinnt.

Variante 1: Statt einer Ziffer wählt Spieler A einen geheimen Buchstaben, wie in Abbildung 11 dargestellt.
Variante 2: Spieler A wählt entweder eine geheime Ziffer wie in Abbildung 9 oder einen geheimen Buchstaben wie in Abbildung 10.

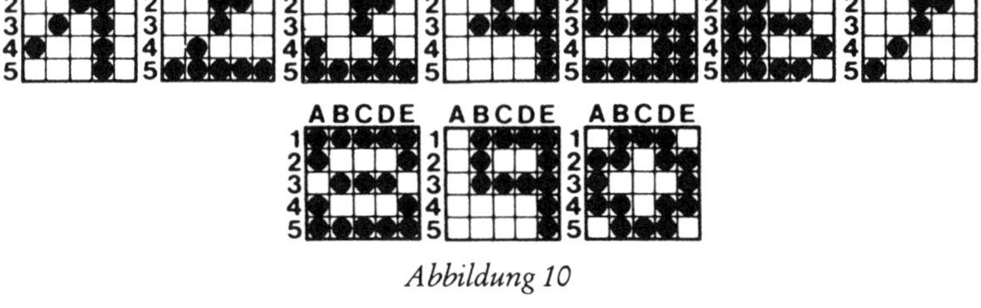

Abbildung 10

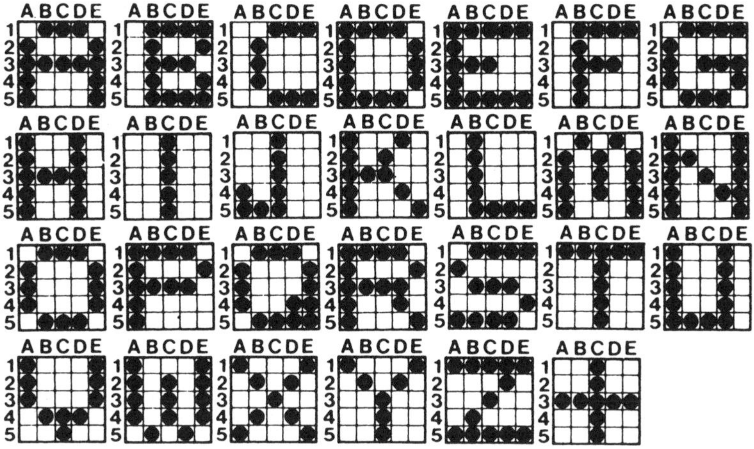

Abbildung 11

Aus den Deduktive-Logik-Spielen, die wir Ihnen vorgeführt haben, können Sie die nachstehenden allgemeingültigen Prinzipien herleiten:

- Listen Sie alle Möglichkeiten in einer Situation auf.
- Denken Sie sich Methoden aus, um Informationen zu erhalten, die die Möglichkeiten auf die Hälfte reduzieren, gleichgültig, ob die Antwort »ja« oder »nein« lautet.
- Denken Sie daran, daß Sie aus einer »Nein«-Antwort genauso viele Informationen wie aus einer »Ja«-Antwort beziehen können.
- Suchen Sie nach einer effektiven Methode, um erhaltene Informationen festhalten zu können.

11. Kapitel

INDUKTIVE LOGIK

Induktive Logik beschäftigt sich damit, aus einer Reihe von Beispielen eine allgemeingültige Regel abzuleiten. Indem wir beispielsweise feststellen, daß ein Zahnstocher, ein hölzerner Stuhl, ein Balken und auch ein Bücherregal aus Holz schwimmen, gelangen wir zu der Verallgemeinerung, daß hölzerne Objekte grundsätzlich schwimmen. Das wäre ein Naturgesetz. Ein anderes Naturgesetz, das wir auf ähnliche Weise durch Beobachtung erkennen können, ist, daß Magneten Eisen anziehen.

Es gibt auch Regeln für effektives Handeln: Vermeide während der Hauptverkehrszeit gewisse Strecken; strenge dich unmittelbar nach dem Essen nicht körperlich an.

Wir erkennen diese Regeln, indem wir unsere Erfahrungen zusammenfassen, um festzustellen, was bei unterschiedlichen Ereignissen ähnlich ist. Diesen Prozeß nennt man, von induktiver Logik Gebrauch zu machen: durch Schlußfolgerungen aus einer Reihe von Fakten zu einer allgemeinen Regel oder zu einem Gesetz zu gelangen. In diesem Kapitel trainieren wir die Fähigkeit, bei der Arbeit mit visuellen Materialien von induktiver Logik Gebrauch zu machen.

Dieses Kapitel beschäftigt sich mit verschiedenen Arten von Regeln, und zwar

- einer einfachen *Sequenzregel* für das Anordnen von Figuren in einer Reihe von links nach rechts;
- einer komplizierteren Sequenzregel für das Anordnen von links nach rechts *und* von oben nach unten;
- einer Regel, die festlegt, welche Figuren in eine Kategorie gehören und welche nicht, wenn entweder ein einziger Faktor oder aber zwei Faktoren im Spiel sind.

Alle diese Regeln werden häufig bei Intelligenztests angewandt. Wir geben Ihnen Gelegenheit, sie durch Denkaufgaben und Spiele zu erkennen. Dann stellen wir einige Spiele vor, um Ihnen zu helfen, ein ganzes Mosaikmuster oder eine Fotografie zu erkennen, wenn Sie nur Teile davon zu sehen bekommen.

Sequenzen

Sequenzen mit einem Faktor

Steigende oder fallende Größen

Als Kind haben Sie sich vielleicht in Ihrer Schulklasse »der Größe nach aufgestellt«. Das kleinste Kind stand in der Reihe ganz vorn, dann kam das zweitkleinste usw., bis das größte Kind die Reihe abschloß. Dies ist ein Beispiel für das Anordnen einer Reihe von Objekten in einer Sequenz nach einer bestimmten Regel.

Beim »Aufstellen nach Größe« achten wir nur auf die Körpergröße und ignorieren andere Faktoren wie Gewicht, Haarfarbe usw. Wir könnten auch einige gezeichnete Figuren aufreihen, indem wir *ausschließlich* auf ihre Größe achten (Abbildung 1).

Abbildung 1

In diesem Fall machen wir Gebrauch von einer Sequenzregel steigender Größen. Wenn wir hingegen die größte Figur an die erste Stelle setzen würden, ordneten wir nach einer Sequenzregel fallender Größen.

Statt nach ihrer Größe könnten wir Figuren auch nach einem anderen Merkmal aufreihen:

Abbildung 2

In Abbildung 2 sind die Figuren nach der Größe der Winkel zwischen den beiden Linien aufgereiht.

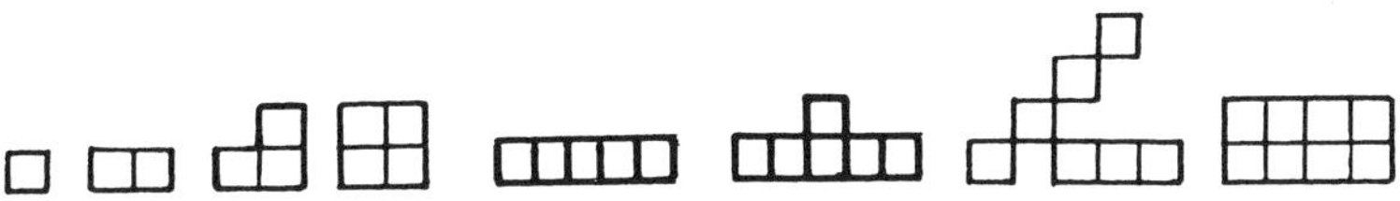

Abbildung 3

In Abbildung 3 sind sie nach ihrer Fläche aufgereiht.

Abbildung 4

Und in Abbildung 4 sind sie nach der Zahl der Regionen aufgereiht, die sie enthalten.

Wiederholungsregeln

Sie können Objekte auch nach einer Wiederholungsregel aufreihen, statt sich nach stetig steigenden oder fallenden Größen zu richten. Abbildung 5 zeigt eine Regel, bei der sich ein Mosaikplättchen innerhalb eines 2×2-Gitters in Uhrzeigerrichtung dreht und seine Position nach jeweils vier Drehungen wiederholt. Wir sagen, daß diese Regel einen *Zyklus* von vier Figuren hat.

Abbildung 5

Abbildung 6 führt Ihnen eine Regel vor, bei der sich die Sequenz *Quadrat, Kreis, Dreieck* ständig wiederholt. Hier hat die Regel einen Zyklus von drei Figuren.

Abbildung 6

Abbildung 7 zeigt eine Sequenz von zwei weißen Kreisen und einem schwarzen Kreis, die sich wiederholt. Auch diese Regel hat einen Dreierzyklus.

Abbildung 7

Sequenzen mit zwei Faktoren

Nehmen wir an, wir haben einen einfachen Zyklus von zwei sich wiederholenden Figuren: *Quadrat, Kreis* (Abbildung 8).

Abbildung 8

Wir fügen einen weiteren Zyklus von drei Figuren hinzu, die sich wiederholen: *weiß, weiß, schwarz.* In ihrer Verbindung ergeben die beiden Faktoren die Sequenz in Abbildung 9.

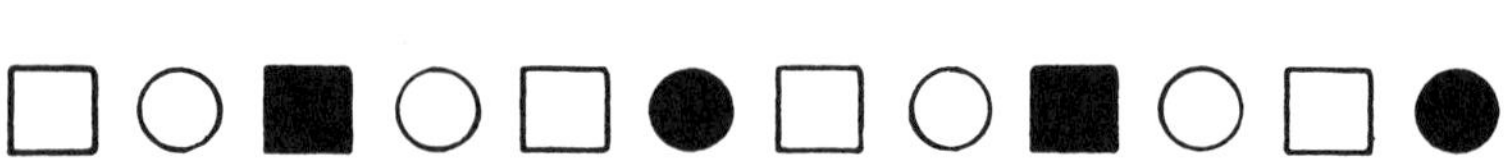

Abbildung 9

Sequenzen mit drei Faktoren

Wir könnten auch eine Sequenz mit *drei* Faktoren haben. Wir beginnen mit einer einfachen *Farbenregel* mit Zweierzyklus: *weiß, schwarz, weiß, schwarz* usw. (Abbildung 10).

Abbildung 10

Im zweiten Schritt fügen wir eine *Größenregel* mit einem Dreierzyklus hinzu: *klein, klein, groß; Wiederholung* (Abbildung 11).

Abbildung 11

Zuletzt fügen wir noch eine *Formregel* mit einem Dreierzyklus hinzu: *Kreis, Dreieck, Kreis; Wiederholung.* Die Kombination dieser drei Zyklen ergibt eine Sequenz mit *drei* Regeln. Abbildung 12 zeigt sie in der Form einer Intelligenztestfrage.

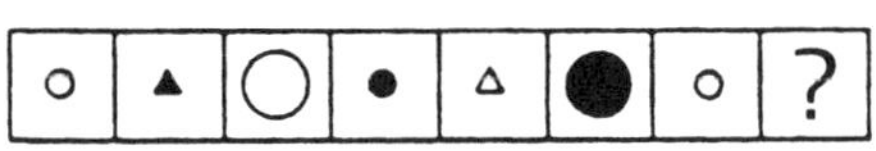

Abbildung 12

Herausfinden der Regeln von Sequenzen mit zwei und drei Faktoren

Bei einem Intelligenztest könnten Sie auf eine Figurensequenz stoßen und aufgefordert werden, die Regel herauszufinden. Üblicherweise müssen Sie zeigen, daß Sie die Regel erkannt haben, indem Sie angeben, welche Figur als nächste kommt.

Um diese Art von Problemen zu lösen, achten Sie auf *alle* Merkmale, durch die sich die Figuren voneinander unterscheiden. Zu den herkömmlichsten Merkmalen gehören *Form, Größe, Anzahl, Farbe* und *Position* (beispielsweise *Drehung*). Suchen Sie nach einer *separaten* Regel für jedes Merkmal, durch das sich die Figuren unterscheiden. Betrachten Sie beispielsweise Abbildung 13:

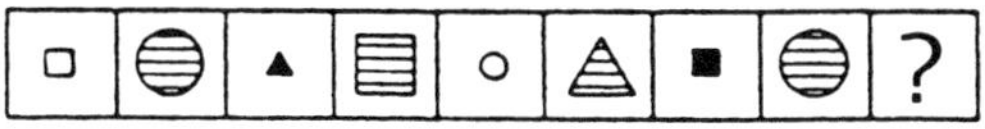

Abbildung 13

Die Figuren unterscheiden sich in drei Aspekten:
- *Form* (Quadrat, Kreis, Dreieck);
- *Größe* (klein, groß);
- *Farbe* (weiß, schwarz, schraffiert).

Suchen wir die Regel für jeden Aspekt separat.

Form: Wir haben Quadrat, Kreis, Dreieck/Quadrat, Kreis, Dreieck/Quadrat, Kreis, ?. Es handelt sich um einen Dreierzyklus, also kommt als nächstes ein *Dreieck.*

Größe: Wir haben klein, groß/klein, groß/klein, groß/klein, groß/?. Es handelt sich um einen Zweierzyklus: die folgende Figur muß mithin *klein* sein.

Farbe: Wir haben weiß, schraffiert, schwarz, schraffiert/weiß, schraffiert, schwarz, schraffiert/?. Es handelt sich um einen Viererzyklus. *Weiß* kommt als nächstes.

Ein *kleines, weißes Dreieck* kommt an die Stelle des Fragezeichens!

Sequenzübungen

Zeichnen Sie bei jeder der nachstehenden Sequenzen die fehlende Figur nach. Überprüfen Sie Ihre Lösungen am Schluß des Kapitels.

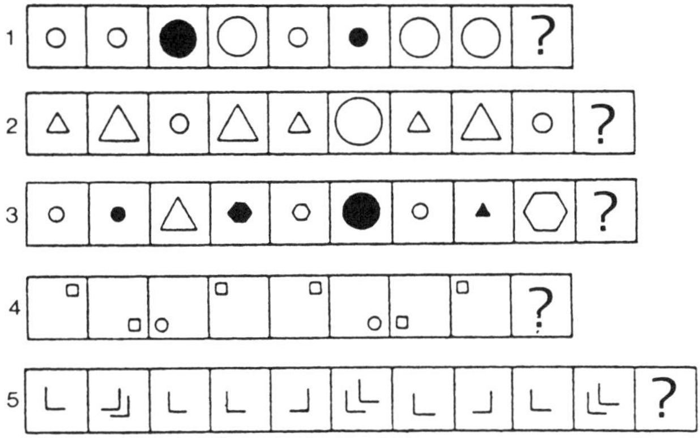

Abbildung 14

Sequenzspiele

Die folgenden Spiele sollen Ihnen Praxis beim Herausfinden von Sequenzregeln geben. Beim ersten Spiel plaziert ein Spieler nach einer Sequenzregel verdeckt Mosaik-Plättchen in ein Gitter, und die anderen Spieler müssen die Regel herausfinden, indem sie die Plättchen nacheinander aufdecken.

Induktionsspiel 1

Ziel des Spiels: Durch Aufdecken die Regel für eine Sequenz von Mosaik-Plättchen in einem Gitter herauszufinden.
Anzahl der Spieler: Zwei oder mehr.
Benötigtes Material: Mosaik-Plättchen; ein 4×4-Gitter.

Spielablauf:
Spieler A
- entscheidet sich für eine Sequenzregel mit einem Zyklus, der nicht länger als vier sein darf. Die Regel muß eine Sequenz betreffen, die in einer der Reihenfolgen der Abbildung 15 ausgelegt wird;

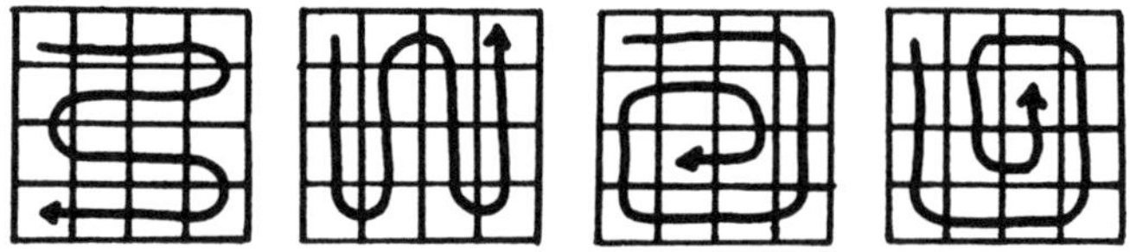

Abbildung 15

- er füllt im geheimen das gesamte Gitter nach der gewählten Regel mit Mosaikplättchen aus, wobei er oben links beginnt;
- dann dreht er alle 16 Plättchen um, so daß sie verdeckt sind.

Abbildung 16 zeigt ein mögliches Ergebnis bei Anwendung der jeweiligen Reihenfolgen.

Abbildung 16

Die Regel lautet jeweils , , , Wiederholung.

Spieler B wählt ein beliebiges Mosaikplättchen, dreht es um und versucht die Regel zu erraten.

- Wenn richtig geraten wurde, endet das Spiel.
- Wenn nicht richtig geraten wurde, wählt Spieler B (bei zwei Spielern) ein anderes Plättchen, das er umdreht. Bei mehr als zwei Spielern endet der Zug von Spieler B. Der nächste Spieler wählt ein Plättchen, das er umdreht, und das Spiel setzt sich fort wie zuvor.

Wenn ein Spieler alle Mosaik-Plättchen im Gitter richtig benennt, statt die Regel zu formulieren, muß dies als Lösung anerkannt werden.

Spieler A bekommt einen Punkt für jedes Plättchen, das die anderen Spieler umdrehen. Wenn das Spiel endet, übernimmt ein anderer Spieler die Position von Spieler A. Das Spiel setzt sich fort, bis jeder Spieler in beiden Rollen gleich oft an der Reihe war. Der Spieler mit den meisten Punkten gewinnt.

Induktionsspiel 2

Ziel des Spiels: Durch das Plazieren von Plättchen die Regel für eine Sequenz von Mosaik-Plättchen im Gitter herauszufinden.
Anzahl der Spieler: Zwei oder mehr.
Benötigtes Material: Ein 8×8-Gitter; Mosaik-Plättchen.
Spielablauf:
Spieler A
- entscheidet sich für eine Sequenzregel mit einem Zyklus, der nicht länger als vier sein darf. Die Mosaikplättchen müssen der Regel entsprechend in einer der Richtungen wie in Abbildung 15 ausgelegt werden;
- er füllt im geheimen das gesamte Gitter nach der Regel mit Mosaik-Plättchen aus, wobei er oben links beginnt;
- zuletzt dreht er alle 16 Plättchen um, so daß sie verdeckt sind.

Spieler B wählt ein beliebiges Mosaik-Plättchen, das er offen in beliebiger Position und Ausrichtung im Gitter plaziert.
- Wenn die Regel gestattet, daß es dort plaziert wird, bestätigt der Regelerfinder dies.
- Wenn es die Regel nicht gestattet, entfernt der Regelerfinder das Plättchen.

Jetzt rät Spieler B einmal, wie die Regel lautet.
- Wenn richtig geraten wurde, endet das Spiel.
- Wenn nicht richtig geraten wurde, wählt Spieler B ein anderes Plättchen, das er im Gitter plaziert. Bei mehr als zwei Spielern endet der Zug von Spieler B. Der nächste Spieler wählt ein Plättchen, das er im Gitter plaziert, und das Spiel setzt sich fort wie zuvor.

Wenn ein Spieler alle Mosaik-Plättchen im Gitter richtig benennt, muß dies ebenfalls als Lösung anerkannt werden.

Spieler A bekommt einen Punkt für jedes Plättchen, das die anderen Spieler plazieren. Wenn das Spiel endet, übernimmt ein anderer Spieler die Position von Spieler A. Das Spiel setzt sich fort, bis jeder Spieler in beiden Rollen gleich oft an der Reihe war. Der Spieler mit den meisten Punkten gewinnt.

Ein Hinweis: Dieses Spiel erfordert, daß Sie im Gedächtnis behalten, welche Plättchen auf welchem Gitterfeld nicht plaziert werden durften.

Herausfinden von Mosaikmuster-Regeln

Wir haben gesehen, daß das Gitter zum Spielen von Spielen benutzt werden kann, bei denen Sequenz- und Matrixregeln herauszufinden sind. Es kann auch für Spiele benutzt werden, bei denen die Regeln für Mosaikmuster (mit denen Sie sich im Mosaik-Kapitel vertraut gemacht haben) herauszufinden sind. Beim nächsten Spiel ordnet ein Spieler im Gitter Mosaik-Plättchen verdeckt zu einem Muster an, und die anderen Spieler müssen dieses Muster erkennen, indem sie nacheinander die Plättchen aufdecken.

Induktionsspiel 3

Ziel des Spiels: Durch Aufdecken einzelner Plättchen ein Mosaikmuster innerhalb des Gitters zu erkennen.
Anzahl der Spieler: Zwei oder mehr.
Benötigtes Material: Ein 4 × 4-Gitter; Mosaik-Plättchen.
Spielablauf:
Spieler A
- füllt im geheimen das gesamte Gitter mit einem Muster aus, das auf mindestens eine der nachstehenden Weisen symmetrisch ist: *horizontal, vertikal, diagonal* wie in Abbildung 17. (Schlagen Sie im 1. Kapitel nach, wenn Sie nicht mehr im Gedächtnis haben, was dies bedeutet.)
- Anschließend dreht er alle 16 Mosaik-Plättchen um, so daß sie verdeckt sind.

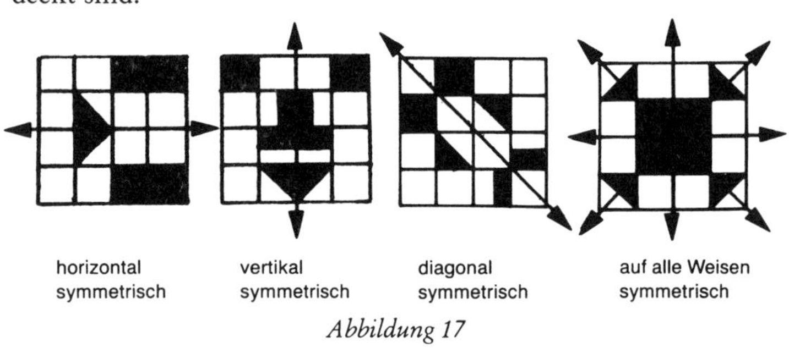

Abbildung 17

Spieler B wählt ein beliebiges Mosaik-Plättchen, dreht es um und rät, wie das Muster aussieht.
- Wenn richtig geraten wurde, endet das Spiel.
- Bei zwei Spielern: Wenn nicht richtig geraten wurde, wählt Spieler B ein anderes Plättchen, das er umdreht. Bei mehr als zwei Spielern endet der Zug von Spieler B. Der nächste Spieler wählt ein Plättchen, das er aufdeckt, und das Spiel setzt sich fort wie zuvor.

Spieler A bekommt einen Punkt für jedes Plättchen, das die anderen Spieler umdrehen. Wenn das Spiel endet, übernimmt ein anderer Spieler die Position von Spieler A. Das Spiel setzt sich fort, bis jeder Spieler in beiden Rollen gleich oft an der Reihe war. Der Spieler mit den meisten Punkten gewinnt.

Beim nächsten Spiel ordnet ein Spieler Mosaik-Plättchen verdeckt zu einem Muster im Gitter an, und die anderen Spieler müssen das Muster herausfinden, indem sie nacheinander Plättchen im Gitter plazieren.

Induktionsspiel 4

Ziel des Spiels: Durch das Plazieren von Plättchen das Mosaikmuster im Gitter zu erkennen.
Anzahl der Spieler: Zwei oder mehr.
Benötigtes Material: Ein 4×4-Gitter; Mosaik-Plättchen.
Spielablauf:
Spieler A
- füllt im geheimen das Gitter mit einem Muster aus, das auf *mindestens eine* der nachstehenden Weisen symmetrisch ist: horizontal, vertikal, diagonal;
- dann dreht er alle 16 Mosaik-Plättchen um, so daß sie verdeckt sind. Spieler B wählt ein beliebiges Mosaik-Plättchen, das er in beliebiger Position und Ausrichtung offen im Gitter plaziert.
- Wenn das Muster diese Plazierung gestattet, bestätigt der Mustererfinder dies.
- Wenn das Muster dieses Auslegen nicht gestattet, entfernt der Mustererfinder das Plättchen.

Jetzt darf Spieler B einmal raten, wie das Muster aussieht.

- Wenn richtig geraten wurde, endet das Spiel.
- Wenn nicht richtig geraten wurde, wählt Spieler B ein anderes Plättchen, das er im Gitter plaziert. Bei mehr als zwei Spielern endet der Zug von Spieler B. Der nächste Spieler wählt ein Mosaik-Plättchen, das er im Gitter plaziert, und das Spiel setzt sich fort wie zuvor.

Spieler A bekommt einen Punkt für jedes Plättchen, das die anderen Spieler auslegen. Wenn das Muster richtig erraten ist, tauschen die Spieler ihre Positionen. Das Spiel setzt sich fort, bis jeder Spieler in beiden Rollen gleich oft an der Reihe war. Der Spieler mit den meisten Punkten gewinnt.

Hinweis: Bei diesem Spiel müssen Sie im Gedächtnis behalten, welche Plättchen auf welchem Gitterfeld nicht erlaubt wurden.

Herausfinden von fotografischen Objekten unter Plättchen

Wir haben gesehen, wie das Gitter benutzt werden kann, um *Sequenzregeln, Matrixregeln* und *Regeln für Mosaikmuster* herauszufinden. In allen Fällen machen Sie von Methoden *induktiver Logik* Gebrauch, indem Sie Einzelinformationen zusammenfügen, um zu einer allgemeinen Schlußfolgerung bezüglich abstrakter Figuren wie Kreise, Dreiecke und Mosaik-Plättchen zu kommen. Als nächstes werden wir Ihnen Gelegenheit geben, zu Schlußfolgerungen bezüglich bedeutsamerer »Figuren« aus dem Alltagsleben zu kommen.

Im nächsten Spiel ist eine Zeitungsfotografie mit Mosaik-Plättchen zugedeckt. Die Spieler müssen das Objekt der Fotografie erkennen, indem sie die Plättchen nacheinander aufdecken.

Induktionsspiel 5

Ziel des Spiels: Herauszufinden, welche Fotografie sich unter Mosaik-Plättchen verbirgt.
Anzahl der Spieler: Zwei.

Benötigtes Material: Fotografien aus Zeitungen oder Zeitschriften; Mosaikplättchen.

Spielablauf:

Spieler A schneidet aus einer Zeitung oder einer Zeitschrift ein Bild aus, das leicht und eindeutig beschrieben werden kann: eine bekannte Persönlichkeit, ein Flugzeugunglück, eine Torwartparade bei einem Fußballspiel usw. Er bedeckt das Bild vollständig mit Mosaik-Plättchen. Spieler B entfernt die Plättchen eins nach dem anderen (Abbildung 18). Nach jedem entfernten Plättchen rät Spieler B das allgemeine Thema (nicht die Details) der auf dem Foto dargestellten Szene. Das Spiel endet, wenn Spieler B richtig geraten hat.

Das Spiel setzt sich fort, bis jeder Spieler in beiden Rollen gleich oft an der Reihe war. Spieler A bekommt einen Punkt für jedes Plättchen, das Spieler B entfernt. Der Spieler mit den meisten Punkten gewinnt.

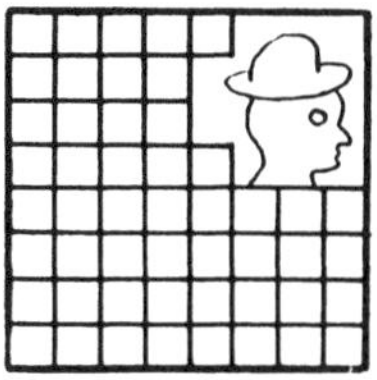

Abbildung 18

Kategorien

Wir haben unser Augenmerk bisher auf Regeln gerichtet, die ein Element wie etwa einen Kreis, ein Dreieck oder ein Mosaik-Plättchen zu denjenigen in Beziehung setzen, die sich daran anschließen – links oder rechts davon, darüber oder darunter. Eine andere grundlegende Regelart ermöglicht es, verschiedene Elemente in Kategorien einzuteilen. Diese Art von Regel legt fest, was in eine Kategorie gehört und was nicht.

Nehmen wir an, man sagt Ihnen, daß Ihr Großvater, Ihr Grundschullehrer, der Bundeskanzler und der Kellner in Ihrem Lieblingsrestaurant in eine Kategorie gehören, Ihr Auto, der Kölner Dom, Tomaten und Regen sich jedoch nicht in diese Kategorie fügen. Sie könnten zwei Listen anlegen:

GEHÖRT IN DIE KATEGORIE	GEHÖRT NICHT IN DIE KATEGORIE
Mein Großvater Mein Grundschullehrer Der Bundeskanzler Der Kellner in meinem Lieblingsrestaurant	Mein Auto Der Kölner Dom Tomaten Regen

Sie würden leicht herausfinden, daß *Menschen* laut Regel in die Kategorie gehören, *Nichtmenschen* jedoch nicht.

Beim nachstehenden Spiel sollen Sie Regeln für Kategorien herausfinden, wobei alle Objekte, die in die Kategorie hineingehören, einfache Figuren sind.

Induktionsspiel 6

Ziel des Spiels: Herauszufinden, welche Figuren in eine Kategorie gehören.
Anzahl der Spieler: Zwei.
Benötigtes Material: Papier, Bleistifte.
Spielablauf:
1.) Spieler A schreibt im geheimen die Regel auf, nach der bestimmte Figuren in eine Kategorie gehören. Die Regel darf nur einen Aspekt der Figuren berühren, beispielsweise kurvige gegenüber geraden Linien oder weiße gegenüber schraffierten Flächen.
2.) Spieler A zeichnet dann eine Figur, die in die Kategorie gehört, und eine, die nicht hineingehört, wobei er das in Abbildung 19 gezeigte Format verwendet. Er zeigt beide Figuren Spieler B.
3.) Anschließend zeichnet Spieler B ein neues Objekt auf sein eigenes Blatt Papier.

4.) Spieler A gibt an, ob die Zeichnung von B in die Kategorie paßt. Wenn ja, zeichnet A sie in der JA-Reihe nach. Wenn nein, zeichnet A sie in der NEIN-Reihe nach.
5.) Jetzt hat Spieler B einmal Gelegenheit, die Regel zu benennen. Wenn B richtig geraten hat, endet das Spiel. Die Spieler tauschen die Rollen und spielen noch einmal.

Wenn Spieler B nicht recht hat, zeichnet B ein neues Objekt, und Spieler A fährt fort wie zuvor.

Das Spiel setzt sich fort, bis Spieler B die Regel richtig benennt. Spieler A bekommt einen Punkt für jedes Objekt, das Spieler B zeichnet. Das Spiel geht weiter, bis jeder Spieler gleich oft als Regelerfinder an der Reihe war. Der Spieler mit den meisten Punkten gewinnt.

Variante: Die Regel berührt gleichzeitig zwei Faktoren. Zum Beispiel: Die Figuren in der Kategorie müssen schraffiert sein und aus geraden Linien bestehen.

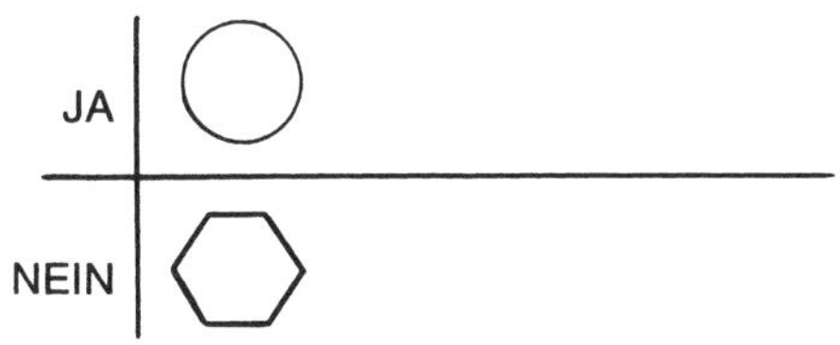

Abbildung 19

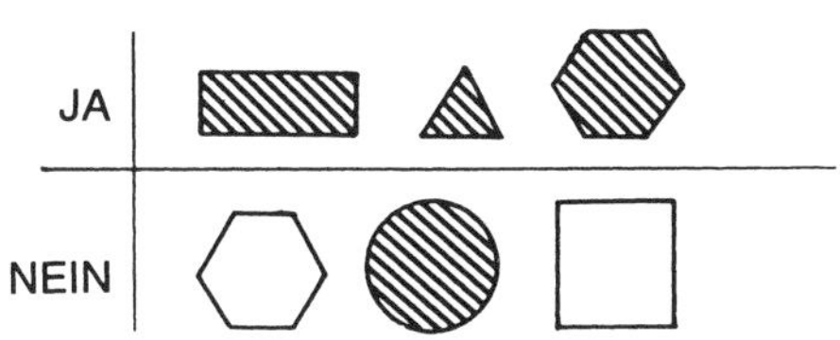

Abbildung 20

Zu den verschiedenen Faktoren, die Sie in diesem Spiel verwenden können, gehören: kurvige gegenüber geraden Linien; regelmäßige gegenüber unregelmäßigen Polygonen; schraffierte gegenüber einfarbigen Figuren; offene gegenüber geschlossenen Figuren; symmetrische gegenüber unsymmetrischen Figuren; einfache gegenüber komplexen Figuren usw.

Und so könnte ein Musterspiel ablaufen: Das Blatt von Spieler A sieht zuerst aus wie in Abbildung 21.

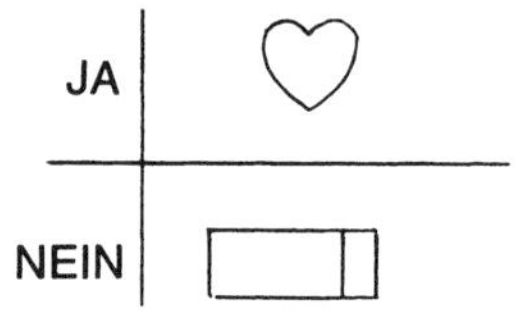

Abbildung 21

B: Paßt diese Figur (Abbildung 22)?
A: Ja.
B: Die Regel legt fest, daß nur Figuren passen, die aus kurvigen Linien bestehen.
A: Nein, so lautet die Regel nicht.

Abbildung 22

B: Paßt diese Figur (Abbildung 23)?
A: Ja.
B: Jede Figur paßt, es sei denn, sie besteht nur aus geraden Linien.
A: Nein, das ist es nicht.

Abbildung 23

B: Paßt diese Figur (Abbildung 24)?
A: Nein.
B: Figuren, die nur rechte Winkel haben, passen nicht.
A: Nein, so lautet die Regel nicht.

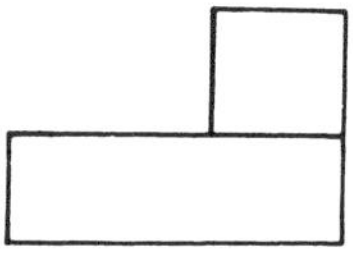

Abbildung 24

B: Paßt diese Figur (Abbildung 25)?
A: Ja.
B: Die Regel legt fest, daß Figuren ohne sich kreuzende Linien in die Kategorie gehören.
A: Ja!

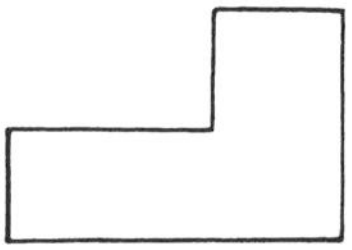

Abbildung 25

Das Blatt von Spieler A würde nun wie in Abbildung 26 aussehen:

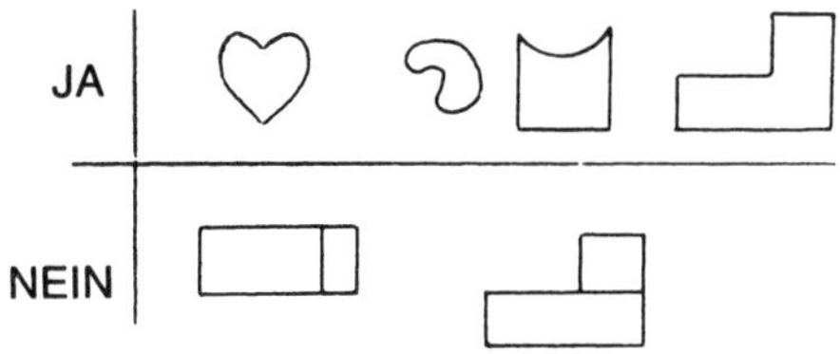

Abbildung 26

Die Abbildungen 27a–d zeigen einige Beispiele, wie Blätter nach Beendigung mehrerer Spiele aussehen könnten. Können Sie in allen Fällen die Regeln nennen? (Lösungen am Ende des Kapitels.)

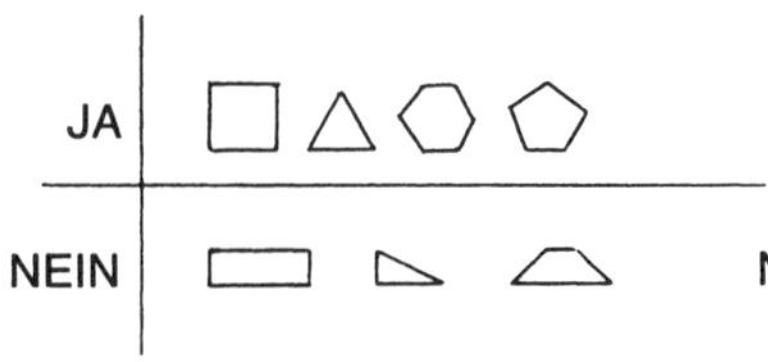

Abbildung 27a

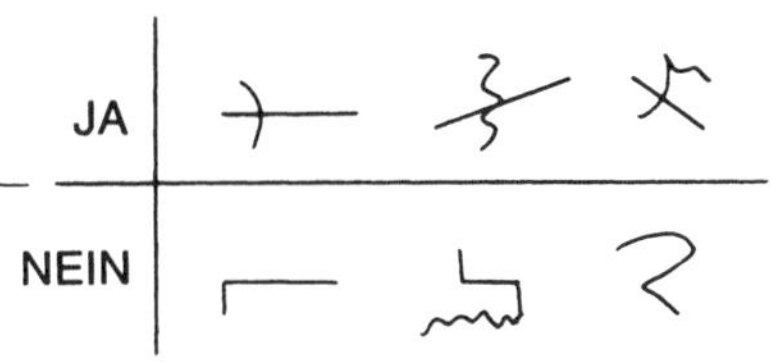

Abbildung 27b

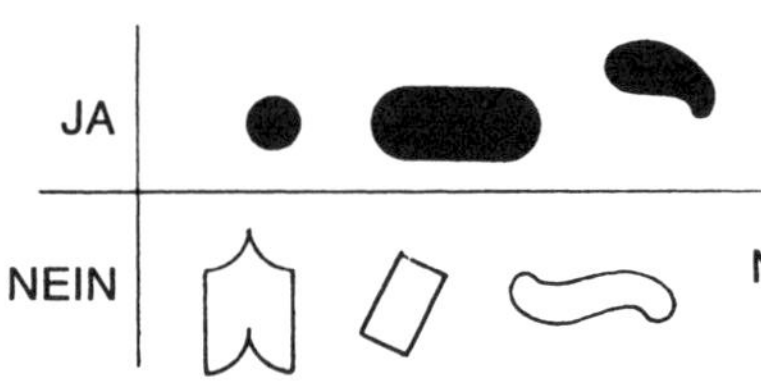

Abbildung 27c

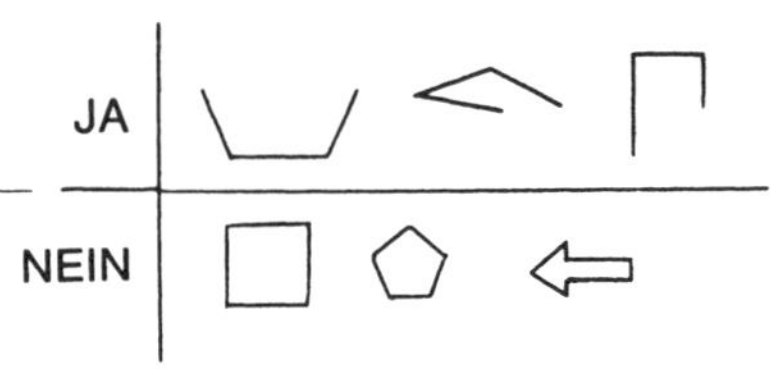

Abbildung 27d

Es folgt eine Zusammenfassung der allgemeingültigen Prinzipien, die Sie aus den Spielen und Denkaufgaben dieses Kapitels lernen können:

- Versuchen Sie es zuerst immer mit einfachen Regeln.
- Listen Sie Möglichkeiten auf, holen Sie weitere Informationen ein, schließen Sie dann Möglichkeiten aus.
- Achten Sie auf alle Wechsel, die sich von einem Ereignis zu einem »ähnlichen« Ereignis ergeben.

- Stellen Sie fest, was Objekte gemeinsam haben, die *nicht* zu einer Regel passen.
- Halten Sie Ausschau nach einem *Zyklus,* der einem vollständigen Wechselsatz entspricht, bevor sich ein Muster wiederholt.

Lösungen

Seite 183 (Abbildung 14):

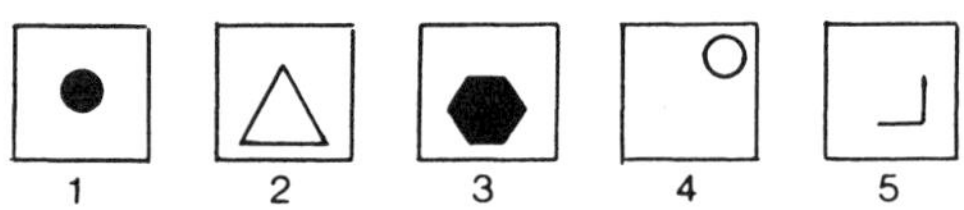

Seite 193 (Abbildungen 27a–d):

a) Ja = regelmäßige Polygone
b) Ja = sich kreuzende Linien
c) Ja = schwarz, kurvig
d) Ja = offene Figuren

12. Kapitel

VISUELLE STRATEGIE

Strategie beschäftigt sich mit dem Entwerfen von Plänen zum Erreichen gesteckter Ziele. Wenn man das Ziel hat, von einer Stadt in eine andere zu reisen, legt man in einem ersten Stadium beispielsweise fest, ob man die Reise mit dem Flugzeug, dem Zug, dem Bus, zu Fuß oder per Anhalter machen will. Nachdem man einen Entschluß gefaßt hat, muß man normalerweise einige zusätzliche Entscheidungen treffen. Wenn man fliegen will, muß man anschließend entscheiden, welche Fluggesellschaft man wählt, wann man aufbricht, wie man zum Flughafen kommt usw.

Die Wahlmöglichkeiten, die man hat, um einen Plan in die Tat umzusetzen, nennt man *Taktik.* Wenn man geplant hat, von einer Stadt per Anhalter zu einer anderen zu kommen, könnte zur Taktik gehören, daß man ein leicht lesbares Schild mitnimmt, auf dem der Bestimmungsort steht, und daß man an einer Straßenstelle wartet, wo die Autos langsam fahren müssen und Gelegenheit zum Halten haben.

Das »letzte Wort« haben

In der ersten Reihe von Spielen zum Thema visuelle Strategie ist es Ihr Ziel, das »letzte Wort« zu haben, das heißt das jeweils letzte Objekt zu zeichnen, den letzten Strich zu ziehen oder den letzten Stein zu setzen. Wie Sie sehen werden, erfordert dies, daß Sie vorausplanen. Versuchen Sie, die Dinge so zu arrangieren, daß bei Ihrem Zug immer eine *ungerade* Anzahl von Zügen und beim Zug Ihres Gegenspielers immer eine *gerade* Anzahl von Zügen übrigbleibt. Dadurch wird Ihrem Gegenspieler schließlich die *gerade* Anzahl von *zwei* Zügen übrigbleiben, von denen er einen machen muß, so daß für Sie die *ungerade* Anzahl *eines* Zuges übrigbleibt. Wenn Ihnen dies gelingt, haben Sie den letzten Zug gemacht und gewonnen.

Beim folgenden ersten Spiel verlängern die Spieler abwechselnd eine Linie in einem Punktgitter, ohne eine Schleife zu bilden.

Strategiespiel 1

Ziel des Spiels: Zu vermeiden, eine geschlossene Schleife zu bilden.
Anzahl der Spieler: Zwei.
Benötigtes Material: Bleistift und Papier; ein 3×3-Punktgitter auf Millimeterpapier.
Spielablauf:
Spieler A zieht eine horizontale oder vertikale Linie von einem beliebigen Punkt zu einem benachbarten Punkt. Dann sind Spieler B und A abwechselnd an der Reihe. Bei jedem Zug beginnt ein Spieler dort, wo die Linie nach dem vorangegangenen Zug endete, und er verlängert sie horizontal oder vertikal zu einem benachbarten Punkt. Das Spiel setzt sich fort, bis die Linie eines Spielers wie in Abbildung 1, Diagramm 8 zu einer geschlossenen Schleife führt. Der andere (in diesem Fall A) Spieler gewinnt.

Variante 1: Beginnen Sie mit einem 4×5- oder 5×6-Gitter.
Variante 2: Beginnen Sie mit einem 4×5-Gitter. Setzen Sie als Ziel, eine geschlossene Schleife zu bilden, nicht sie zu vermeiden.
Variante 3: Beginnen Sie mit einem 4×5-Gitter. Die Linie kann an beiden Enden verlängert werden.

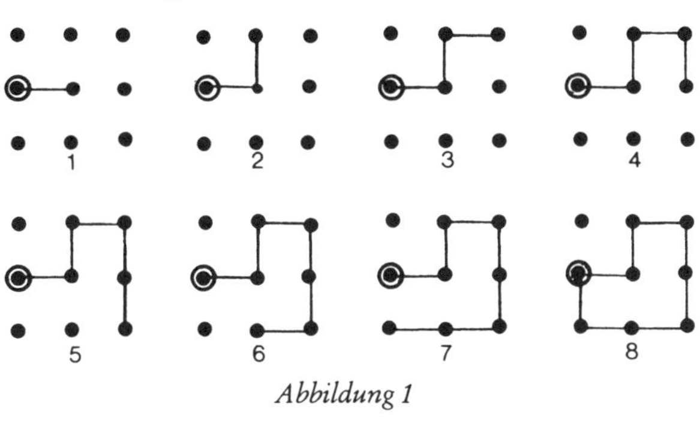

Abbildung 1

Spielen Sie dieses Spiel mehrmals, um damit vertraut zu werden. Beachten Sie, daß es nur drei verschiedene Anfangszüge gibt: von der Mitte aus, von einer Ecke aus oder von der Mitte einer Seite aus. Wenn Sie als erster an der Reihe sind und in der Mitte oder in einer Ecke beginnen, kann der andere Spieler seinen Sieg erzwingen. Wenn Sie in der Mitte einer Seite beginnen, können Sie den Sieg erzwingen (Abbildung 1).

Beim ersten Spiel mußten Sie das Ende einer Linie verlängern. Beim nächsten Spiel haben Sie bei Ihrem Zug mehr Alternativen.

Strategiespiel 2

Ziel des Spiels: Das letzte Mosaik-Plättchen in einem 4×4-Gitter zu plazieren.
Anzahl der Spieler: Zwei.
Benötigtes Material: Papier und Bleistift; ein 4×4-Gitter; Mosaik-Plättchen.
Spielablauf:
Die Spieler setzen abwechselnd Mosaik-Plättchen auf ein freies Feld des Gitters. Jedes Plättchen muß in dieselbe *Reihe* oder *Spalte* wie das vorangegangene plaziert werden. Jedes Plättchen muß entweder unmittelbar neben das vorangegangene gesetzt werden oder darf nur durch freie Felder von diesem getrennt sein.

Abbildung 2a zeigt den Beginn eines Musterspiels, bei dem die Ziffern »1« und »2« die bisherige Folge des Spiels anzeigen. Die »3« kann im folgenden Zug gesetzt werden

- auf Feld A oder B in derselben Spalte wie »2«, das zuletzt belegte Feld, oder
- auf Feld C in derselben Spalte wie »2«, von diesem nur durch ein leeres Feld (B) getrennt, und schließlich
- auf Feld D in derselben Reihe wie »2« und unmittelbar daneben.

Die »3« kann jedoch nicht auf Feld E gesetzt werden, das zwar in derselben Reihe liegt wie »2«, aber davon durch ein besetztes Feld getrennt ist.

Abbildung 2b zeigt ein anderes abgeschlossenes Musterspiel.

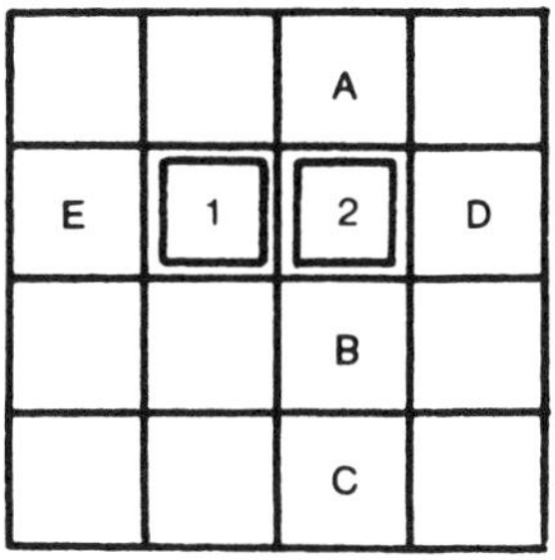

Abbildung 2a

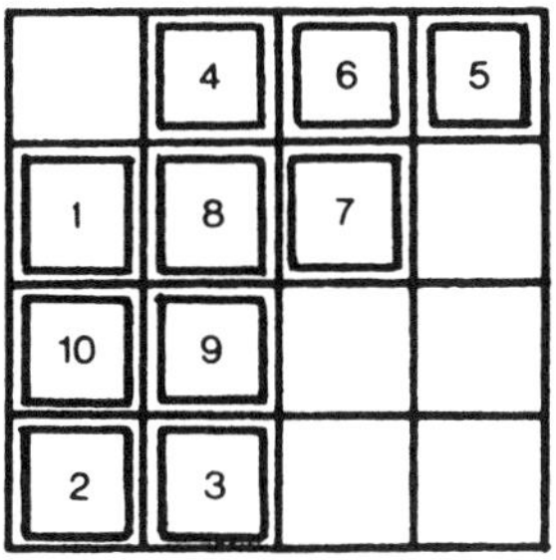

Abbildung 2b

Variante: Beginnen Sie mit einem 5×5- oder 6×6-Gitter.

Strategiespiel 3

Ziel des Spiels: Die letzte Linie zu ziehen, die zwei Punkte oder einen Punkt mit sich selbst verbindet.
Anzahl der Spieler: Zwei.
Benötigtes Material: Papier und Bleistift.
Vorbereitung: Auf einem Blatt Papier werden drei Punkte nach dem Zufallsprinzip so plaziert, daß genug Raum zwischen ihnen bleibt.
Spielablauf:
Die Spieler sind abwechselnd am Zug. Jeder Spieler
- zieht eine glatte, kurvige Linie von einem Punkt zu einem anderen oder zum ersten Punkt selbst zurück;
- dann fügt er irgendwo auf der Verbindungslinie einen neuen Punkt hinzu.

Es gibt zwei Einschränkungen:
- eine Linie darf weder sich selbst noch eine andere Linie kreuzen;
- von keinem Punkt dürfen mehr als drei Linien abgehen.

Das Spiel setzt sich fort, bis ein Spieler keine neue Linie mehr regelgerecht ziehen kann. Der andere Spieler gewinnt.

Variante: Beginnen Sie mit 4, 5, 8 oder 10 Punkten.

Abbildung 3 zeigt ein Musterspiel:

Abbildung 3

Strategiespiel 4

Ziel des Spiels: Das letzte rechtwinklige Dreieck in einem Gitter zu plazieren.
Benötigtes Material: Papier und Bleistift; ein 4×4-Punktgitter auf Millimeterpapier.
Spielablauf:
Die Spieler zeichnen abwechselnd rechtwinklige Dreiecke in das Gitter, indem sie drei Punkte miteinander verbinden. Die kurzen Seiten des Dreiecks müssen horizontal und vertikal verlaufen, und das Dreieck muß die Hälfte eines Gitterfelds einnehmen. Kein Dreieck darf ein anderes berühren, auch nicht an einem Punkt. Der Spieler, der das letzte Dreieck plaziert, gewinnt.

Variante 1: Verwenden Sie ein 5×5-Gitter.
Variante 2: Jede kurze Seite darf zwei oder drei Punkte horizontal oder vertikal miteinander verbinden (Abbildung 4).

In den folgenden zwei Musterspielen (Abbildungen 5a und 5b) zeigen Ihnen die Ziffern die Reihenfolge an, in der die Dreiecke gezeichnet wurden.

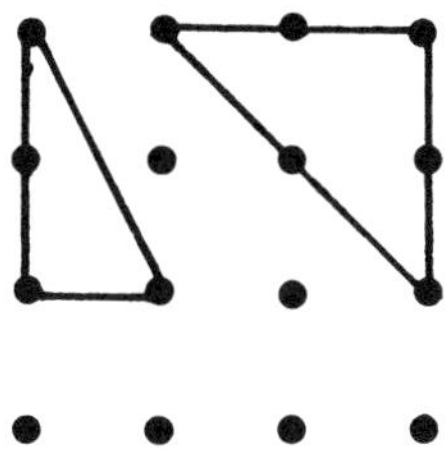

Abbildung 4

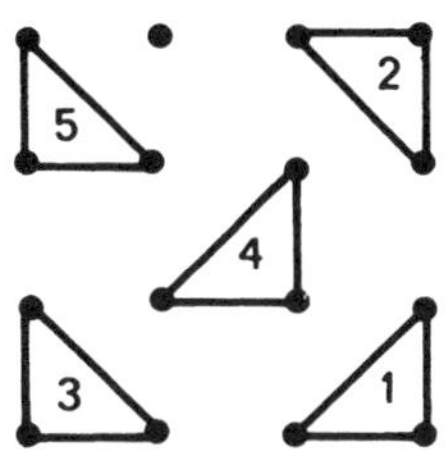

Abbildung 5 a

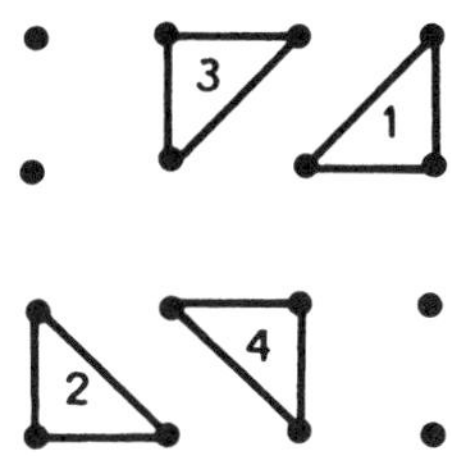

Abbildung 5 b

Bei der nächsten Spielserie plazieren beide Spieler Figuren an einer beliebigen Stelle innerhalb der Grenzen eines Quadrats, wobei jeder versucht, die letzte Figur zu plazieren.

Strategiespiel 5

Ziel des Spiels: Die letzte Figur innerhalb der Grenzen eines Quadrats zu plazieren.
Anzahl der Spieler: Zwei.
Benötigtes Material: Ein 4×4-Gitter; Monomino-Plättchen.
Spielablauf:
Die Spieler plazieren abwechselnd Monomino-Plättchen im Gitter. Kein Monomino-Plättchen darf ein anderes berühren, auch nicht an einem Punkt. Der Spieler, der das letzte Plättchen plaziert, gewinnt (Abbildung 6).

Variante 1: Benutzen Sie Domino-Plättchen anstelle von Monomino-Plättchen.

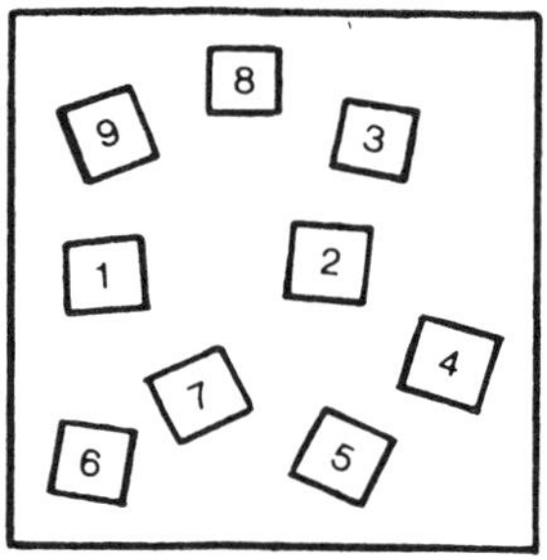

Abbildung 6

Variante 2: Benutzen Sie Tetraminos anstelle von Monomino-Plättchen.
Variante 3: Benutzen Sie Pentomino-Plättchen anstelle von Monomino-Plättchen.
Variante 4: Jeder Spieler wählt ein unterschiedliches Pentomino-Plättchen als Muster, das er innerhalb der Grenzlinien des Gitters nach den gegebenen Regeln auslegt. Dann tauschen die Spieler die Plättchen und wiederholen das Spiel.

Spielen Sie jede dieser Varianten, um Ihre Fähigkeit bei diesem Spiel zu verbessern. Erfinden Sie eigene Varianten. Zum Beispiel: Spielen Sie mit unterschiedlichen Plättchen. Bei jedem Zug darf dann ein Spieler entweder ein Monomino- oder ein Domino-Plättchen plazieren.

Erster sein

Bei den bisherigen Spielen dieses Kapitels haben Sie versucht, das »letzte Wort« zu haben, das heißt jedes Mal den letzten möglichen Zug zu tun. Bei der nächsten Gruppe von Spielen versuchen Sie, irgend etwas als *erster* zu tun.

Der Einfachheit halber werden wir die Mosaik-Plättchen fortan als »schwarz« und »weiß« bezeichnen. Sie können zwei beliebige unterschiedliche Mosaik-Plättchen verwenden, beispielsweise ■ und ◪.

Beim nächsten Spiel versuchen Sie, alle Ihre Plättchen loszuwerden, indem Sie sie vom Gitter ziehen.

Strategiespiel 6

Ziel des Spiels: Als erster seine Plättchen vollständig vom Gitter abzuziehen.
Anzahl der Spieler: Zwei.
Benötigtes Material: Ein 4×4-Gitter; drei schwarze und drei weiße Monomino-Plättchen.
Spielablauf:
Zu Beginn werden die Plättchen wie in Abbildung 7 auf dem Gitter angeordnet.

Die Spieler sind abwechselnd an der Reihe und ziehen jeweils ein Plättchen auf ein benachbartes freies Feld. Weiß darf nur nach Norden, Osten oder Westen ziehen, Schwarz nur nach Osten, Norden oder Süden. Ein weißes Plättchen in Reihe D kann nordwärts und ein schwarzes Plättchen in Spalte 4 kann ostwärts vom Gitter gezogen werden. Jeder Spieler muß dem anderen Spieler immer die Möglichkeit zu einem erlaubten Zug lassen. Der Spieler, der als erster alle seine weißen Plättchen im Norden beziehungsweise seine schwarzen im Osten vom Gitter gezogen hat, gewinnt.

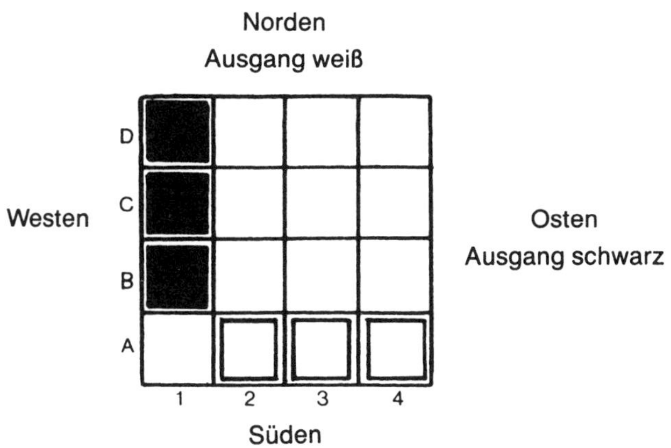

Abbildung 7

Variante 1: Benutzen Sie ein 3×3-Gitter, zwei schwarze und zwei weiße Plättchen. Zu Beginn bleibt die südwestliche Ecke frei.
Variante 2: Benutzen Sie ein 5×5-Gitter, vier weiße und vier schwarze Plättchen. Zu Beginn bleibt die südwestliche Ecke frei.

Nehmen wir an, beide Spieler wenden in der Variante mit dem 3×3-Gitter die nachstehende einfache Strategie mit einer einzigen taktischen Richtlinie an:

- rücke (wenn möglich) bei jedem Zug direkt in Richtung Ziel (Norden für Weiß, Osten für Schwarz) vor.

Abbildung 8 zeigt, wie ein Spiel ablaufen könnte. Weiß würde beginnen wie in Abbildung 8a. Bei Abbildung 8h können Sie erkennen, daß Weiß verlieren wird: Weiß braucht noch drei weitere Züge zum Sieg, Schwarz nur zwei. Weiß verliert, obwohl Weiß angefangen hat.

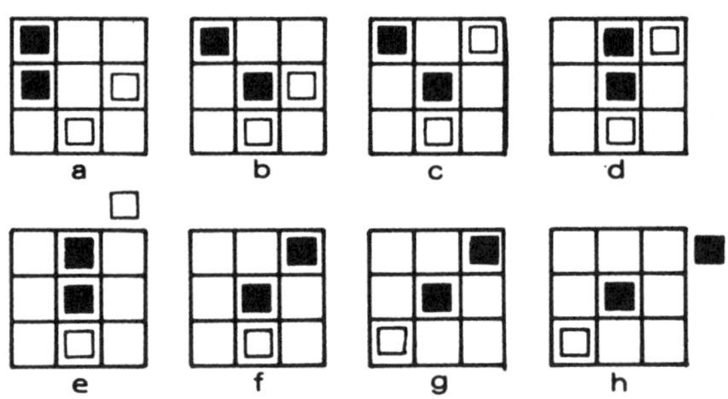

Abbildung 8

Nehmen wir nun an, beide Spieler wenden eine etwas kompliziertere Strategie mit *zwei* taktischen Richtlinien an:

- rücke (wenn möglich) bei jedem Zug direkt in Richtung Ziel (Norden für Weiß, Osten für Schwarz) vor;
- wähle, wenn bei den Vorwärtszügen eine Wahlmöglichkeit besteht, den Zug, der einen direkten Vorwärtszug des Gegners blockiert.

Abbildung 9 zeigt, wie das Spiel bei dieser Vorgabe ablaufen könnte. Weiß hat bei seinem ersten Zug eine Wahlmöglichkeit: Der in Abbildung 9a gezeigte Zug hindert eines der beiden schwarzen Plättchen an einem direkten Vorwärtszug. Wie in Abbildung 9h zu sehen ist, wird Weiß gewinnen. (Beide Spieler benötigen noch je zwei Züge, doch Weiß ist einen Zug voraus.)

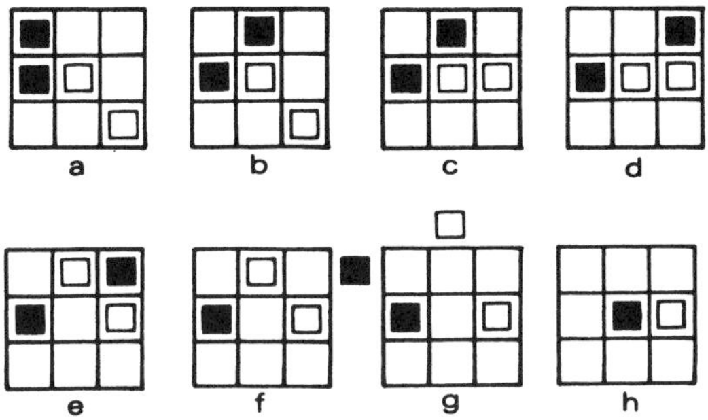

Abbildung 9

Strategiespiel 7

Ziel des Spiels: Von einer Seite des Gitters zur gegenüberliegenden Seite einen nicht unterbrochenen Weg zu bauen.
Anzahl der Spieler: Zwei.
Benötigtes Material: Ein 5×5-Gitter; Mosaik-Plättchen.
Spielablauf:
Spieler A versucht, einen nicht unterbrochenen Weg von der linken zur rechten Seite zu bauen. Spieler B versucht dasselbe von oben nach unten (Abbildung 10).

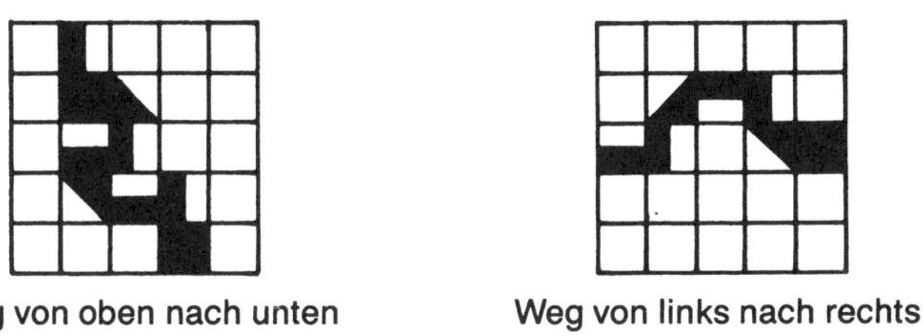

Abbildung 10

Die Plättchen eines nicht unterbrochenen Wegs können von beiden Spielern und in beliebiger Reihenfolge plaziert werden.

Die Spieler sind abwechselnd an der Reihe. Bei jedem Zug plaziert ein Spieler ein Plättchen auf ein beliebiges freies Feld im Gitter. Der schwarze Teil jedes Plättchens muß an den schwarzen Teil der anderen

Plättchen anschließen, mit denen es eine gemeinsame Grenze hat (Abbildung 11).

Der Spieler, der seinen Weg als erster komplettiert hat, gewinnt.

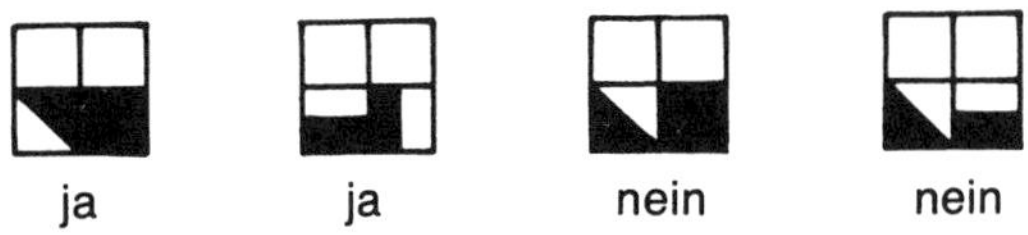

Abbildung 11

Variante: Benutzen Sie ein 6×6- oder ein 8×8-Gitter.

Eine gute Strategie ist hier, die eigenen Plättchen weiträumig zu plazieren und sie erst dann zu verbinden, wenn es nötig wird, auf die Aktionen des Gegners zu reagieren. Versuchen Sie nicht, einen Weg Plättchen für Plättchen zu konstruieren. In Abbildung 12 wäre es beispielsweise besser, ein ■ auf Feld B3 als auf B2 oder B4 zu setzen.

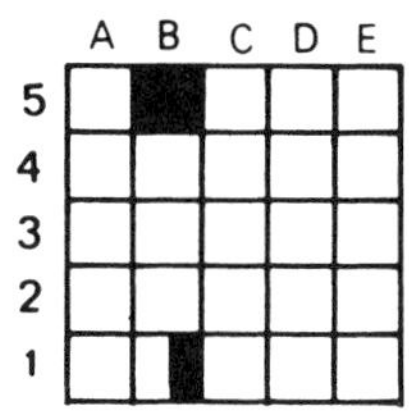

Abbildung 12

Strategiespiel 8

Ziel des Spiels: Als erster drei Mosaik-Plättchen horizontal, vertikal oder diagonal in eine Reihe zu bringen, indem man sie setzt oder zieht.
Anzahl der Spieler: Zwei.
Benötigtes Material: Ein 3×3-Gitter; drei ■ und drei ◪ Mosaik-Plättchen.
Spielablauf:
Jeder Spieler benutzt eine Sorte Mosaik-Plättchen. Die Spieler sind abwechselnd an der Reihe. In der ersten Phase setzt jeder Spieler bei

seinem Zug ein Mosaik-Plättchen auf ein freies Feld des Gitters. Ausnahme: Der erste Spieler darf kein Plättchen auf das Feld in der Mitte des Gitters (B2 in Abbildung 13) setzen.

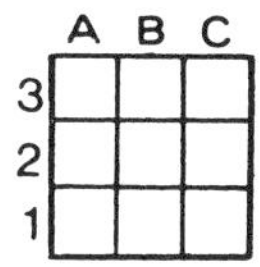

Abbildung 13

Wenn es nach dem Setzen der sechs Plättchen noch keinen Sieger gibt, tritt das Spiel in die zweite Phase. Die Spieler sind weiterhin abwechselnd an der Reihe. Bei jedem Zug zieht ein Spieler ein Plättchen horizontal, vertikal oder diagonal auf ein freies benachbartes Feld. Das Spiel endet, wenn ein Spieler seine drei Plättchen in eine Reihe gebracht hat oder wenn sich beide Spieler auf ein Unentschieden geeinigt haben.

Bei der nächsten Gruppe von Spielen ist es das Ziel, als erster eine bestimmte Stellung zu konstruieren. Im ersten Fall geht es darum, vier eigene Mosaik-Plättchen in eine Gitterreihe zu bringen.

Strategiespiel 9

Ziel des Spiels: Als erster drei Mosaik-Plättchen einer Farbe horizontal, vertikal oder diagonal in eine Reihe zu bringen.
Anzahl der Spieler: Zwei.
Benötigtes Material: Ein 8×8-Gitter; einfarbige schwarze und weiße Mosaik-Plättchen.
Spielablauf:
Die Spieler sind abwechselnd an der Reihe, der eine mit den schwarzen, der andere mit den weißen Plättchen. Der erste Spieler setzt ein Plättchen auf ein beliebiges Gitterfeld. Bei jedem nachfolgenden Zug plaziert der Spieler ein Plättchen auf ein freies Feld, wobei die Seite oder Ecke mindestens eines anderen Plättchens berührt werden muß. Der Spieler, der als erster drei Plättchen in einer horizontalen, vertikalen oder diagonalen Reihe angeordnet hat, gewinnt.

Abbildung 14 zeigt den Anfang eines Musterspiels. Die Ziffern in den Mosaik-Plättchen zeigen die Reihenfolge an, in der sie gesetzt wurden.

1. D4 Weiß beginnt mit dem Setzen eines Plättchens in zentraler Position, die eine Viererreihe in acht verschiedenen Richtungen möglich macht.
2. E4 Schwarz reagiert, indem er ein Plättchen in eine andere zentrale Position setzt. Dieses Plättchen erstickt die Expansion von Weiß in Reihe 4 nach rechts, begrenzt jedoch gleichzeitig die eigene Expansionsmöglichkeit von Schwarz in Reihe 4 nach links.
3. E3 Weiß droht, eine diagonale Reihe zu bilden.
4. C5 Schwarz wehrt die Bedrohung an einem Ende ab.
5. C3 Weiß droht an mehreren Stellen gleichzeitig mit an beiden Enden offenen möglichen Dreierreihen, indem er beim nächsten Zug B2, E5 oder D3 setzen kann. Schwarz kann allen diesen Drohungen nicht auf einmal begegnen und wird verlieren.

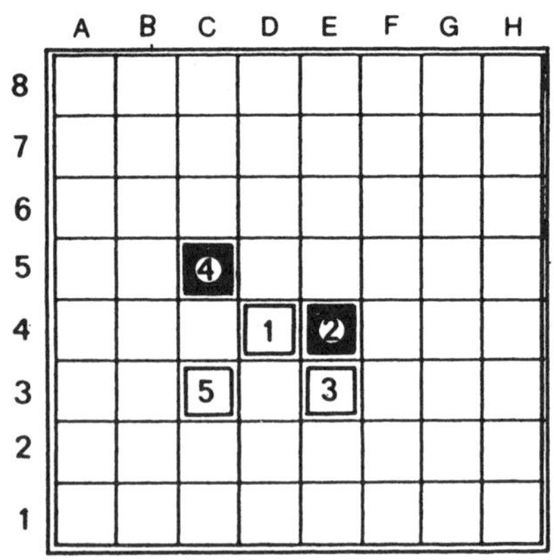

Abbildung 14

Beim nächsten Spiel ist es das Ziel, vier eigene Plättchen auf einer richtigen Landkarte in miteinander verbundene Stellungen zu bringen.

Strategiespiel 10

Ziel des Spiels: Vier Markierungssteine derselben Farbe auf vier miteinander verbundene Straßenkreuzungen einer Landkarte zu bringen.
Anzahl der Spieler: Zwei.
Benötigtes Material: Eine Autokarte mit deutlich erkennbaren Fernstraßen; sechs blaue und sechs rote Markierungssteine.
Spielablauf:
Die Spieler sind abwechselnd an der Reihe. Der eine verwendet die roten, der andere die blauen Markierungssteine. Bei jedem Zug

- plaziert ein Spieler einen Markierungsstein aus seiner Hand auf eine Straßenkreuzung der Karte oder
- verschiebt einen bereits auf der Karte vorhandenen Markierungsstein zu einer benachbarten Straßenkreuzung.

Markierungssteine dürfen nur dort auf der Karte plaziert werden, wo drei oder mehr Linien zusammentreffen. Die Steine dürfen nicht übereinander gesetzt werden. Jeder Spieler versucht, vier Markierungssteine auf unmittelbar miteinander verbundene Straßenkreuzungen zu bringen. Wer dies zuerst schafft, gewinnt.

In Abbildung 15 beispielsweise führt ein Zug von »D« nach »E« zum Sieg, weil dann vier unmittelbar miteinander verbundene Kreuzungen von Markierungssteinen derselben Farbe besetzt sind.

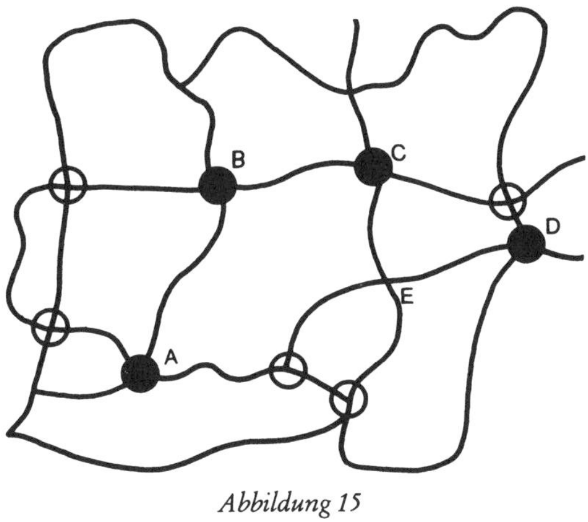

Abbildung 15

Strategiespiel 11: »Schiffe versenken«

Ziel des Spiels: Die Schiffe des Gegners zu lokalisieren und zu versenken.
Anzahl der Spieler: Zwei.
Benötigtes Material: Vier 10×10-Gitter; zwei Bleistifte.
Vorbereitung:
Jeder Spieler trägt in einem Gitter geheim die Stellungen von einem Schlachtschiff (eine horizontale oder vertikale Linie durch vier benachbarte Felder), zwei Kreuzern (jeweils eine horizontale oder vertikale Linie durch drei benachbarte Felder), drei Zerstörern (jeweils bestehend aus zwei horizontalen oder vertikalen benachbarten Feldern) und vier U-Booten (jeweils ein Feld) ein (Abbildung 16). Jeder Spieler benutzt ein zweites Gitter, um seine Fortschritte beim Lokalisieren der gegnerischen Schiffe festzuhalten.

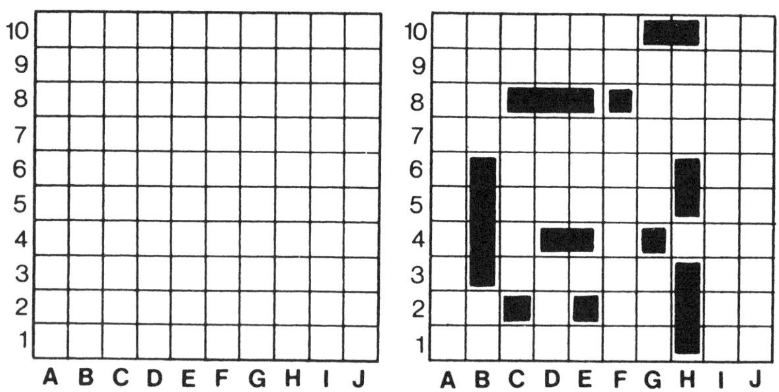

Abbildung 16

Spielablauf:
Die Spieler sind abwechselnd an der Reihe.
a) Bei jedem Zug »feuert« ein Spieler, indem er zwei horizontal oder vertikal verbundene Felder nennt (beispielsweise »E7 und E8«).
b) Der andere Spieler gibt anschließend bekannt, ob der Schuß
- ein Treffer (ein Schiff befindet sich in einem oder beiden Feldern) oder

- ein Fehlschuß war (kein Schiff in beiden Feldern).

Bei einem »Treffer«, der ein Schiff vollständig »zerstört« (etwa der dritte Treffer bei einem Kreuzer), gibt der Spieler dies mit dem Wort »versenkt« bekannt.

c) Beide Spieler notieren die Ergebnisse des Schusses.

d) Jetzt »feuert« der andere Spieler.

Das Spiel setzt sich fort, bis alle Felder jedes Schiffs eines Spielers getroffen sind. Dieser Spieler verliert.

Beim in Abbildung 16 gezeigten Aufbau könnte sich die nachstehende Folge von Schüssen, Ergebnissen und Überlegungen des Gegners ergeben:

- E7, E8 Treffer (Abbildung 16a).

Da der andere Spieler kein »versenkt« ausruft, weiß der »Schütze«, daß er den Teil eines größeren Schiffes getroffen hat.

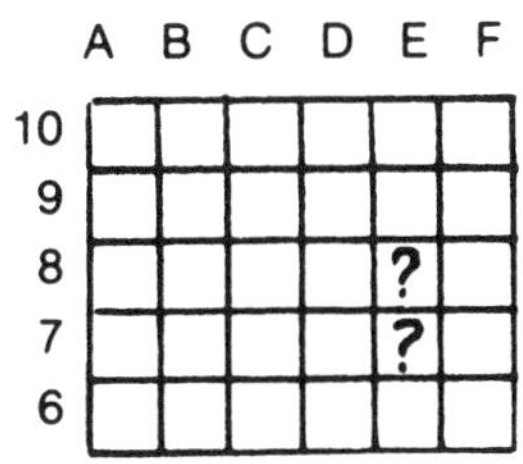

Abbildung 16a

- D7, E7 Fehlschuß (Abbildung 16b).

Der Spieler weiß jetzt, daß E8 einen Teil eines Schiffes enthält, das nicht nach unten zu E7 reicht.

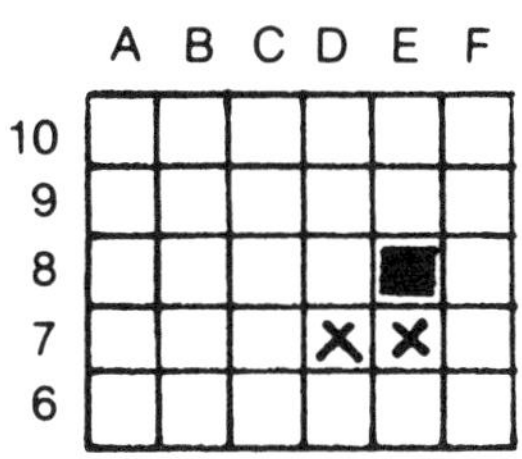

Abbildung 16b

- E9, E10 Fehlschuß (Abbildung 16c).

Der Spieler weiß, daß das Schiff nicht nach oben zu E9 reicht.

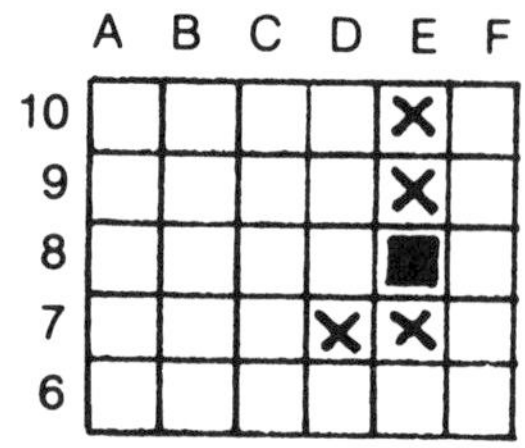

Abbildung 16c

– D8, D9 Treffer (Abbildung 16d).

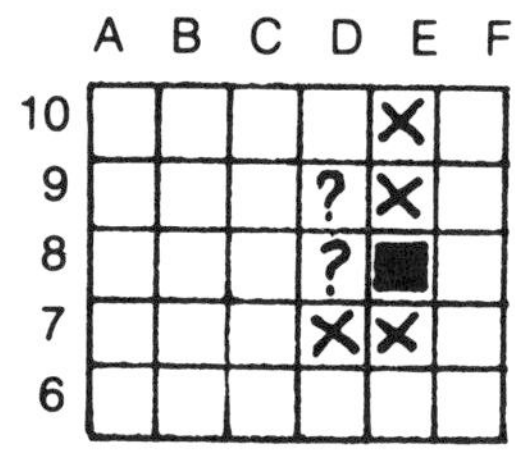

Abbildung 16d

Dieser letzte Treffer könnte bedeuten, daß das in Abbildung 16a angeschossene Schiff sich von E8 nach D8 fortsetzt, aber noch nicht versenkt ist; oder aber, daß entweder in D8 oder D9 (möglicherweise auch in beiden) Teile *ein und desselben* beziehungsweise *verschiedener* Schiffe liegen (vgl. Abbildung 16e).

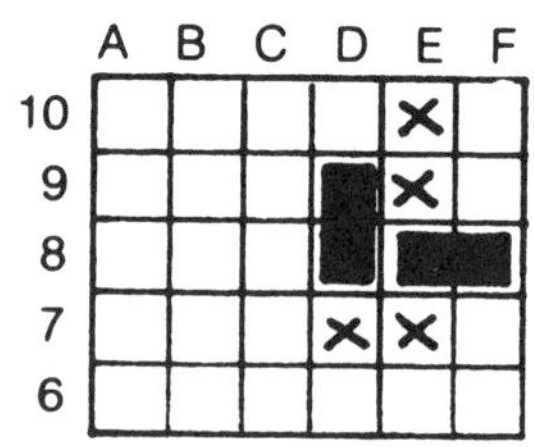

Abbildung 16e

Strategiespiel 11

Ziel des Spiels: Die Grenze zwischen zwei Sektionen in einem Gitter zu finden, indem man so wenig Fragen wie möglich stellt.
Anzahl der Spieler: Zwei.

Benötigtes Material: Zwei 8×8-Gitter auf Millimeterpapier; zwei Bleistifte, ein Lineal.

Spielablauf:

Ein Spieler ist der Sektionserbauer, der andere der Sektionsentdecker. In dem einen Gitter wählt der Sektionserbauer im geheimen ein Feld innerhalb des Gitters und zieht von einem Punkt in diesem Feld zwei gerade Linien zu zwei Feldern am Rand des Gitters, wobei er das Gitter vollständig in zwei Sektionen unterteilt – P und Q (Abbildung 17a).

a) Der Sektionsentdecker nennt ein Gitterfeld (beispielsweise C7).
b) Der Sektionserbauer gibt bekannt, ob sich dieses Feld in P oder in Q oder teils in P und teils in Q befindet. (Das heißt, daß die Grenzlinie zwischen beiden Sektionen durch dieses Feld hindurch verläuft.)
c) Der Sektionsentdecker hält das Ergebnis in seinem eigenen Gitter fest.

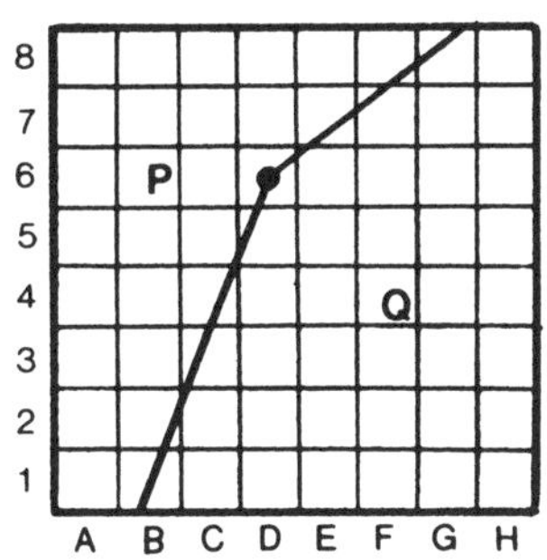

Abbildung 17a

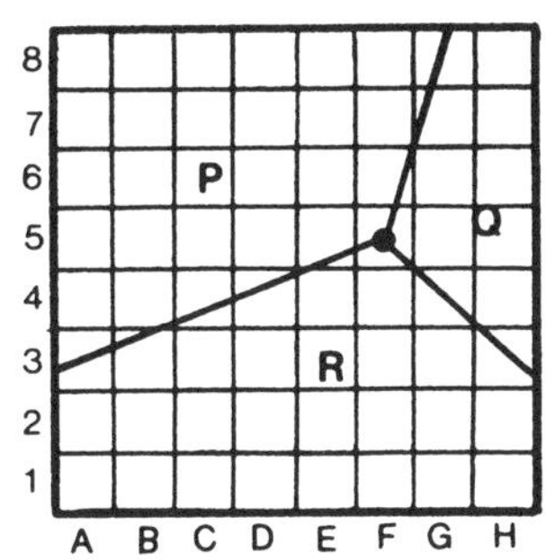

Abbildung 17b

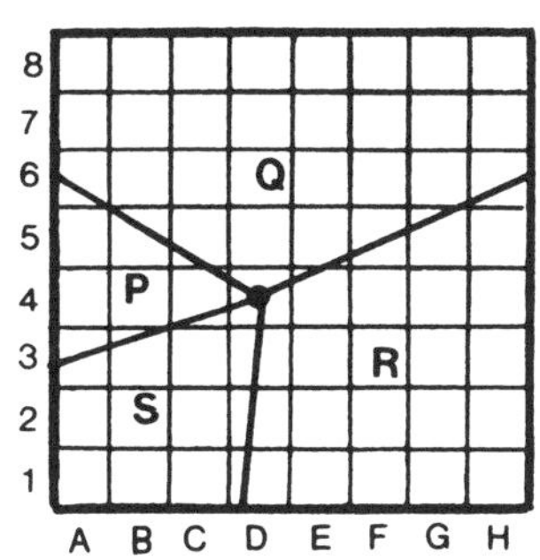

Abbildung 17c

d) Der Sektionsentdecker kann einmal raten, von welchem Feld die beiden Linien ausgehen und zu welchen beiden Feldern sie führen.
e) Der Sektionsentdecker fährt fort, nach anderen Feldern zu fragen, bis er die korrekte Grenze zwischen den Sektionen P und Q identifiziert, indem er das Feld, von dem die Linien ausgehen, und die beiden Felder, in denen sie enden, benennt.
f) Dann tauschen die beiden Spieler die Rollen. Der Spieler, der die Grenze mit den wenigsten Fragen lokalisiert, gewinnt.

Variante 1: Ziehen Sie drei gerade Linien von dem Feld innerhalb des Gitters, so daß drei Sektionen entstehen: P, Q und R (Abbildung 17b). Der Sektionsentdecker muß das Feld, von dem die Linien ausgehen, und die drei Felder, in denen sie enden, benennen.
Variante 2: Ziehen Sie vier gerade Linien von dem Feld innerhalb des Gitters, so daß vier Sektionen entstehen: P, Q, R und S (Abbildung 17c). Der Sektionsentdecker muß das Feld, von dem die Linien ausgehen, und die vier Felder, in denen sie enden, benennen.
Variante 3: Verwenden Sie ein 10×10- oder ein 12×12-Gitter.

Allgemeingültige strategische Prinzipien

Aus den vielen strategischen Spielen dieses Kapitels schälen sich einige allgemeingültige strategische Prinzipien heraus, die man in neuen, über die Spiele hinausgehenden Situationen anwenden kann:

1. Planen Sie, wie Sie Ihre Ziele erreichen können. In *Strategiespiel 1* können Sie den Sieg erzwingen, wenn Sie am Rand in der Mitte beginnen.
2. Versuchen Sie, die möglichen Züge Ihres Gegners vorauszusehen.
3. Protokollieren Sie Ihre Züge, so daß Sie aus Ihren Erfahrungen lernen können. Wenn Sie in *Strategiespiel 4* die Dreiecke numerieren, können Sie das Spiel rekonstruieren.
4. Versuchen Sie, den Schematismus eines Spiels herauszuarbeiten: In *Strategiespiel 1* gibt es zum Beispiel nur drei verschiedene Anfangszüge.

5. Entwickeln Sie Richtlinien, um bestimmte Möglichkeiten auszuschließen.
6. Setzen Sie sich Zwischenziele.
7. Analysieren Sie ein Spiel vom Ziel aus rückwärts.
8. Beobachten Sie die Züge Ihres Gegners. Wenn, wie in *Strategiespiel 6*, bei Vorwärtszügen eine Wahlmöglichkeit besteht, machen Sie den Zug, der einen direkten Vorwärtszug des Gegners blokkiert.
9. Führen Sie ein Ablenkungsmanöver durch und greifen Sie an einer anderen Stelle als der eigentlich zu erwartenden an. Verschleiern Sie Ihre Pläne.
10. Bereiten Sie die Entwicklung Ihrer Züge vor. Steuern Sie nicht direkt aufs Ziel zu. In *Strategiespiel 7* ist es eine gute Strategie, die eigenen Plättchen weiträumig zu setzen und sie nur zu verbinden, wenn es notwendig wird, auf die Aktionen des Gegners zu reagieren.
11. Versichern Sie sich, daß es zu keiner unmittelbaren Niederlagendrohung kommt. Im Muster von *Strategiespiel 9* kontert der zweite Zug von Schwarz (auf C5) eine Drohung.
12. Ziehen Sie immer alle Möglichkeiten in Betracht.
13. Erkennen Sie Muster. Seien Sie sich bewußt, was Sie mit einem Muster machen, das Sie erkennen. Im Muster von *Strategiespiel 9* erkennt Weiß die Gelegenheit, nach C3 zu ziehen und damit mehrere Drohungen auf einmal ins Spiel zu bringen.
14. Sie können sich strategische Prinzipien durch Logik, durch die Erfahrungen anderer und durch eigene Erfahrung aneignen.
15. In einigen Situationen ist es besser, anzugreifen, in anderen ist die Verteidigung vorzuziehen.
16. Die beste Wahl ist eine direkte Gewinnstrategie, die nächstbeste eine, die auf Umwegen zum Gewinn führt; erst dann sollten Sie eine Taktik einschlagen, die eine Niederlage vermeidet.
17. Legen Sie sich in jedem Fall eine Strategie zurecht!

13. Kapitel

ERINNERUNGS-VERMÖGEN

In diesem Kapitel lehren wir Sie, wie Sie Ihr Erinnerungsvermögen in bezug auf visuelle Formen verbessern, wie Sie Formen mit anderen Formen und Wörtern assoziieren und wie Sie eine bildliche Vergegenwärtigung dazu gebrauchen können, Wörter miteinander in Verbindung zu bringen. Wir werden einige allgemeingültige Prinzipien zur Steigerung des Gedächtnisses vorstellen und sie speziell zu visuellen Materialien in Beziehung setzen. Außerdem werden wir Spiele und andere Übungen vorführen, um Ihnen Gelegenheit zu geben, diese Prinzipien zu lernen und in Alltagssituationen anzuwenden. Als erstes wollen wir jedoch einen Blick darauf werfen, wie gut Sie sich an *verbale* Materialien erinnern können.

Erinnern an Wörter und visuelles Material

Erinnern an eine Liste von Wörtern

Wie leicht können Sie sich eine Liste von Wörtern einprägen? Vermutlich wird es darauf ankommen, um wie viele Wörter es sich handelt und welche Wörter es sind. Es folgen fünf Listen mit je zwölf Begriffen. In der ersten Liste sind Buchstaben aufgeführt, in der zweiten erfundene Wörter. Bei den Wörtern in den anderen Listen handelt es sich um richtige Begriffe.

Liste 1	*Liste 2*	*Liste 3*	*Liste 4*	*Liste 5*
W	Krajak	Kühlschrank	Motor	Hans
D	Flabon	Magazin	Haube	geht
Q	Remler	Stuhl	Achse	in
L	Jassel	Bleistift	Reifen	den
C	Wuckel	Anwalt	Gas	Laden
Y	Tresol	Bus	Kotflügel	um
F	Birtop	Brieftasche	Kühler	sich
H	Menult	Pferd	Bremse	eine
B	Ponthal	Fernsehen	Kupplung	Tüte
J	Scharage	Scheune	Stoßstange	Milch
R	Zackler	Hamburger	Kerzen	zu
N	Urko	Baum	Verteiler	kaufen

Studieren Sie die erste Liste eine Minute lang. Schreiben Sie dann sofort alle Buchstaben auf, an die Sie sich erinnern können. Tun Sie dasselbe mit den anderen vier Listen.

1. Wenn Sie wie die meisten Menschen sind, wird es Ihnen sehr schwerfallen, sich an die erste Liste zu erinnern. Wir sind es gewohnt, Buchstaben zu Wörtern zusammengefügt zu sehen, doch die Buchstaben in Liste 1 sagen uns nichts Besonderes. Es ist schwer, sich daran zu erinnern, welche Buchstaben in der Liste standen und welche nicht.

2. Auch Liste 2 wird Ihnen ziemlich große Schwierigkeiten bereiten. Hier sind die Buchstaben zwar zu Wörtern zusammengefügt worden, aber die Wörter sind uns in keiner Weise vertraut. Tatsächlich handelt es sich um erfundene Wörter.

3. Liste 3 läßt sich schon leichter einprägen: Jedes Wort ist ein vertrauter Begriff.

4. Liste 4 enthält ebenfalls vertraute Wörter, und alle haben etwas mit dem Oberbegriff Auto zu tun. Wenn Sie etwas von Autos verstehen, fällt Ihnen die Erinnerung an Liste 4 vielleicht leichter als an die Begriffe aus Liste 3.

5. In Liste 5 schließlich sind die vertrauten Wörter in einem Satz angeordnet. Sie werden sich wahrscheinlich an alle 12 Wörter erinnern – *und* auch an die Reihenfolge, in der Sie sie gelesen haben.

Wenn man Ihnen die Liste in der Reihenfolge *Tüte, geht, kaufen, den, Hans, Laden, Milch, zu, in, sich, eine, um* gegeben hätte, wären Sie auf größere Schwierigkeiten gestoßen.

Sie sehen, daß die Leichtigkeit, mit der Sie sich an eine Liste von zwölf verbalen Begriffen erinnern können, davon abhängt,

- wie aussagekräftig die Begriffe für Sie sind,
- wie vertraut Sie mit ihnen sind und
- in welcher Beziehung die Begriffe zueinander stehen.

Erinnern an visuelles Material

Dasselbe gilt für das Erinnern visueller Materialien. Wie leicht, glauben Sie, können Sie sich die exakten Positionen von 64 Mosaik-Plättchen in einem 8×8-Gitter einprägen?

Sehen Sie sich die Abbildungen 1a, 1b, 1c und 1d an.

Abbildung 1a

Abbildung 1b

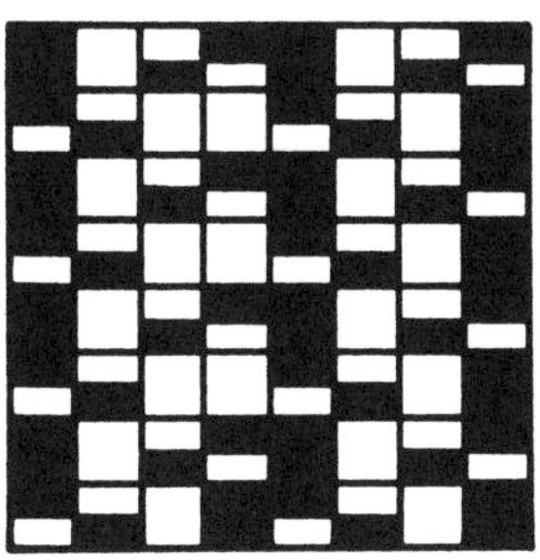

Abbildung 1c

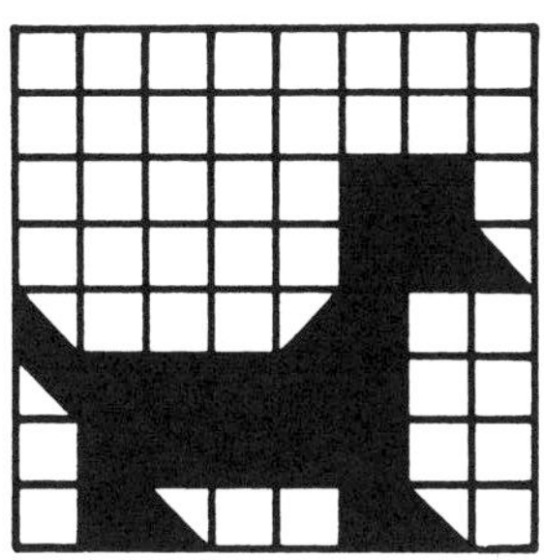

Abbildung 1d

1. Die Mosaik-Plättchen in Abbildung 1a sind nach dem Zufallsprinzip plaziert worden. Es wird Ihnen ziemlich schwerfallen, sich an diese Anordnung zu erinnern.
2. Die Plättchen in Abbildung 1b sind in einem ausgeklügelten Muster angeordnet. Mit einiger Anstrengung könnten Sie sich daran erinnern.
3. Die Plättchen in Abbildung 1c sind in einer sich wiederholenden Sequenz angeordnet worden, die sich in der ersten Reihe von links nach rechts schlängelt (), in der zweiten von rechts nach links usw. Sie könnten sich an diese Anordnung leicht erinnern und sie noch nach einer Woche reproduzieren.
4. Die Plättchen in Abbildung 1d sind so angeordnet worden, daß sie eine aussagekräftige Figur bilden. Sie können sich leicht einprägen, wie diese Figur aussieht, und mit ein bißchen Mühe könnten Sie sich auch daran erinnern, welche Größe sie hat, welche Position sie im Gitter einnimmt und wie sie gebildet wurde. Auch dies sollte Ihnen noch nach einer Woche möglich sein.

Sie sehen, daß die Aussagekraft, die Vertrautheit und die Beziehungen der Einzelteile untereinander es Ihnen erleichtern, sich visuelle Materialien einzuprägen – auf dieselbe Weise, wie diese Faktoren Ihnen auch die Erinnerung an verbale Materialien erleichtern. In diesem Kapitel werden wir Ihnen zeigen, wie man eine schwierige Gedächtnisaufgabe leichter macht, indem man Methoden benutzt, die auf den Prinzipien *Aussagekraft, Vertrautheit, Systematik* und *Assoziation* basieren.

Systeme, um Wörter und Bilder miteinander in Verbindung zu bringen

Bestimmte Methoden, die man *Mnemotechniken* nennt, können uns helfen, unser Gedächtnis zu verbessern. Das grundlegende Prinzip ist dabei, eine Sache mit einer anderen, beziehungsweise neue Dinge mit alten zu assoziieren. Wir können unser Erinnerungsvermögen steigern, indem wir ständig Assoziationen herstellen, zuerst in kleinen

Angelegenheiten, später dann, wenn wir besser werden und Freude an unseren Erfolgen dabei haben, bei größeren, komplizierteren Aufgaben. Ganz allgemein lernen wir besser und erinnern uns leichter, wenn

- der Lehrstoff systematisch aufgebaut ist;
- das Material aussagekräftig ist;
- das Material zu Dingen, die wir bereits kennen, in Beziehung steht;
- wir aktiv versuchen, Wörter mit Bildern und Neues mit Bekanntem zu assoziieren.

Anwendung der Methode visueller Vorstellung beim Erinnern an Formen

Nehmen wir an, Sie wollen sich an die Formen in Abbildung 2 gut genug erinnern, um alle zwölf schnell skizzieren zu können. Sie könnten dabei eine zweistufige Strategie anwenden:

1. Denken Sie sich ein Wort aus, das Sie leicht mit jeder Form assoziieren können (Beispiele in Abbildung 3).

Abbildung 2

2. Entwickeln Sie eine Serie von Aktionsbildern, die diese Wörter in einer Kette von Paarbildungen miteinander verbinden – das erste mit dem zweiten, das zweite mit dem dritten usw. Zum Beispiel: Die Schlange windet sich um die Sphinx, die Sphinx wird von einem Pfeil getroffen usw.

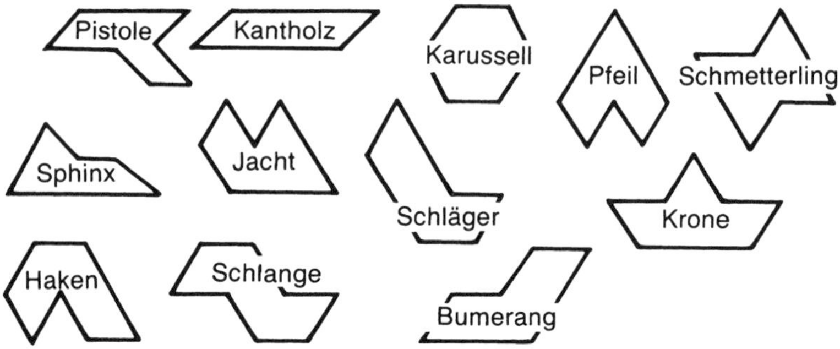

Abbildung 3

Wenn Sie nun alle zwölf Formen schnell skizzieren wollen, erinnern Sie sich an das erste geistige Bild – die *Schlange* windet sich um die *Sphinx.* Zeichnen Sie die Formen von Schlange und Sphinx und erinnern Sie sich an das zweite Bild ...

Gedächtnisspiele

Bei dem ersten Spiel können Sie die Methode, sich bildlich miteinander verbundene Objektpaare in einer Bilderserie vorzustellen, anwenden, um sich an eine Liste zu erinnern.

Gedächtnisspiel 1

Ziel des Spiels: Festzustellen, welches Objekt in einer Auslage fehlt.
Anzahl der Spieler: Zwei oder mehr.
Benötigtes Material: Ein Dutzend Objekte aus den Taschen der Spieler.
Spielablauf:
Die Spieler holen zwölf Gegenständen aus ihren Taschen (Schlüssel, Kleingeld, Kreditkarte, Taschenmesser, Führerschein usw.) und legen sie auf den Tisch. Ein Spieler verläßt den Raum. Die zurückbleibenden

Spieler entfernen ein Objekt vom Tisch und verstecken es irgendwo. Der zurückkehrende Spieler muß feststellen, welcher Gegenstand entfernt wurde.

Um bei diesem Spiel Erfolg zu haben, sollten Sie die Objekte im Geiste paarweise miteinander in Verbindung bringen. Nachdem ein Objekt entfernt wurde, können Sie Ihre Bilderkette durchgehen, um festzustellen, was fehlt.

Jetzt folgt ein Spiel, bei dem Sie vom Prinzip des »systematischen Aufbaus« Gebrauch machen können.

Gedächtnisspiel 2

Ziel des Spiels: Ein 4×4-Mosaik genau zu reproduzieren.
Anzahl der Spieler: Zwei.
Benötigtes Material: Mosaik-Plättchen.
Spielablauf:
Spieler A konstruiert ein horizontal und vertikal symmetrisches Mosaik (Abbildung 4a). Spieler B betrachtet es dreißig Sekunden lang, dann wird es von Spieler A zugedeckt. Spieler B muß nun eine genaue Kopie des Mosaiks konstruieren. Wenn ihm dies gelingt, bekommt er einen Punkt, anderenfalls erhält Spieler A einen Punkt. Anschließend tauschen die Spieler die Rollen. Nachdem beide Spieler in jeder Rolle gleich oft an der Reihe gewesen sind, gewinnt der Spieler mit den meisten Punkten.

Variante: Benutzen Sie anstelle eines 4×4-Mosaiks ein 6×6-Mosaik.

Um bei diesem Spiel Erfolg zu haben, machen Sie sich sinnvollerweise den systematischen Aufbau des Materials zunutze. Denken Sie daran, daß die Liste mit Wörtern einprägsamer war, wenn die Wörter in einem Satz angeordnet wurden, und daß die Mosaik-Plättchen einprägsamer waren, wenn sie in einem sich wiederholenden Muster oder in der Form eines Bildes angeordnet wurden.

In der vorliegenden Situation gibt die *horizontale und vertikale Symmetrie* dem gesamten 4×4-Mosaik Struktur. Prägen Sie sich nur das 2×2-Mosaik oben links ein (Abbildung 4b), dann werden Sie in der

Lage sein, das gesamte 4×4-Mosaik zu reproduzieren. Wenn sie die Variante dieses Spiels spielen, prägen Sie sich nur das 3×3-Mosaik oben links (Abbildung 4d) ein, und Sie werden in der Lage sein, das gesamte 6×6-Mosaik in Abbildung 4c zu reproduzieren.

Abbildung 4a

Abbildung 4b

Abbildung 4c

Abbildung 4d

Gedächtnisspiel 3

Ziel des Spiels: Fünf miteinander verbundene Linien in einem Gitter zu reproduzieren.
Anzahl der Spieler: Zwei.
Benötigtes Material: Ein 6×6-Gitter auf Millimeterpapier; Bleistift.
Spielablauf:
Spieler A zeichnet eine dicke Linie mit nicht mehr als vier Richtungsänderungen entlang der Gitterlinien oder diagonal durch ein oder zwei Felder. Die Linie darf die Richtung nur dort ändern, wo sich Gitterlinien schneiden (Abbildung 5a).

Spieler B studiert die Linie dreißig Sekunden lang, dann wird sie von Spieler A zugedeckt. Spieler B muß jetzt eine genaue Kopie der Linie konstruieren. Wenn ihm dies gelingt, erhält er einen Punkt. Dann tauschen die Spieler die Rollen. Nachdem beide Spieler in jeder Rolle gleich oft an der Reihe waren, gewinnt der Spieler mit den meisten Punkten.

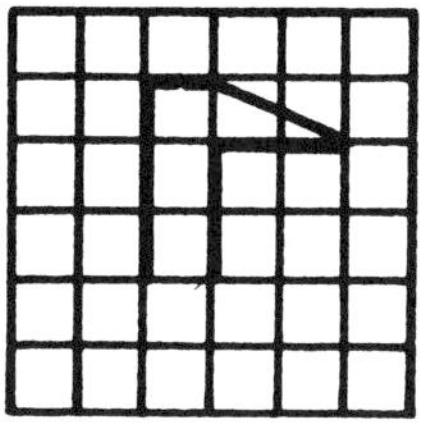

Abbildung 5a

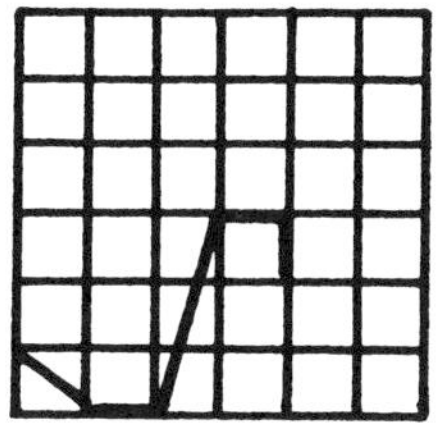

Abbildung 5b

Variante 1: Benutzen Sie anstelle eines 6×6-Gitters ein 8×8-Gitter.
Variante 2: Benutzen Sie eine Linie mit nicht mehr als sieben Richtungsänderungen anstelle von vier.

Versuchen Sie in diesem Spiel als Spieler B, die gezogene Linie mit einem Objekt zu assoziieren. Sie könnten beispielsweise die Figur in Abbildung 5a als den Kopf und Hals eines Vogels und die in Abbildung 5b als eine betende Person ansehen. Als Spieler A versuchen Sie umgekehrt, die Linie so »abstrakt« wie möglich zu zeichnen, das heißt Assoziationen zu erschweren.

Überlegen Sie, welche Mnemotechniken Sie einsetzen könnten, um bei den nächsten beiden Spielen gut zurechtzukommen.

Gedächtnisspiel 4

Ziel des Spiels: Herauszufinden, welches Plättchen in einem Mosaik gedreht wurde.
Anzahl der Spieler: Zwei.
Benötigtes Material: Ein 4×4-Gitter; Mosaik-Plättchen.
Spielablauf:
Spieler A konstruiert ein 4×4-Mosaik, das Spieler B dreißig Sekunden lang studiert. Dann dreht Spieler A, ohne daß Spieler B dabei zusieht, ein Plättchen des Mosaiks um 90 oder 180 Grad (Abbildung 6). Spieler B muß nun das Plättchen, das seiner Meinung nach gedreht worden ist, wieder in die ursprüngliche Position bringen. Wenn ihm dies gelingt, bekommt er einen Punkt. Dann tauschen die Spieler die Rollen. Nachdem beide Spieler in jeder Rolle gleich oft an der Reihe waren, gewinnt der Spieler mit den meisten Punkten.

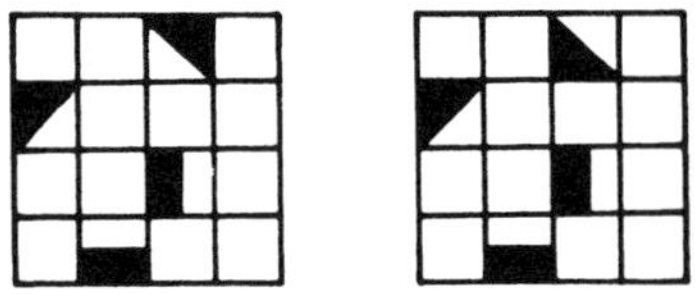

Abbildung 6

Variante 1: Spieler A dreht nicht ein, sondern zwei Plättchen. Spieler B bekommt einen Punkt für jedes Plättchen, das er wieder in die ursprüngliche Position bringt.
Variante 2: Benutzen Sie anstelle eines 4×4-Mosaiks ein 6×6-Mosaik und drehen Sie nicht ein, sondern zwei Plättchen. Spieler B bekommt einen Punkt für jedes Plättchen, das er wieder in die ursprüngliche Position bringt.

Versuchen Sie als Spieler B, eine Assoziation mit dem ursprünglichen Mosaik zu bilden, so daß Ihnen jede Veränderung auffällt. Als Spieler A versuchen Sie, das ursprüngliche Mosaik so zu konstruieren, daß es so schwer wie möglich fällt, eine Assoziation damit zu bilden.

Gedächtnisspiel 5

Ziel des Spiels: So viele Paare wie möglich unter verdeckten Mosaik-Plättchen zu lokalisieren.
Anzahl der Spieler: Zwei oder mehr.
Benötigtes Material: Zwanzig Mosaik-Plättchen, jeweils vier von fünf unterschiedlichen Sorten.
Spielablauf:

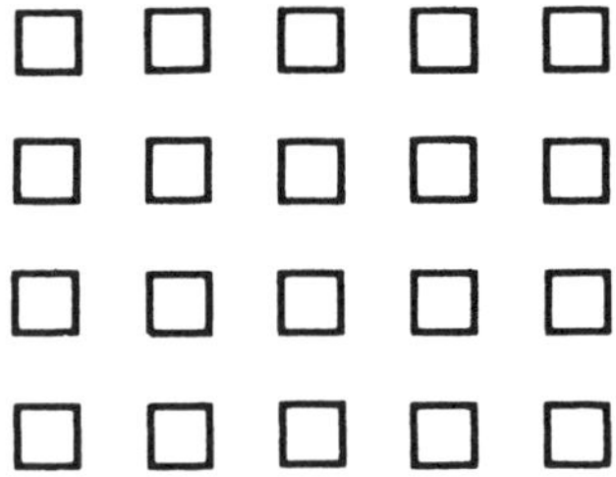

Abbildung 7

Die Mosaik-Plättchen werden nach dem Zufallsprinzip mit der Bildseite nach unten in vier Fünferreihen ausgelegt (Abbildung 7).

Der erste Spieler deckt auf der Suche nach einem Paar zwei beliebige Plättchen auf, und zwar eins nach dem anderen. Die anderen Spieler dürfen die aufgedeckten Plättchen sehen. Ein Spieler, der ein Paar aufdeckt, legt die Plättchen zur Seite und ist noch einmal an der Reihe.

Die Ausrichtung eines Plättchens spielt keine Rolle: ⬓ wird als identisch mit ◨ angesehen, beide zusammen bilden ein Paar. ◪ wird als identisch mit ◩ angesehen usw.

Wenn die beiden aufgedeckten Plättchen kein Paar ergeben, dreht der Spieler sie wieder in ursprünglicher Position und Ausrichtung mit der Vorderseite nach unten, und der nächste Spieler ist an der Reihe.

Das Spiel setzt sich fort, bis alle Plättchen als Paare von den Spielern in Besitz genommen worden sind. Sieger ist der Spieler mit den meisten Plättchen.

Variante: Benutzen Sie dreißig Mosaik-Plättchen, sechs von jeder Sorte und in fünf Sechserreihen ausgelegt.

Spielen Sie allein eine »Solitär-Version« dieses Spiels, um vertraut damit zu werden. Stellen Sie fest, ob Sie eigene Gewinnstrategien entwickeln können.

Gedächtnisspiel 6

Ziel des Spiels: Fragen über ein kurz gesehenes Bild so präzise wie möglich zu beantworten.
Anzahl der Spieler: Zwei.
Benötigtes Material: Fotografien aus Zeitungen, Büchern oder Zeitschriften.
Spielablauf:
Spieler A wählt eine Fotografie mit einer komplexen Szene (beispielsweise eine Straßenszene, nicht das Porträt einer Person) und zeigt sie Spieler B dreißig Sekunden lang. Dann nimmt Spieler A das Foto weg und stellt Spieler B drei allgemeine Fragen über das Bild. Zum Beispiel:
– Wie viele Personen waren auf dem Foto zu sehen?

- Wie viele Autos waren auf dem Foto zu sehen?
- War auf dem Foto ein Restaurant zu sehen?

Spieler B bekommt einen Punkt für jede richtig beantwortete Frage. Dann tauschen die Spieler die Rollen, und eine neue Fotografie wird ausgewählt. Nachdem jeder Spieler in beiden Rollen gleich oft an der Reihe war, gewinnt der Spieler mit den meisten Punkten.

Variante: Stellen Sie detaillierte Fragen, zum Beispiel: Trug der Mann links eine Jacke?

Gedächtnisspiel 7

Ziel des Spiels: Sich im Detail an die Lage von Gegenständen in einer Schachtel zu erinnern.
Anzahl der Spieler: Zwei oder mehr.
Benötigtes Material: Zehn Haushaltsgegenstände; eine Schachtel zu ihrer Aufbewahrung.
Spielablauf:
Ein Spieler schreibt eine Liste der Gegenstände auf, legt anschließend jeden von ihnen in der notierten Reihenfolge und unter den Augen der anderen Spieler in die Schachtel und schließt diese. Jeder Spieler muß sich nun an folgende Details erinnern:

1. Welche Gegenstände wurden in die Schachtel gelegt?
2. In welcher Reihenfolge wurden sie in die Schachtel gelegt?
3. In welche Lage wurden die Gegenstände in der Schachtel gebracht (Ecke, Seite usw.)?
4. Welche Details weisen die Objekte auf (Form, Farbe, Größe usw.)?

Punkte werden für jede der vier Kategorien von Fragen wie folgt vergeben:

1. *Gegenstände:* Ein Spieler bekommt einen Punkt für jeden richtig benannten Gegenstand (über vier hinaus).

2. *Reihenfolge:* Ein Spieler bekommt einen Punkt für jede richtig genannte Reihenfolge (über vier hinaus), in der ein Objekt in die Schachtel gelegt wurde, und er verliert zwei Punkte für jede falsch genannte Reihenfolge.

3. *Lage:* Ein Spieler bekommt einen Punkt für jede richtig benannte Lage eines Objekts (über vier hinaus).

4. *Details:* Jeder Spieler bekommt zwei Punkte für jedes Objekt (über vier hinaus), das er richtig beschreibt.

Variante: Benutzen Sie mehr als 10 Objekte, um die Schwierigkeit zu erhöhen.

Anwendung von Mnemotechniken im Alltagsleben

Jeder will Menschen wiedererkennen, die er schon einmal getroffen hat. Dies ist eines der wichtigsten Alltagsprobleme, bei dem Sie Mnemotechniken anwenden können.

Versuchen Sie, irgend etwas, das Ihnen am Äußeren einer Person auffällt, mit deren Namen zu verbinden. Schaffen Sie eine *lebhafte* Verbindung, gleichgültig, wie weit hergeholt sie auch immer sein mag. Wenn beispielsweise Herr Roos immer große runde Brillengläser trägt, könnten Sie ein geistiges Bild wie in Abbildung 8 formen, das Sie mit diesem Menschen assoziieren.

Abbildung 8

Außerdem gibt es viele andere Anwendungsgebiete in Schule, Beruf und im täglichen Leben. In der Schule gibt es drei unterschiedliche Arten von Gedächtnissituationen, denen man ausgesetzt werden kann:

1. Sie studieren irgendeinen Stoff und wissen genau, was man Sie fragen wird. So prägen Sie sich beispielsweise eine Liste der Bundeskanzler oder der Hauptstädte der Bundesländer ein. Sie wissen, daß man Ihnen etwa solche Fragen stellen wird:

- Wer war der Bundeskanzler nach Konrad Adenauer?
- Wie heißt die Hauptstadt von Niedersachsen?

Die *Gedächtnisspiele 1 bis 5* bereiten Sie auf diese Art von Situationen vor. Bei diesen Spielen wissen Sie, wie die *möglichen* Fragen lauten, aber Sie wissen in der Regel nicht, welche spezielle Frage Ihnen gestellt wird.

2. Sie studieren irgendeinen Stoff, aber Sie wissen nicht, welche Art von Fragen gestellt wird. Nachdem Sie beispielsweise biographisches Material über die Bundeskanzler studiert haben, könnten Ihnen Fragen wie diese gestellt werden:

- In welchem Jahr wurde Konrad Adenauer geboren?
- Welche Bundeskanzler waren einmal Oberbürgermeister einer Stadt?

Das *Gedächtnisspiel 6* hilft Ihnen, sich auf diese Art von Gedächtnissituation vorzubereiten.

3. Sie studieren irgendeinen Stoff und können Fragen erwarten, die über die angegebenen Fakten hinausgehen, um Sie zu einer *Interpretation* zu zwingen oder um Ihnen den Beweis abzuverlangen, daß Sie die Bedeutung von irgend etwas *verstanden* haben. Zum Beispiel:

- Welcher Bundeskanzler war Oberbürgermeister einer Stadt, als sich das Land in seiner schwierigsten Lage befand?

Im *Gedächtnisspiel 6* könnten Fragen der folgenden Art Ihnen als Erinnerungsstütze dienen:

- Findet diese Szene im Sommer statt?
- Was geschah unmittelbar zuvor, ehe diese Szene aufgenommen wurde?
- Was ist wahrscheinlich unmittelbar nach dem Aufnehmen dieser Szene passiert?

Entscheiden, an was man sich erinnern will

Zum Schluß wollen wir überlegen, welche Informationen es wert sind, im Gedächtnis gespeichert zu werden, und welche es nicht wert sind. Manche Informationen wie etwa Telefonnummern können zum Beispiel jederzeit nachgeschlagen werden.

Nur *Sie selbst* können entscheiden, was für Sie wichtig ist, um in *Ihrem* Gedächtnis gespeichert zu werden. Wenn Sie sich entscheiden, etwas zu speichern, werden die in diesem Kapitel gelernten allgemeingültigen Prinzipien Ihnen dabei hilfreich sein.

Zusammenfassung der allgemeingültigen Gedächtnisprinzipien

Denken Sie daran, daß das grundlegende Prinzip darin besteht, eine Sache mit einer anderen sowie Neues mit Bekanntem zu assoziieren. Aber natürlich werden Sie sich noch mehr merken wollen. Berücksichtigen Sie dabei folgende Hinweise:

- systematisch aufgebautes Material ist leichter zu lernen;
- aussagekräftiges Material ist leichter zu lernen;
- sich etwas einzuprägen ist leichter, wenn man auf bereits Bekanntem aufbaut;
- wenn möglich, sollten Sie zu lernende Informationen in der Form von Bildern speichern;
- wenn Sie etwas in Ihrem Gedächtnis speichern, sollten Sie sich überlegen, wie Sie es später wieder verfügbar machen;
- benutzen Sie ein vertrautes Objekt, das Sie an ein abstraktes Wort oder an einen abstrakten Gedanken erinnert.

Anwendung von Gedächtnisprinzipien auf Besorgungen

Nehmen wir an, es gibt eine Reihe von Dingen, die Sie am folgenden Tag in der angegebenen Reihenfolge erledigen wollen:

- Ihren Freund anrufen, um eine Tennispartie zu verabreden;
- die Stromrechnung bezahlen;
- Nahrungsmittel einkaufen;

- eine Sportzeitung am Kiosk kaufen;
- Kleider in die Reinigung bringen;
- einen Freund im Krankenhaus besuchen;
- Ihr Auto auftanken;
- das Kinoprogramm studieren.

Aufbauend auf dem, was Sie in diesem Kapitel gelernt haben, könnten Sie die Methode wählen, die ersten beiden Besorgungen im Geist zu einem Aktionsbild zusammenzufügen, dann die zweite Besorgung mit der dritten zu einem weiteren Bild zu verknüpfen usw. Sie werden dann eine sehr lebhafte Zusammenstellung haben, die Sie an Ihre Besorgungen erinnert. Ihre Bilder könnten beispielsweise so aussehen:

- ein Tennisplatz mit einem Netz, das elektrisch aufgeladen ist;
- eine riesige Elektrobatterie mit verschiedenen Fächern für Milchprodukte, Fleisch, Gemüse usw.;
- ein Supermarkt, dessen Kassenplätze mit Sportzeitungen bedeckt sind;
- säuberlich gebügelte Sportzeitungen, die in Cellophan eingepackt sind und in einer Reinigung hängen;
- eine Reinigung, die voller Uniformen von Krankenschwestern ist;
- ein Krankenhausgebäude, in das Autos mit leeren Tanks hineinfahren und aus dem Autos mit vollen Tanks herauskommen;
- Ihr eigenes Auto, das in einer Schlange vor einem Autokino wartet.

Es gibt natürlich noch viele andere Gebiete, für die Sie eigene Methoden entwickeln können, um die gelernten Gedächtnisprinzipien im Alltagsleben anzuwenden: Verabredungen, Telefonnummern, Adressen, Namen von Personen des öffentlichen Lebens, das Erlernen neuer Wörter, das Merken von Zug- oder Busfahrplänen usw.

14. Kapitel

ANWENDUNGEN

In den vorangegangenen dreizehn Kapiteln haben wir Ihnen Übungen, Denkaufgaben und Spiele vorgestellt, um Ihnen zu helfen, verschiedene separate Fähigkeiten zu verbessern, die visuelles Denken ausmachen. In einigen Fällen haben wir die praktischen Situationen herausgestellt, in denen Sie diese Fähigkeiten anwenden können, und auch einige diesbezügliche Mustersituationen genannt. Unsere Absicht in diesem Kapitel ist es, Sie das weite Spektrum möglicher Situationen in Ihrem Leben erkennen zu lassen, in denen Sie diese Prinzipien anwenden können.

Visuelles Denken ist in vielen Situationen anwendbar. Sie müssen umsichtig Gelegenheiten suchen, bei denen Sie das Gelernte anwenden können, und Kreativität an den Tag legen, um die gemeinsamen Elemente von Rätsel- und Spielsituationen einerseits sowie Alltagsproblemen andererseits zu erkennen.

Anwendung von visuellem Denken auf einer Reise

Nehmen wir an, Sie wollen von Köln nach Rom reisen, um einen Freund zu besuchen. Sie müssen vorab eine große Anzahl von Entscheidungen treffen, wenn Sie Ihre Reise planen und schließlich antreten. Einige davon sind wichtiger als andere. Sehen wir einmal, wo Sie beim Fällen dieser Entscheidungen einige von den Dingen anwenden können, die Sie bei den Übungen und Spielen in diesem Buch gelernt haben.

1. Soll ich mit dem Flugzeug reisen?

Mit dem Flugzeug reist man schneller, mit dem Zug jedoch billiger. Sie müssen die Wichtigkeit von Zeit und Geld selbst abwägen. Beim Spielen mit dem Mini-Labyrinth im *Labyrinth*-Kapitel haben Sie gelernt, daß Sie manchmal weniger Punkte bekommen, wenn Sie statt einer kürzeren Route den längeren Weg von A nach B nehmen. Sehen Sie »weniger Punkte bekommen« als »weniger Geld ausgeben« und »einen längeren Weg nehmen« als »mehr Zeit aufbringen« an. Sie haben bereits einige Erfahrung, wenn es darum geht, die Wichtigkeit von zwei unterschiedlichen Dingen gegeneinander abzuwägen und zu einer Entscheidung zu kommen. Wenden Sie diese Erfahrung an, wenn Sie entscheiden, ob Sie mit dem Flugzeug oder mit dem Zug reisen wollen.

2. Welche Fluggesellschaft soll ich nehmen?

Wenn Sie unterwegs einen Zwischenstop einlegen wollen, um andere Freunde und Verwandte zu besuchen, machen Sie sich Ihre Fähigkeiten aus den *Topologie-*, *Labyrinthe-* und *Strategie*-Kapiteln zunutze, um Ihre Route zu planen.

3. Soll ich einen Koffer mitnehmen?

Wenn Sie das tun, können Sie mehr Sachen mitnehmen. Aber Sie riskieren, daß die Fluggesellschaft Ihren Koffer verliert, daß das Einchecken länger dauert und daß Sie nochmals Verzögerungen in Kauf nehmen müssen, wenn Sie bei der Gepäckrückgabe auf den Koffer warten müssen. Fragen Sie sich, ob Sie statt dessen genug von dem, was Sie mitnehmen wollen, in einer Reisetasche unterbringen können, die unter den Sitz paßt? Ihre in den Kapitelen *Polyominos, Ausfüllen von Flächen, Puzzles* und *Vorstellungskraft* trainierten Fähigkeiten werden Ihnen bei der Entscheidung helfen, welches Gepäck Sie mitnehmen sollen und wie es zu packen ist.

4. Wie soll ich von meiner Wohnung zum Flughafen kommen?

Sie könnten selbst mit dem Auto fahren, sich von einem Freund bringen lassen, eine Taxe oder öffentliche Verkehrsmittel nehmen usw. Wieder müssen Sie die Wichtigkeit von Zeit und Geld gegeneinander abwägen und die Umstände des Gepäcktransports berücksichtigen.

Nutzen Sie hierzu die Fähigkeiten, die Sie in den Kapiteln *Topologie, Labyrinthe* und *Strategie* geübt haben, um Ihre Route zu planen. Denken Sie auch daran, wie Sie auf der Rückreise wieder vom Flughafen zu

Ihrer Wohnung kommen. Die Fähigkeit des »Vorausdenkens« *(Strategie)* wird Ihnen nützlich sein.

5. Wenn ich mich entscheide, mit dem eigenen Wagen zu fahren, soll ich dann den Wagen auf dem Parkplatz für Kurzzeit- oder für Langzeit-Parker abstellen? Abermals müssen die Wichtigkeit von Zeit, Geld und Bequemlichkeit gegeneinander abgewogen werden.

6. Wie soll ich mich auf dem Flughafengelände zurechtfinden?

Ihre Fluggesellschaft startet von Terminal B aus, Sie sind bisher jedoch nur im Terminal A gewesen. Aber Sie führen sich vor Augen, daß die Anlage jedes Terminals symmetrisch ist *(Mosaike)*, und finden sich auch in Terminal B schnell zurecht.

7. Was soll ich tun, wenn im Flughafen bekanntgegeben wird, daß es bei meinem Flug zu einer vierstündigen Verspätung kommt?

Sie könnten versuchen, die Maschine einer anderen Fluggesellschaft zu nehmen *(Strategie, Topologie, Labyrinthe)* oder einen Plan machen, um die Zeit durch ein Nickerchen, durch Einkäufe oder durch Lesen auszufüllen *(Ausfüllen von Flächen)*. Versuchen Sie, beim Planen Ihres Wegs zu Läden, Restaurants, Aufenthaltsräumen usw. so selten wie möglich die Sicherheitskontrolle zu passieren *(Topologie)*.

8. Wie bekomme ich mein Gepäck schnellstmöglich zurück?

Sie binden ein gelbes Band um den Griff, so daß Sie es auf dem Transportband schnell ausmachen können *(Beobachtungsvermögen)*.

9. Welchen Sitz soll ich wählen?

Wenn Sie glauben, daß Sie öfter aufstehen müssen, bitten Sie um einen Außensitz *(Strategie, Labyrinthe, Topologie)*.

Als Nichtraucher wollen Sie einen Platz in der Nichtraucherabteilung. Da Rauch sich jedoch ausbreitet, verlangen Sie einen Sitz, der nicht zu nah an der Grenze zwischen der Raucher- und der Nichtraucherabteilung liegt *(Topologie)*.

10. Wie soll ich mir die Zeit während des Flugs vertreiben?

Sie sehen voraus *(Strategie)*, daß Sie sich die Zeit während des Flugs mit dem Lesen eines Buchs vertreiben können. Sie schätzen ab *(Beobachtungsvermögen)*, wieviel Flugzeit Sie lesend verbringen wollen (vielleicht die ganze Flugzeit abzüglich der Zeit für Mahlzeiten und Luftturbulenzen) und wie schnell Sie lesen, um entscheiden zu können, welches Buch Sie mitnehmen.

11. Soll ich vor dem Abflug etwas essen?

Sie schätzen ab *(Beobachtungsvermögen)*, wie hungrig Sie vor der ersten Mahlzeit an Bord sein werden, um zu entscheiden, ob Sie etwas essen, bevor Sie das Flugzeug betreten.

12. Wie kann ich mich sonst noch auf den Flug vorbereiten?

Sie sehen voraus *(Strategie, Vorstellungskraft)*, daß am Bestimmungsort ein anderes Klima herrschen wird. Deshalb planen Sie Ihre Mahlzeiten vor dem Flug, entscheiden, wie lange Sie vor dem Aufbruch schlafen wollen und legen fest, welche Kleidung Sie anziehen.

13. Soll ich mir einen Kopfhörer geben lassen?

Sie erinnern sich von vorangegangenen Flügen *(Erinnerungsvermögen)*, daß diese Fluggesellschaft uninteressante Musik spielt und erwarten auch diesmal nichts anderes *(Induktive Logik)*. Deshalb verzichten Sie auf einen Kopfhörer.

14. Wie gehe ich mit einem ungezogenen Kind um?

Ein gelangweiltes Kind sitzt während des Flugs neben Ihnen und benimmt sich unartig. Sie schneiden aus einem »Reserviert«-Schild in der Ablage des Sitzes vor Ihnen sieben Teilstücke und zeigen dem Kind, wie man damit viele verschiedene Bilder konstruiert *(Tangrams)*.

15. Wie kann ich das Flugzeug am Bestimmungsort schnell verlassen?

Sie erleben eine sich langsam vorwärtsbewegende Menschenschlange, die das großräumige Flugzeug am Bestimmungsort verläßt. Deshalb erinnern Sie sich an den Grundriß der Maschine und nehmen einen längeren, aber schnelleren Weg durch das Flugzeug *(Labyrinthe, Erinnerungsvermögen)*.

16. Wie erkenne ich die Person, die mich abholt?

Ihr Freund schickt Ihnen seinen Bruder, der Sie noch nie gesehen hat, um Sie am Flughafen in Rom abzuholen. Sie und der Bruder Ihres Freunds tauschen im voraus *(Strategie)* Personenbeschreibungen aus (»Ich bin groß, habe dunkles Haar und eine Brille, trage ein blaues Hemd und habe eine Aktentasche in meiner linken Hand«), so daß Sie sich gegenseitig im Strom der Passagiere und in der auf sie wartenden Menschenmenge erkennen können *(Deduktive Logik, Beobachtungsvermögen)*.

Das Finden eigener Anwendungsgebiete

Der vorangegangene Abschnitt zeigt, daß Probleme des täglichen Lebens nicht fein säuberlich beschriftet sind, etwa mit: »Hier kommt visuelles Denken zum Tragen – erinnern Sie sich an das Prinzip aus Spiel 2 im Kapitel *Erinnerungsvermögen.*«

Einige Situationen sind Spielen und Denkaufgaben, mit denen Sie sich schon beschäftigt haben, sehr ähnlich, andere sind ihnen weniger ähnlich. Manchmal ist die Ähnlichkeit offensichtlich, manchmal brauchen Sie einiges Nachdenken, um zu erkennen, wo und wie Sie das Gelernte anwenden können.

Letzten Endes müssen Sie sich Situationen in Ihrem Leben stellen und selbst entscheiden, welche Prinzipien anzuwenden sind.

Zum Beispiel: Es hat einen Stromausfall gegeben, eine Transformatorenstation ist beschädigt. Man macht Gebrauch von dem, was man über *Labyrinthe*, *Topologie* und *Strategie* gelernt hat, um ohne Kreuzungen Leitungen von nahegelegenen Stationen zu der beschädigten Station zu ziehen, so daß sie wieder mit Strom versorgt wird. So findet man eine Verteilung, die das Legen möglichst weniger neuer Kabel erforderlich macht.

Ein anderes Beispiel: Ein Autounfall hat den Verkehr vor Ihnen gestaut. Indem Sie Ihr *Erinnerungsvermögen* und Ihre *Labyrinth-Fähigkeit* benutzen, biegen Sie vor dem Erreichen der Unfallstelle ab und nehmen eine andere Route, an die Sie sich erinnern, um ohne Verzögerung an Ihren Zielort zu kommen.

Systematisches Denken

Im ersten Kapitel haben wir gesagt, daß der Arzt, der Automechaniker und der Küchenchef alle denselben Prozeß durchmachen: Sie beginnen mit vielen Möglichkeiten, holen Informationen ein, schränken die Anzahl der Möglichkeiten durch Schlüsse deduktiver Logik ein, beschaffen weitere Informationen und beschränken die vielen Möglichkeiten schließlich auf eine einzige. Dieser Prozeß entspricht der

Vorgehensweise eines Physikers oder eines Chemikers: Er führt ein Experiment durch, erhält Informationen, kommt zu Schlußfolgerungen, schließt einige Möglichkeiten aus, bereitet ein neues Experiment vor usw. Sie lernen diesen Prozeß, indem Sie die Spiele im Kapitel *Deduktive Logik* spielen.

Ob Sie nun mit kranken Menschen, mit Autos, die repariert werden müssen, mit Nahrungsmitteln, Atompartikeln oder Pestiziden arbeiten – Sie werden immer erfolgreicher sein, wenn Sie systematische Methoden anwenden, um Ihre Probleme zu lösen.

Deshalb haben wir in diesem Buch herausgestellt:

- eine systematische Methode, um symmetrische Mosaike zu konstruieren;
- eine systematische Methode, um eine Tangram-Figur zu reproduzieren;
- eine systematische Methode, um einen neuen Weg zur Flächenausfüllung zu entwickeln;
- eine systematische Methode, um zwei identische 2×2-Mosaike innerhalb eines größeren Mosaiks zu finden.

Sie werden vom Gebrauch eines systematischen Vorgehens selbst dann in Ihrem Alltagsleben profitieren, wenn die speziellen Situationen sehr verschieden von den Übungen, Denkaufgaben und Spielen in diesem Buch sind. Zum Beispiel:

- Sie können Ihren Wagen auf einem großen Parkplatz nicht wiederfinden. Deshalb merken Sie sich systematisch die Wagenreihen, die Sie schon durchgegangen sind.
- Sie halten Ausschau nach den besten Früchten in der Auslage eines Obstladens. Dabei gehen Sie systematisch vor und merken sich die Früchte, die Sie bereits inspiziert haben.

Es folgen einige der Vorteile, die sich bei systematischem Vorgehen ergeben:

- Sie haben einen Plan, der Sie bei Ihren Handlungen leitet;
- Sie halten fest, was Sie bereits gemacht haben;
- Sie können Ihre Fehler entdecken, um deren Wiederholung zu vermeiden;
- Sie setzen Ihre Mittel (Zeit, Materialien) klug ein;
- Sie sehen mehr Alternativen;

- Sie treffen Entscheidungen leichter und schneller;
- Sie vermeiden es, von anderen beeinflußt zu werden, die weniger über die Probleme Bescheid wissen als Sie selbst;
- Sie sehen voraus und vermeiden nachfolgende Probleme.

Im Schlußteil dieses Kapitels präsentieren wir weitere Beispiele für direkte oder indirekte Anwendungen der Übungen, Spiele und Denkaufgaben dieses Buches auf praktische Probleme. Die Beispiele sind nach Kapiteln gegliedert.

Mosaike

Kopieren von Zeichnungen

Sie können eine Zeichnung kopieren, indem Sie die Gitter- und Mosaik-Konzepte anwenden. Nehmen wir an, Sie wollen ein aus Mosaik-Plättchen gelegtes Bild wie das in Abbildung 1 kopieren. Legen Sie einen Maßstab fest, beispielsweise 1:2. Dies bedeutet, daß jedes Plättchen zweimal so hoch und breit sein wird wie das Plättchen, das es ersetzt (Abbildung 2).

Abbildung 1

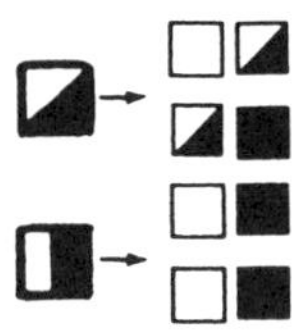

Abbildung 2

Abbildung 3

Abbildung 3 zeigt eine auf diese Weise gemachte Vergrößerung.

Sie können eine ähnliche Technik auch auf Bilder anwenden, die nicht aus Mosaik-Plättchen gemacht sind. Stellen Sie sich im Geiste Gitterlinien vor (oder zeichnen Sie sie dünn auf), die das Bild in kleine und leicht zu kopierende Quadrate unterteilen (Abbildungen 4a, 4b). Denken Sie sich jedes Quadrat als ein Plättchen, das Sie jetzt in ein neues Gitter plazieren. Um das ursprüngliche Bild größer oder kleiner als das Original oder in einer anderen Perspektive zu kopieren, legen Sie Ihr neues Gitter größer oder kleiner oder in einer anderen Perspektive an (Abbildungen 4c, 4d). Diese Technik wird auch von meisterhaften Künstlern angewendet.

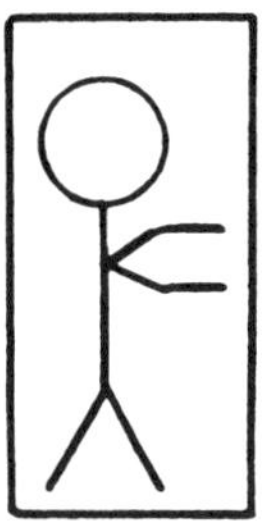

Abbildung 4a

Abbildung 4b

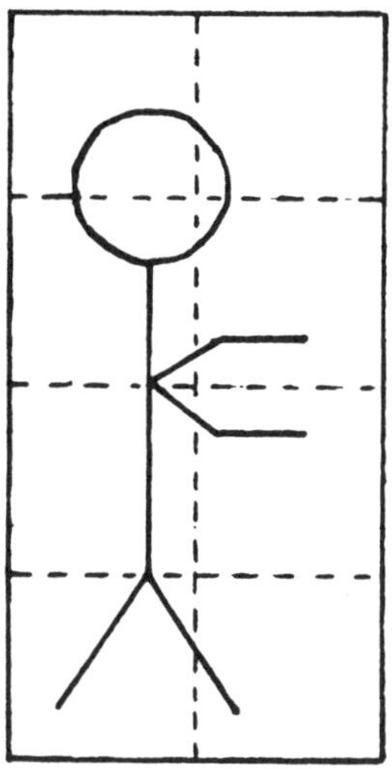

Abbildung 4c

Abbildung 4d

Symmetrie

Im Mosaik-Kapitel haben Sie das Konzept der Symmetrie kennengelernt. Sie können dieses Konzept auf ein praktisches Problem anwenden, zum Beispiel wenn Sie ein Objekt auseinandernehmen. Einige seiner Teile können symmetrisch sein, andere nicht. Abbildung 5 zeigt eine unsymmetrische Mutter. Sie könnten Sie sowohl mit Rechts- als auch mit Linkswindung wieder einsetzen, aber sie wird nur in einer Drehrichtung festsitzen.

Prüfen Sie immer, ob ein Teil, das Sie entfernen, symmetrisch ist oder unsymmetrisch. Im zweiten Fall müssen Sie es unbedingt wieder so einsetzen, wie es vorher war.

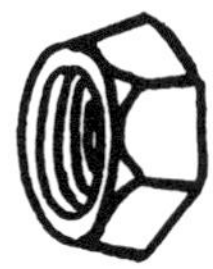

Abbildung 5

Weitere Anwendungen im Alltagsleben

Sie haben gesehen, daß komplizierte Entwürfe und Zeichnungen von Objekten aus ganz einfachen Bauteilen konstruiert sein können. Komplizierte Situationen im Leben können ebenfalls oft in einfache Bauteile oder Elemente zerlegt werden.

In der Wissenschaft der Chemie wissen wir beispielsweise, daß alles auf unserer Erde (Menschen, Bäume, Felsen und die Erde selbst) aus irgendeiner Kombination von nicht mehr als 104 Elementen besteht und jedes dieser Elemente seinerseits aus Neutronen, Protonen und Elektronen besteht.

Tatsächlich ist ein großer Teil unserer Forschungsarbeit auf den Gebieten der Ökonomie, Biologie, Psychologie usw. ein Versuch, die Grundeinheiten herauszufinden, anhand derer wir kompliziertere Sachverhalte verstehen können.

Auch in unserem Alltagsleben versuchen wir immer, die Grundeinheiten (Freundschaft, Vertrauen, Liebe, Respekt usw.) zu finden, die unsere Beziehungen zu anderen Menschen vereinfachen.

Puzzles

Im Kapitel über die Puzzles haben Sie einiges über das Zusammensetzen von verschiedenen Informationssplittern erfahren. Wir haben festgestellt, daß eine Kriminalgeschichte eine Art Puzzle ist, bei dem einige der Einzelinformationen verbaler Natur sind.

Wenn Sie ein Modellflugzeug aus einem Baukasten bauen, setzen Sie Teile anhand der gegebenen Instruktionen zusammen. Jemand anders hat bereits geplant, welche Teile benötigt werden und in welcher Reihenfolge sie zusammenzusetzen sind.

Wenn man jedoch ein Möbelstück oder ein Haus entwirft und fertigstellt, muß man selbst über die benötigten Teile und die Reihenfolge, in der sie zusammenzufügen sind, entscheiden.

Tangrams

Ein Archäologe, der einige Fragmente eines Krugs findet und ihn zu rekonstruieren versucht, macht Gebrauch von Puzzle- und Tangram-Fähigkeiten.

Flächenfüllung

Sie können die Überlegungen der Flächenfüllung überall anwenden, wo ein Raum effizient genutzt werden soll. Zum Beispiel:

- Sie wollen einen Parkplatz so entwerfen, daß er möglichst vielen Fahrzeugen Platz bietet.
- Sie schneiden aus einem Stück Holz oder Stoff viele Kopien mit derselben Form aus und wollen dabei so wenig Verschnitt wie möglich verursachen.
- Beim Packen Ihrer Koffer für eine Reise wollen Sie soviel wie möglich unterbringen.

Nehmen wir an, Sie schneiden aus einem großen Stück Stoff viele Ärmel für Kleidungsstücke aus. Jeder Ärmel hat die in Abbildung 6 gezeigte Form.

Abbildung 6

Abbildung 7a zeigt eine Einteilung, die sehr verschwenderisch ist, Abbildung 7b zeigt eine, die weniger verschwenderisch ist. Können Sie es besser?

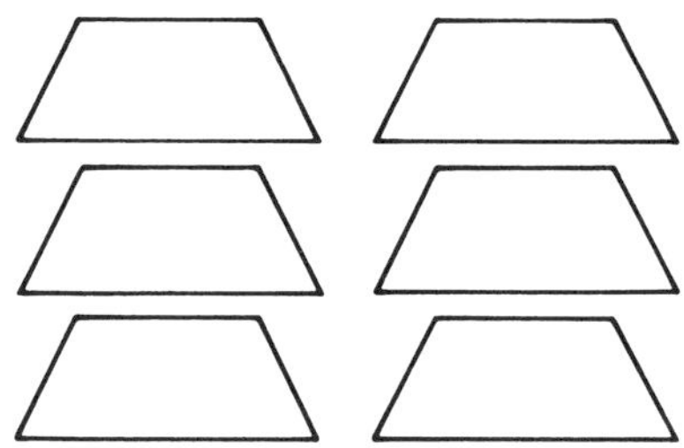

Abbildung 7a

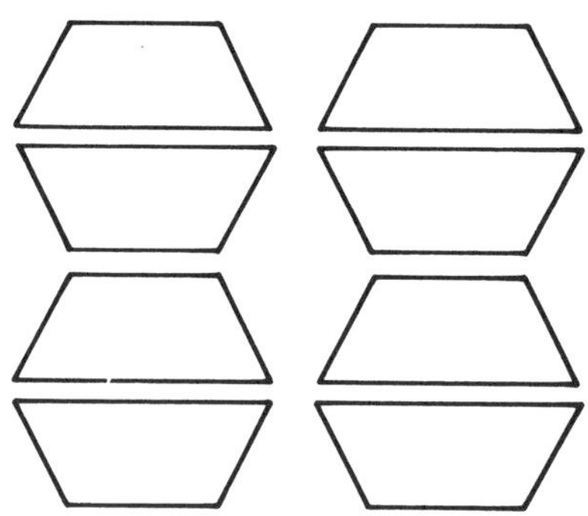

Abbildung 7b

Abbildung 7c zeigt Ihnen die effizienteste Einteilung. Sie basiert auf der früher behandelten Überlegung, daß jedes vierseitige Polygon flächenfüllend wiederholt werden kann.

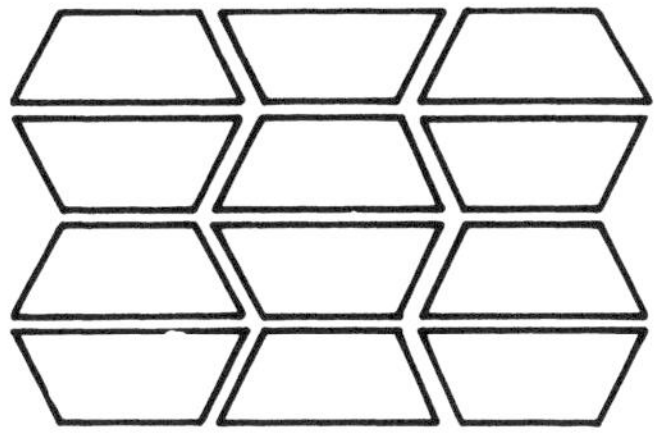

Abbildung 7c

Anordnung von Gegenständen auf einem Schreibtisch

Stellen Sie sich vor, auf Ihrer Schreibtischplatte sind ein Eingangskorb, ein Ausgangskorb, eine Heftmaschine, ein Schreibblock und ein Telefonapparat unterzubringen. Sie könnten die Objekte wie in Abbildung 8a anordnen.

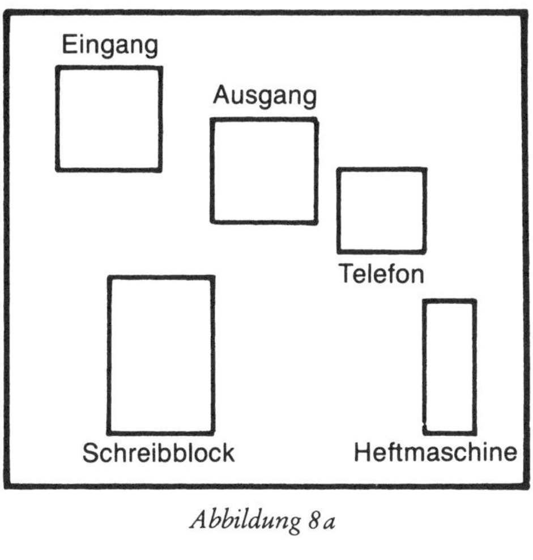

Abbildung 8a

Wenn Sie mehr Platz benötigen, könnten Sie den Eingangskorb auf den Ausgangskorb stellen und die anderen Veränderungen wie in Abbildung 8b vornehmen. Ein anderer, der Linkshänder ist und den Schreibtisch übernimmt, könnte alles wie in Abbildung 8c umstellen.

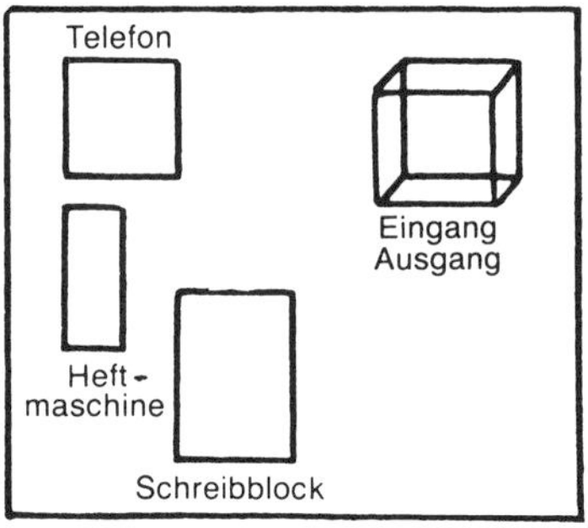

Abbildung 8b

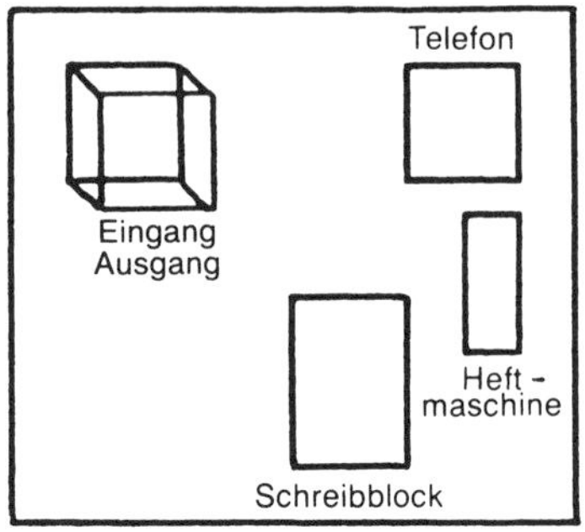

Abbildung 8c

Anordnung einer Wohnfläche

Jeder hat das Problem, daß er irgendwo wohnen muß. Sehen wir uns jetzt einmal das spezielle Problem an, wie man seine Wohnfläche effizient anordnet und die Aufstellung der Möbel in einem Haus oder in einer Wohnung organisiert.

Nehmen wir an, daß Ihnen eine rechtwinklige Fläche zur Verfügung steht, die in Zimmer aufgeteilt werden soll. Die vorhandenen Möbel müssen in diesen Zimmern aufgestellt werden.

Zuerst überlegen Sie, wer in den Räumen wohnt: wie viele Erwachsene, wie viele Kinder usw. Überlegen Sie, was jeder während des Tages tut: arbeiten, zu Hause bleiben, zur Schule gehen.

Gehen wir jetzt davon aus, die gesamte Wohnfläche würde auf einem Blatt Millimeterpapier im Format 8×20 festgehalten, und die Möbelstücke und ihre Größen sähen wie folgt aus:

6 Stühle	1×1 (Kästchen auf dem Millimeterpapier)
3 Sessel	1×1
1 Couch	1×3
4 Betten	2×4
2 Schränke	2×4
2 Kommoden	2×2
3 Tische	2×3

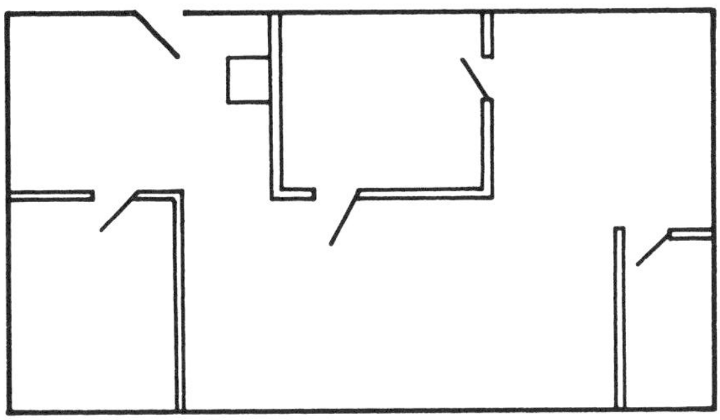

Abbildung 9

Planen Sie jetzt auf dem Millimeterpapier, wie die Wohnfläche in Zimmer unterteilt und wie die Möbel in jedem Zimmer angeordnet werden sollen (Abbildung 9). Tun Sie dies, bevor Sie weiterlesen.

Überprüfen Sie, ob Sie bei Ihrer Planung die nachstehenden Überlegungen in Betracht gezogen haben:

- Führen in jedes Zimmer Türen?
- Muß man, wenn man von einem Zimmer in ein anderes will, durch ein drittes Zimmer gehen? Ist dies sinnvoll?
- Hat jedes Zimmer ein Fenster?
- Gibt es in jedem Zimmer genug Bewegungsfreiheit?
- Verstellt irgendein Möbelstück den Zugang zu einer Tür oder zu etwas anderem?
- Sind Wandschränke in den Zimmern, die sie haben sollen?

Diese Liste könnte Sie zu weiteren Überlegungen anregen. Durchdenken Sie beispielsweise den Tagesrhythmus jeder Person, die in dieser Wohnung oder in diesem Haus wohnen wird. Gehen Sie Punkt für Punkt alle Wege durch, die diese Personen zurücklegen. Könnten einige Gänge durch eine andere Anordnung von Zimmern und Möbeln eingespart werden?

Fangen Sie noch einmal von vorne an, mit einer unterschiedlichen Wohnfläche, mit anderen Personen und anderen Möbeln. Lassen Sie mehrere Ihrer Freunde unabhängig voneinander dieselben Planungen vornehmen. Dann vergleichen Sie die Anordnungen, die jeder von Ihnen vorgenommen hat. Stellen Sie sich die oben genannten Fragen. Diskutieren Sie mit den anderen, warum Sie Ihre Anordnung so und nicht anders vorgenommen haben. Aus dem Blickwinkel der anderen können Sie lernen, welche Faktoren Sie womöglich nicht bedacht haben. Sie werden sehen, daß manche Dinge für einige Leute wichtig sind, für andere hingegen nicht. Sie können vielleicht auch kreative Gedanken zur Raumersparnis austauschen.

Stoffschneiden

Im Raumfüllungs-Kapitel haben wir die Anordnung eines Musters auf einem Stück Stoff erwähnt, das sich flächenfüllend wiederholt, so daß der Stoff mit minimalem Abfall zerschnitten werden kann. Wenn der Stoff auf beiden Seiten unterschiedlich gefärbt ist, können Sie das Muster umdrehen, wenn Sie es flächenfüllend wiederholen (Abbildung 10).

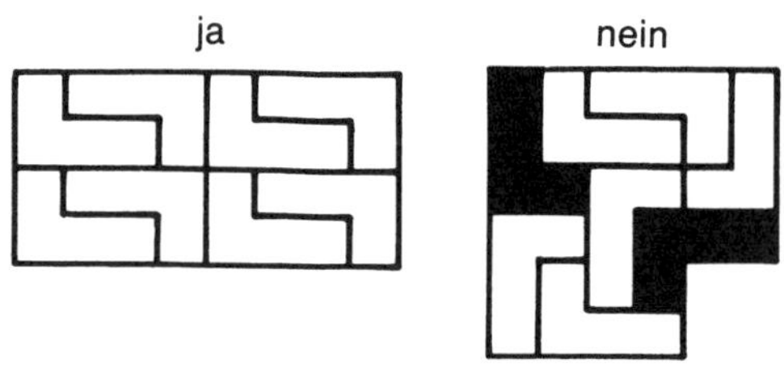

Abbildung 10

Parkplätze

Abbildung 11 zeigt vier unterschiedliche mögliche Anordnungen von Fahrzeugen auf einem Parkplatz. Können Sie noch eine andere Einteilung entwerfen, die mehr Fahrzeugen Platz auf derselben Fläche bietet und es ihnen gestattet, leicht ein- und auszuparken?

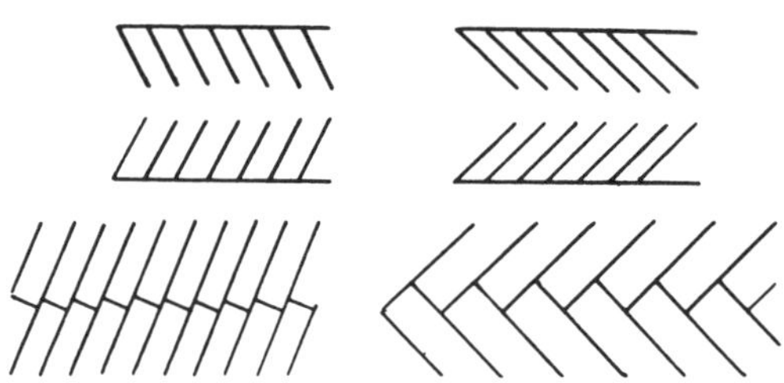

Abbildung 11

Verschiedene Situationen mit sich wiederholenden Flächenfüllungen

Planen Sie
- Einfamilienhausgrundstücke in einem Ort;
- Felder auf Ackerland;
- das Packen eines Koffers;
- das Verstauen von Gepäck im Kofferraum eines Wagens.

Labyrinthe

Sie können die Fähigkeit, die Sie beim Verbinden von Punkten mit möglichst wenigen Linien trainiert haben, auf das Problem anwenden, wie man den kürzesten Weg auf einer Landkarte findet, oder wie ein Vertreter seine Route plant, so daß alle erforderlichen Besuchsorte auf ihr enthalten sind.

Schematische und technische Zeichnungen sind eine Kurzschrift, um viele Informationen auf einen Blick zu übermitteln. Durch das Konstruieren und Lösen von Labyrinthaufgaben verbessern Sie Ihre Fähigkeit, in schematischen und technischen Zeichnungen dargebrachte Informationen zu verstehen. Labyrinth-Übungen fördern Ihre Geduld und Zielstrebigkeit.

Beobachtungsvermögen

Sie können Ihre Fähigkeit aus diesem Kapitel in vielerlei Hinsicht bei der Büroarbeit anwenden – beim Korrekturlesen, bei der Ablage, beim Abschätzen des Seitenrands auf Geschäftsbriefen usw.

Topologie

Fernstraßenkreuzungen

Wenn Kreuzungen dergestalt geplant werden, daß sich die Straßen flüssig miteinander verbinden und die Leute Möglichkeiten haben, problemlos dort abzubiegen, wo sie abbiegen wollen, spielt die Topologie eine gewichtige Rolle (Abbildung 12). Auch Labyrinth-Fähigkeiten sind beim Plazieren von Fernstraßen wichtig.

Abbildung 12

Zollbrücken

Im Gebiet von San Francisco und New York haben die Planer topologische Regeln angewendet, um in Tunnels und auf Brücken die Mautgebühren in einer Richtung abzuschaffen. Dies macht den Verkehr flüssiger.

Zu dem Zeitpunkt, an dem das neue System in Kraft gesetzt wurde, hat man die Mautgebühren verdoppelt. Da die meisten Fahrer im Endeffekt eine Rundstrecke zurücklegen (beispielsweise nach Manhattan und zurück), waren die Gesamteinnahmen bei dem neuen System genauso hoch wie zuvor. Abbildung 13 zeigt die Situation in New York:

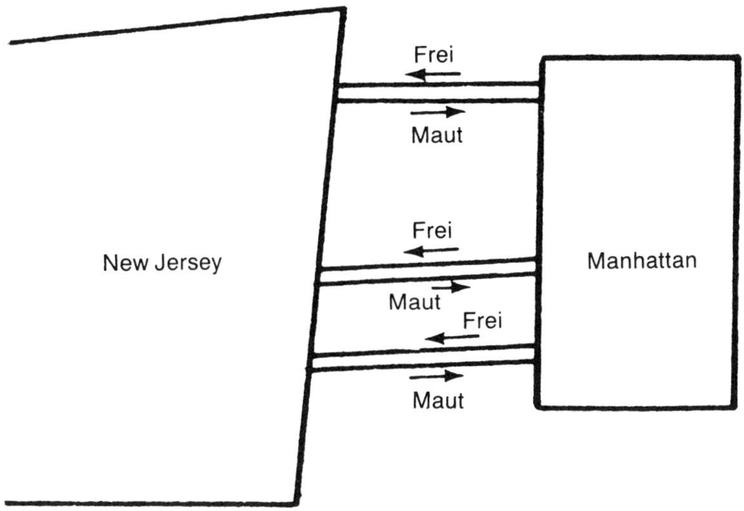

Abbildung 13

Ein Flughafen

Ein Flughafengelände ist normalerweise in zwei Regionen unterteilt: in eine für Passagiere, die die Sicherheitskontrolle bereits durchschritten haben, und in eine andere für diejenigen, die sie noch nicht durchschritten haben.

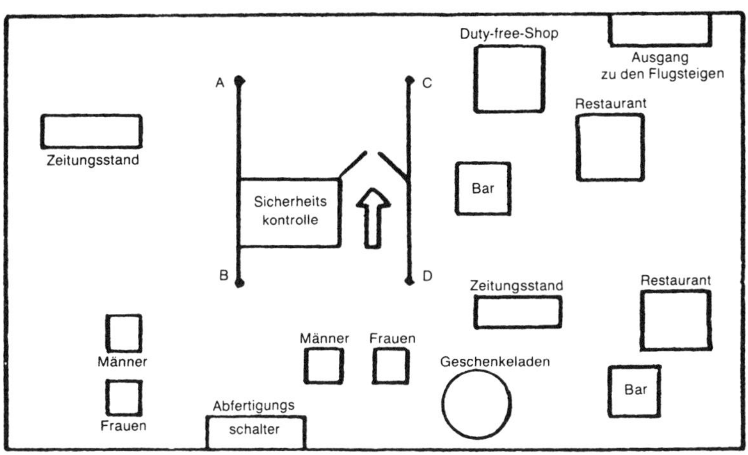

Abbildung 14

Abbildung 14 zeigt den Plan eines Flughafengeländes. Verlängern Sie die Linien AB und CD, so daß sie das Gelände vollständig in zwei Regionen unterteilen, wobei es zwischen den beiden Regionen nur an der Sicherheitskontrolle einen Übergang gibt.

In den beiden Regionen sollte folgendes enthalten sein:

Vor der Sicherheitskontrolle	Nach der Sicherheitskontrolle
Restaurant Bar Männertoilette Damentoilette Zeitungsstand Abfertigungsschalter Geschenkeladen	Restaurant Bar Männertoilette Damentoilette Zeitungsstand Duty-free-Shop Ausgang zu den Flugsteigen

Eine Lösung finden Sie am Ende des Kapitels.

Überlegen Sie, ob Sie das Flughafengelände neu entwerfen könnten, um es einfacher und effizienter zu gestalten. Sie sollten vielleicht, ehe Sie diese Aufgabe zu lösen beginnen, noch einmal den Abschnitt über das Entwerfen einer Wohnung im Raumfüllungs-Kapitel lesen.

Topologie und Deduktion

Drei Häuser – A, B und C – müssen jeweils durch Leitungen, die sich nicht überschneiden, mit Gas, Strom und Wasser versorgt werden (Abbildung 15). Können die Leitungen auf diese Weise gelegt werden?

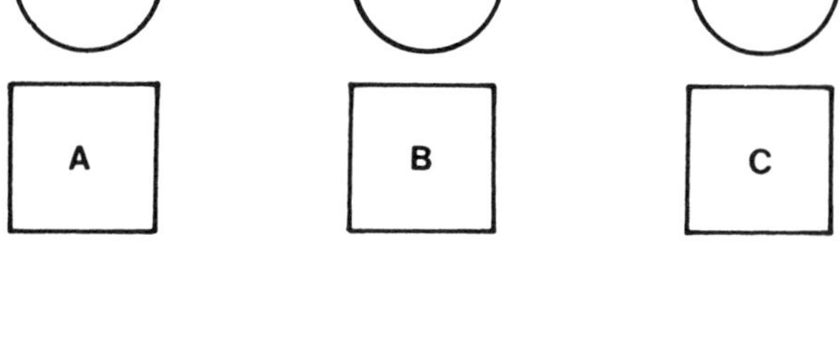

Abbildung 15

Nehmen wir an, A und B sind bereits angeschlossen (Abbildung 16).

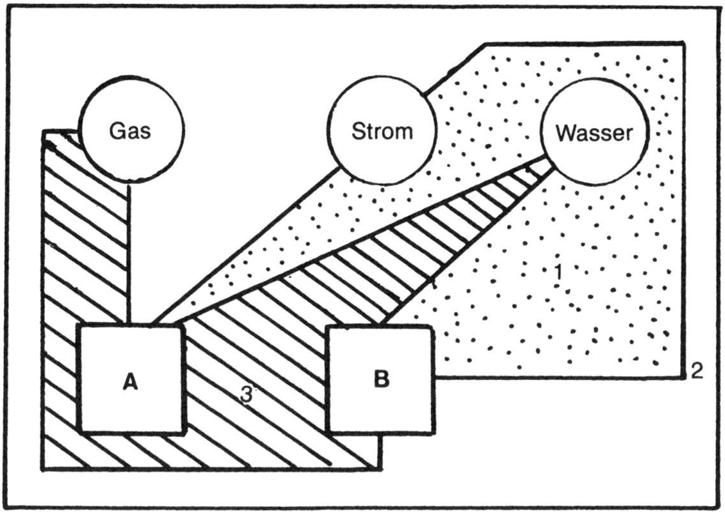

Abbildung 16

Dies bedeutet, daß die gesamte Fläche in drei Regionen unterteilt worden ist. Wo könnte Haus C liegen?

- In Region 1 würde es vom Gas abgeschnitten sein.
- In Region 2 würde es vom Wasser abgeschnitten sein.
- In Region 3 würde es vom Strom abgeschnitten sein.

Indem wir Topologie und deduktive Logik kombinieren, erkennen wir, daß es unmöglich ist, die drei Häuser mit den drei Versorgungsquellen durch separate Linien zu verbinden, ohne daß sich diese überschneiden.

Lösung

Seite 251/252:

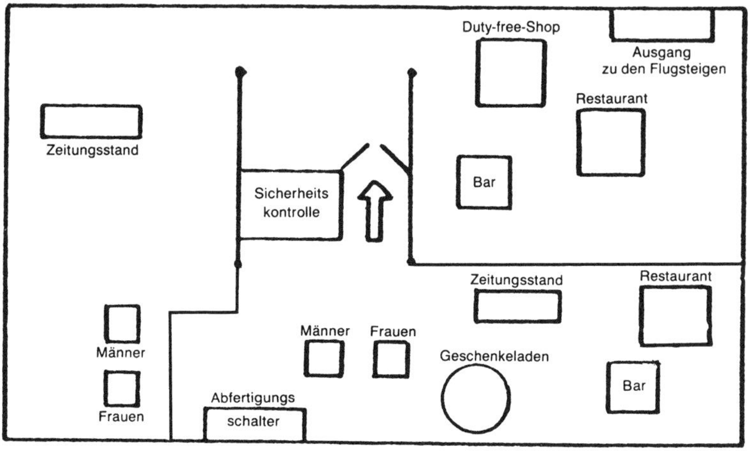

Spielelemente zum ausschneiden

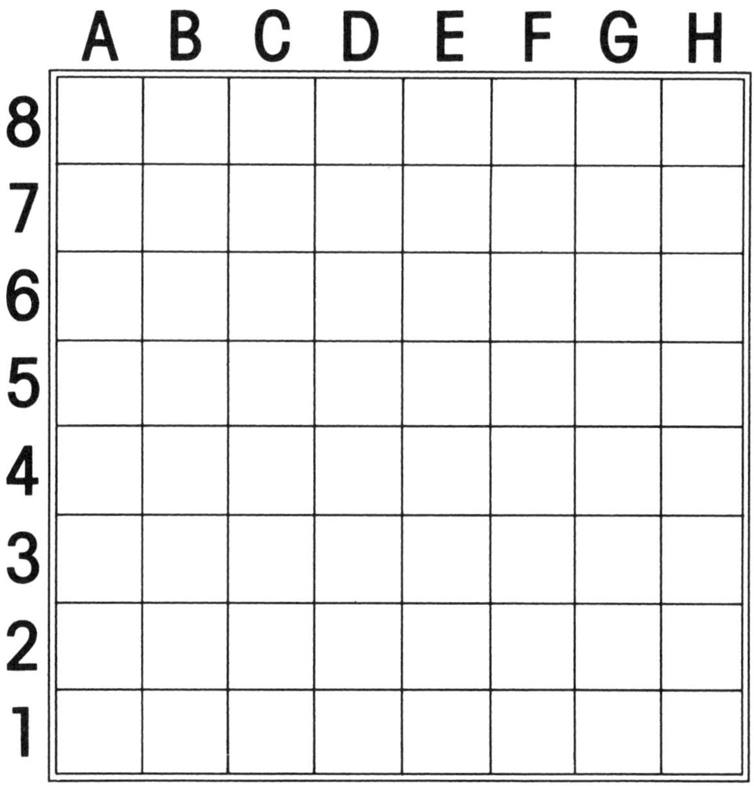

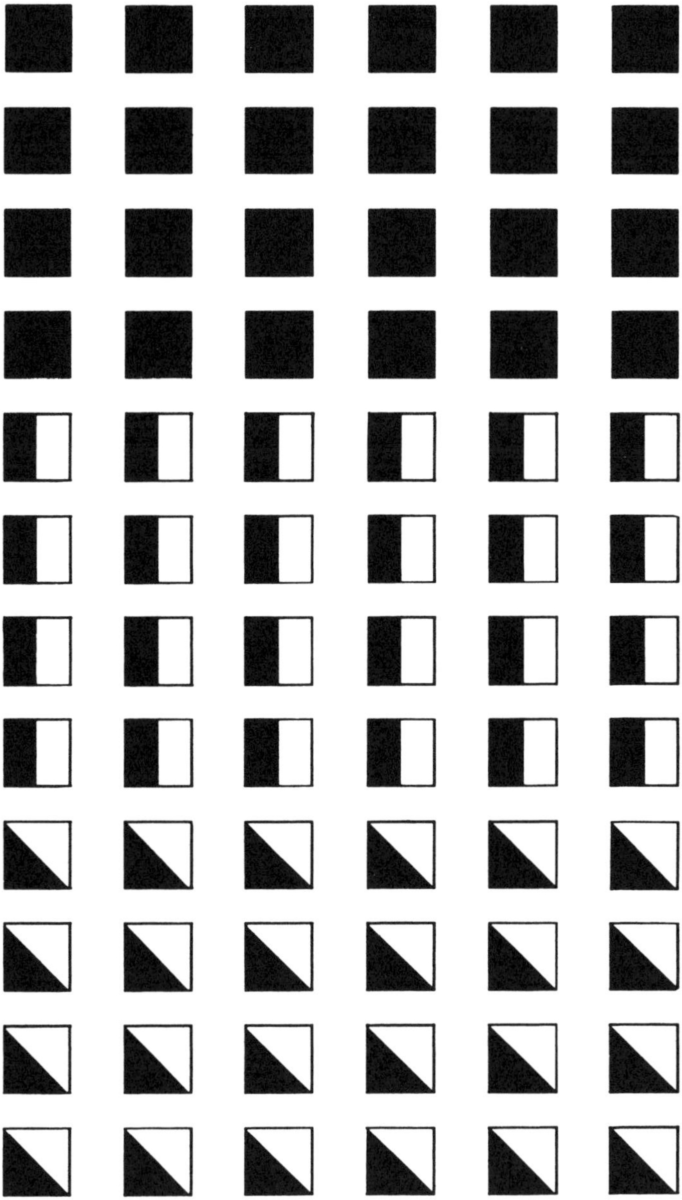

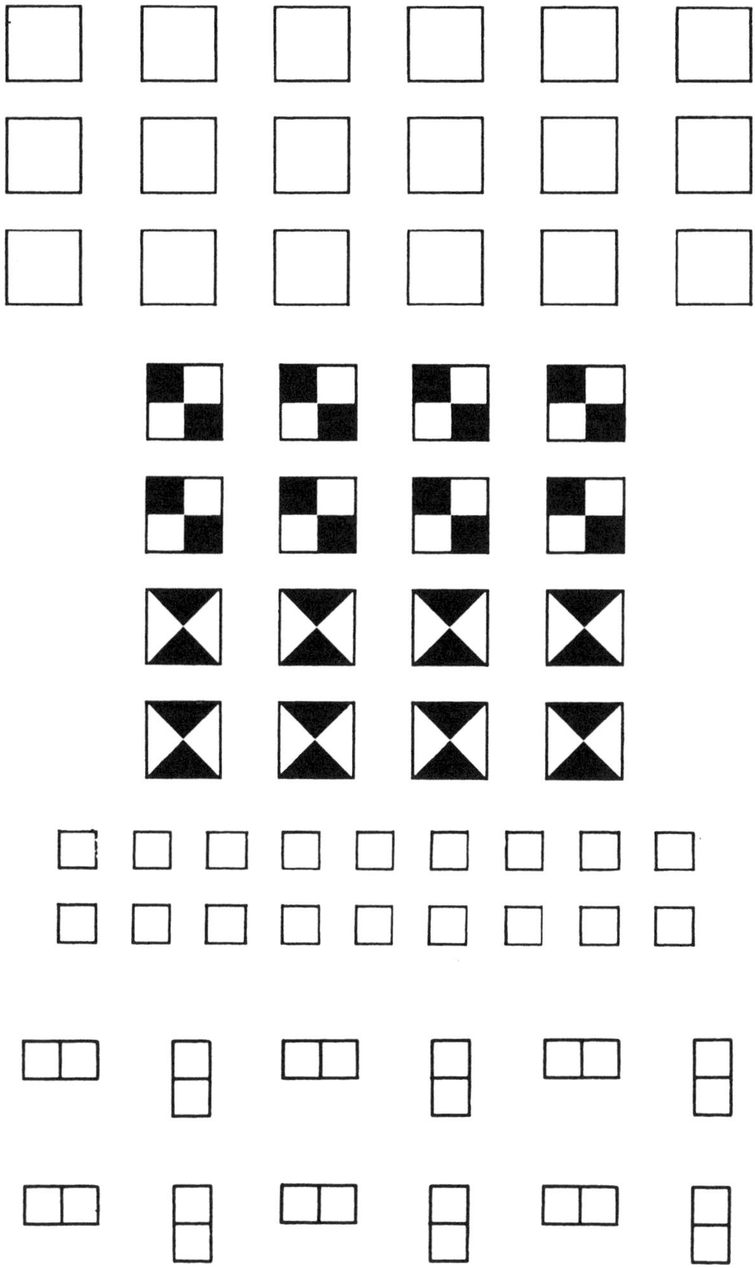

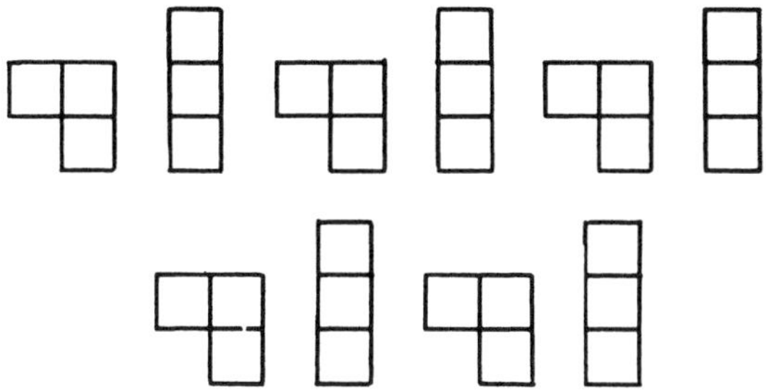

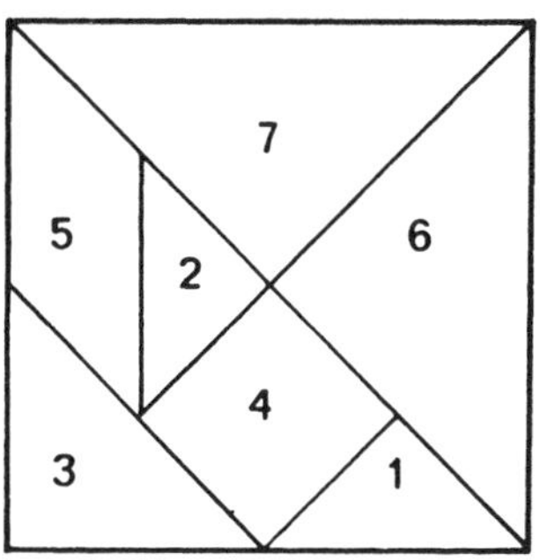
7
5
2
6
4
3
1

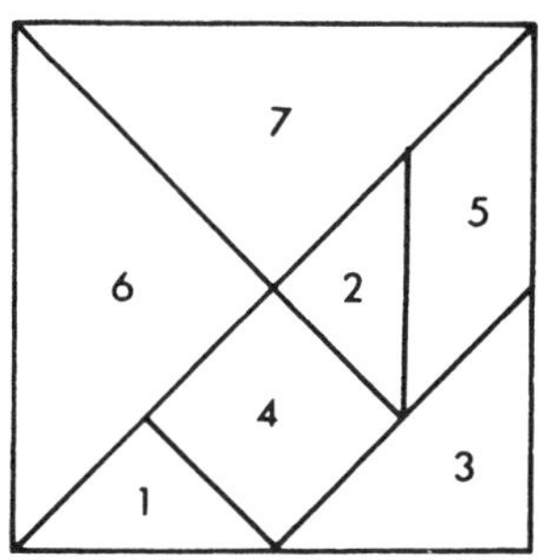
7
5
6
2
4
3
1